儿童媒介素养评估

ERTONG MEIJIE SUYANG PINGGU

王晓艳 著

四川人民出版社

图书在版编目（CIP）数据

儿童媒介素养评估 / 王晓艳著. —成都：四川人民出版社，2023.10
ISBN 978－7－220－13521－7

Ⅰ.①儿… Ⅱ.①王… Ⅲ.①学前儿童－传播媒介－素质教育－教育评估 Ⅳ.①G613

中国国家版本馆 CIP 数据核字（2023）第 199737 号

ERTONG MEIJIE SUYANG PINGGU
儿童媒介素养评估

王晓艳　著

出 品 人	黄立新
责任编辑	王定宇
装帧设计	李其飞
责任校对	舒晓利
责任印制	祝　健
出版发行	四川人民出版社（成都三色路 238 号）
网　　址	http://www.scpph.com
E-mail	scrmcbs@sina.com
新浪微博	@四川人民出版社
微信公众号	四川人民出版社
发行部业务电话	(028) 86361653　86361656
防盗版举报电话	(028) 86361661
照　　排	◉ 四川看熊猫杂志有限公司
印　　刷	◉ 四川看熊猫杂志有限公司
成品尺寸	170mm×240mm
印　　张	15
字　　数	223 千
版　　次	2023 年 10 月第 1 版
印　　次	2023 年 10 月第 1 次印刷
书　　号	ISBN 978－7－220－13521－7
定　　价	46.00 元

■版权所有·侵权必究
本书若出现印装质量问题，请与我社发行部联系调换
电话：(028) 86361656

前　言

　　加拿大学者、传播学研究者马歇尔·麦克卢汉（Marshall McLuhan）在《理解媒介：论人的延伸》中指出，媒介即人的延伸。具体而言，麦克卢汉认为，任何媒介都是人的感觉和感官的扩展或延伸：文字和印刷媒介是人的视觉能力的延伸，广播是人的听觉能力的延伸，电视则是人的视觉、听觉和触觉能力的综合延伸。进入电子信息时代，媒介更加深入地渗透到整个社会生活，具备媒介素养成为个体的一种生活技能。通过媒介素养教育，个体能够获得批判性思考和创造性解决问题的能力，这些能力赋权公民成为明智的消费者和内容生产者。同成人一样，媒介对儿童而言，不仅仅是生活中的需要，还是其表达声音、学习社会参与的工具。接受媒介素养教育成为儿童适应这个时代的必然要求。

　　媒介素养评估研究被公认为是媒介素养教育研究中的巨大挑战。自20世纪30年代媒介素养教育在英国开始发展，到中国大陆（内地）1997年引进媒介素养教育概念至今，媒介素养评估在研究和实践中一直受到某种程度的忽视。从已有的研究和实践来看，媒介素养评估相当缺乏。但是，作为一种教育的结果，媒介素养评估不应该被忽视。

　　基于这样的背景和出发点，本研究提出以下研究问题：国内外媒介素养评估的现状是什么？适合中国本土的媒介素养评估指标体系应该包含哪些维度和具体指标？将这些指标应用到媒介素养评估实践中的方法是什么？

本研究通过对成都市金牛区媒介素养教育试验的田野调查，结合国内外已有的媒介素养评估指标和方式，试图发展出本土的儿童媒介素养评估指标和方式。本研究确立了将媒介近用能力、批判能力和参与式传播能力作为个体媒介素养的三个核心能力，并在每个维度下发展了一定的评估指标。经过与田野试点校中的老师和学生的讨论，本研究认为，档案袋评估结合评估量表、自我报告评估、小组互评和教师对小组整体评估是比较适合中国本土媒介素养的评估方式。

　　这项研究旨在为本土媒介素养教育领域的实践者设计、实施、监测和评估媒介素养提供一定的参考。本研究中确立的评估维度和评估指标，具有一定的普适性，但是在指标具体运用和评估方式的确定方面，仍然要根据具体情境做出选择。

目录

第一章 引 论 /1
  第一节 研究缘起 /1
  第二节 问题的提出 /2
  第三节 结 构 /9

第二章 文献回顾 /11
  第一节 关键概念的界定 /12
  第二节 国内外媒介素养评估研究 /24

第三章 理论框架 /36
  第一节 批判的媒介素养教育 /36
  第二节 参与式传播 /40
  第三节 本章小结 /54

第四章 研究方法 /55
  第一节 田野地点：行政支持下的进入 /55
  第二节 数据收集和分析 /57
  第三节 研究伦理 /60

第五章 国内外媒介素养评估 /62
  第一节 国外媒介素养评估 /63
  第二节 国际组织的媒介素养评估 /77
  第三节 中国的媒介素养评估 /88
  第四节 小 结 /99

第六章　田野介绍：成都媒介素养教育 /102
　　第一节　探索中的媒介素养教育：田野概况 /103
　　第二节　在地实践中的媒介素养教育目标 /105
　　第三节　媒介素养教育涉及的主体 /114
　　第四节　在地实践中的媒介素养评估 /119

第七章　本土媒介素养评估建构 /124
　　第一节　媒介素养教育的目标 /124
　　第二节　开发媒介素养教育指标 /127
　　第三节　儿童媒介素养的评估方式 /139
　　第四节　师生参与媒介素养评估标准的讨论 /146

第八章　结论和讨论 /154
　　第一节　媒介素养评估维度的确定 /154
　　第二节　评估形式：档案袋评估 /158
　　第三节　媒介素养评估：现实可能和条件限制 /163
　　第四节　研究不足和进一步的建议 /165

参考文献 /170

附录一　四川省成都金牛区媒介与信息素养教育经验报告 /181

附录二　媒介素养教育在中小学的创新扩散策略研究 /202

附录三　中华人民共和国未成年人保护法 /213

附录四　未成年人网络保护条例（征求意见稿） /217

后　记 /232

第一章 引论

第一节 研究缘起

1997年被认为是媒介素养教育引进中国大陆（内地）的开始，这20多年来媒介素养教育实践不断增加，然而如何对其效果进行评估却一直困扰着实践者和研究者。2015年3月，笔者跟随中国社会科学院新闻与传播研究所国情调研团队到浙江省丽水市缙云县开展调研，课题之一即了解缙云县长坑小学媒介素养教育开展情况。根据调研目的，课题组与长坑小学校长刘勇武以及参与媒介素养教育课程的老师进行了座谈。长坑小学从2008年开始在浙江传媒学院媒介素养研究所的支持下开展媒介素养教育探索。经过几年的实践，在浙江传媒学院的志愿者和学校老师们的努力下，形成了长坑小学现有的8个主题、16个课时的媒介素养教育初步的课程设置。当时，长坑小学校长刘勇武提道："目前这门课（媒介素养教育课）还没有对学生进行考核。但作为一门课程，如何对学生进行考核，是需要思考的问题。"[①]

---

① 刘勇武访谈，2015年3月25日。

2015年4月,笔者在网络上查询到成都市教育局从2014年3月开始在推进一个教育课题"基于互联网背景下中小学生媒介素养教育的研究与实践",这个课题"希望通过基于互联网背景下中小学生媒介素养教育的研究与实践,形成具有成都特色的课程教育,使成都市学生媒介素养教育走在中西部乃至全国前列"。笔者辗转联系上市教育局的Q老师。Q老师向笔者介绍了金牛区教师培训中心的丘小云老师,向笔者遂建立起和成都市媒介素养教育研究团队的联系。向笔者对Q老师进行访谈时,她提到,希望试点学校进行媒介素养教育后,能够对学生的媒介素养进行评估。[①]

无疑随着媒介素养教育的实践增多,对媒介素养评估的现实需要亦不断增强。然而,众多的媒介素养教育实践本身偏重的内容和形式都有非常大的不同,究竟应该从哪些维度进行评估,以及采用何种手段进行评估,这既需要参考国外的一些经典媒介素养教育项目,也需要关注本土媒介素养教育实践中的现实需要。

第二节　问题的提出

一、媒介素养教育实践需要评估标准

媒介已经和生活深度融合。在媒介化社会,媒介通过对公众日常生活的渗透,已经影响到每一个人的生活。对儿童而言,一出生便在充斥着媒介的环境中成长,媒介已经成为他们生活中习以为常的部分。然而,成人依然一如既往地担忧媒介可能对儿童产生负面影响,正如一百多年前电影刚出来时,人们焦虑电影对儿童的影响一样。除了担心影响,成人也容易将儿童的一些不良言行简单归因为媒介的不良影响。但众多实证研究报告显示:在大多数情况下,媒介接触很难单独对儿童、青少年造成负面影响。中国社会科学院新闻与传播研究所卜卫教授在20世纪90年代进行的研究显示,至少有七个因素决定着媒介对儿童的影响,其中包括性别、年龄、智

[①] 对Q老师的访谈,2015年4月16日。

力水平、人格特征、父母影响、儿童的家庭关系、儿童的社会关系等。① 比如，一个同伴关系糟糕的青少年，在学校和家庭中不能获得更多认可，他就更倾向于从网络中获取认可，也就更容易沉迷于网络。心理学研究表明，年幼儿童的确很难对电视作出正确理解，他们可能会更多地模仿电视角色所表现出来的行为。这些模仿到底是有益还是有害，"取决于儿童所看到的内容，以及他们理解和解释所看内容的能力"。儿童对电视的理解力（television literacy）包括加工节目内容的能力、从人物的活动和场景次序中建构故事脉络的能力、解释各种信息的能力（包括变焦、渐隐、多画面和声效等节目制作技术的特点）。② 可以说，儿童对电视（媒介）的理解力，本质上就是媒介素养。故而，问题转化到儿童的媒介素养上。即使在充斥着媒介的社会中成长，儿童如果具备一定的解释、理解信息的能力，他们就有可能在媒介化社会中游刃有余。成人也就无须过度担心。这相应地衍生出另外一个问题，即培养儿童处理媒介信息的能力，成为这个时代所有人需要共同面对的问题。

　　在媒介素养教育被引进中国大陆（内地）的20多年里，已有不少研究者对儿童、大学生、农民工、公务员等群体的媒介使用现状进行了研究。③ 此外，不少研究者还进行了媒介素养教育的实践。从目前收集到的案例来看，学校教育是媒介素养教育实施的主要途径。从2004年开始，南京师范大学教育技术系教授张舒予的团队开设面向大学本科生的"视觉文化与媒介素养"公选课程。2008年，浙江传媒学院媒介素养研究所研究员王天德的团队在浙江开展面对中小学的媒介素养教育。同年，中国传媒大学传播研究院张洁博士的团队开始在北京开展对中小学生的媒介素养课程教学。东北师范大学教授闫欢的团队在吉林长春的一些小学开展媒介素养教育实践。渤海大学教授何村的团队组织大学生讲师团从2010年10月开始，先后

---

① 卜卫：《大众媒介对儿童的影响》，新华出版社2002年版，第4—5页。
② ［美］戴维·谢弗：《社会性与人格发展》，陈会昌等译，人民邮电出版社2012年版，第433—434页。
③ 郑素侠：《参与式传播在农村留守儿童媒介素养教育中的应用——基于河南省原阳县留守流动儿童学校的案例研究》，《新闻与传播研究》2014年第4期，第85—86页。

到锦州市的一些小学开展媒介素养教育。① 此外，以项目为依托或者大学生的短期社会实践活动形式的媒介素养教育更是不胜枚举。中国社会科学院新闻与传播研究所卜卫研究员1997年在《论媒介教育的意义、方法和内容》一文中指出，媒介素养教育的实施需要经过以下几个阶段：首先是考察和研究我国公民以及青少年媒介接触的行为、对媒介的需要以及公民的媒介观念，然后进行可行性研究，提出媒介素养教育的政策，在此基础上进行媒介素养教育实验，以发展媒介素养教育的内容，确定媒介素养教育的方法和途径，在实践的基础上总结经验，然后培训师资，进而制定相应的法规、规定或政策，开展大规模的媒介素养教育。②

除了高校、研究机构等开展的自下而上的媒介素养教育实践，各级政府部门也逐渐意识到媒介素养教育的重要性。2014年10月，中国少年先锋队全国工作委员会下发通知："将面向广大少年儿童开展媒介素养教育活动，其目的是为了提高少年儿童辨别网上信息和理性表达的能力素质，促进在新媒体领域培育和践行社会主义核心价值观。"③ 最近几年，国家已出台多项法律法规以促进青少年儿童更合理使用网络，如2021年正式施行的《中华人民共和国未成年人保护法》增设网络保护专章，明确规定要加强对未成年人的网络保护，避免其遭遇来自网络不良信息和行为的侵害。《中国儿童发展纲要（2021—2030年）》提出，要提升"儿童及其监护人媒介素养"，"加强对不同年龄阶段儿童使用网络的分类教育指导"。

在各方的共同努力下，目前媒介素养教育已经在中国大陆（内地）得到很大程度的发展。从理论上来说，媒介素养教育作为一种教育活动，具备教育的特征。现代教育科学研究的三大研究领域④包括教育基本理论研究、教育发展理论研究和教育测量与评价（评估）理论研究。其中，教育

---

① 王天德：《中国媒介素养教育现状研究报告》，《大学生媒介素养读本》，高等教育出版社2016年版，第18-21页。
② 卜卫：《论媒介教育的意义、方法和内容》，《现代传播》1997年第1期，第33页。
③ 《全国少工委部署开展少年儿童媒介素养教育活动》，2014年7月3日，http://www.chinanews.com/it/2014/07-03/6346337.shtml。
④ [美]诺曼·E.格伦隆德、C.基思·沃：《学业成就评测》，杨涛、边玉芳译，教育科学出版社2011年版，第1页。

测量与评价（评估）理论研究，也是媒介素养教育的重要组成部分。在教育评估中，教师可以通过评估搜集教学效果的证据，关注孩子们学到了什么，并且在未来的教学中应该注意哪些问题。对学生来说，教育评估能够给他们提供有针对性的反馈，比如是否掌握了相关的知识和技能，在未来的学习中应该提高哪些方面的能力等。和其他教育评估的作用一样，媒介素养教育的评估也试图达到这样的目的。运用科学的手段对学生的媒介素养进行测量和评价，可以发现其学习中的优势和不足，促进教师进行教学改进，最终促进学生的发展和进步。①

为什么教师要开展教育评估？美国学者詹姆斯·波帕姆（James Popham）指出，所有的测验都有一个共同点，那就是教师想要了解学生到底掌握了哪些内容。换句话说，就是教师想要了解学生对他所教授的内容的掌握程度，这有利于教师评估学生当前的学习状况，以便在以后能够更有效地调整教学活动，帮助学生更有针对性地提高。②詹姆斯·波帕姆指出教师需要了解评估有三个新理由。第一，测验结果影响公众对教育效能的看法，因为没有其他更直接的方式能够评估学校的教育效果，因此，测验的分数就成为衡量学校教育效果的最直接的指标。第二，学生在考试中的表现，成为评估教师的重要组成部分，在传统的学校教育体系下，对教师有诸多考核指标，学生考试的分数成为衡量一个教师的教学技能的重要佐证材料。单一的用学生的考试分数来评价教师，非常偏颇，但在全世界大多数国家和地区，这一指标仍然是对教师进行评估的重要指标。第三，评价工具有助于教师明确目标，进而提高教学质量。学生考试的分数会成为教师评价的重要指标，为了让学生在考试中取得较好成绩，教师就会把考试中关注的内容作为教学的重点，因为，教师也希望自己的学生能够在考试中取得好成绩。虽然媒介素养教育中的评价和传统的学业评价有很大的不同，但是对学生的媒介素养进行评价，却也有相当的益处。比如，可以

---

① ［美］诺曼·E.格伦隆德、C.基思·沃:《学业成就评测》，杨涛、边玉芳译，教育科学出版社2011年版，第2-3页。

② ［美］詹姆斯·波帕姆:《教师课堂教学评价指南》（第5版），王本陆、赵婧等译，重庆大学出版社2010年版，第5页。

引导学生发展出在网络时代合理利用优质数字资源的能力，这些能力会促进他们在其他学科的学习；可以引导学生合适安排媒介使用时间，这能够帮助他们发展自己的自律能力，更好地安排学业和生活等。

我在梳理关于中小学的媒介素养教育研究文献时，发现既有文献较少对儿童媒介素养评估的研究。导致媒介素养评估发展不足的主要原因有三。其一，媒介素养教育目标多元，各地进行的媒介素养教育实践目标也不一，导致很难用一个统一的标准对学生的媒介素养进行测量；其二，某些评估指标如批判性思维的测量缺乏在实践中发展出的操作性定义；其三，在大多数试点媒介素养教育的学校，媒介素养教育只是一种教育改革的尝试，并未长期进行。

媒介素养教育的重要性虽然已经拥有一定程度的共识，但是，对其效果的研究，却始终缺乏令人信服的证据。美国媒介素养专家罗伯特·库比（Robert Kubey）曾指出，美国媒介素养教育落后于其他英语国家的主要原因之一，即是缺乏针对媒介素养教育效果的评估研究，导致其缺乏令人信服的证据，陷入推广上的困境。[①] 香港浸会大学新闻系李月莲教授也认为，媒介素养教育实践多年，却一直未能制定完整的评核标准，"标示着媒介素养未有统一的目标和内涵，这有碍媒介素养教育走进学校成为必修科目"[②]。

值得高兴的是，境外已有不少研究和实践关乎媒介素养的评估标准，这些标准可以作为确立中国大陆（内地）本土媒介素养评估标准的参考。但是，中国大陆（内地）教育自身的特殊性，决定了其又不完全适合中国大陆（内地）本土情境，我们无法照搬采用。从前述的媒介素养教育实践中可看出，本土的实践已经生发出对媒介素养评估标准的需要。因此，开发一套适合中国本土的媒介素养评估标准势在必行。本研究试图在儿童媒介素养评估指标和评估方式方面做一些探索。

---

① Robert Kubey. "Obstacles to the Development of Media Education in the United States", *Journal of Communication*, vol48（1），1998, p.58-69.
② 李月莲：《媒介素养研究的发展动向》，洪浚浩主编《传播学新趋势》，清华大学出版社2014年版，第655页。

二、发展"正确的"媒介素养教育

随着信息社会的高速发展,海量的信息将人包围在其中。这些海量信息中,有能够帮助人发展的信息,同时也有对人的发展造成威胁的信息。因此,辨别信息的能力,是数字时代非常重要的一种能力。媒介素养教育的诸多目标之中,帮助个体发展出对媒体信息的辨别和判断能力,是全世界的媒介素养教育都较为认同的目标。对信息的辨别能力,能够帮助个体发展出在数字化时代保护自己的能力。这也是在数字化时代的生存之本。

数字化时代,网络成为人们获取信息的重要渠道。哈佛大学心理学家戴维·珀金斯(David Perkins)曾经指出,在传统的教育机构中,课程安排沿袭着传统的路径,不过也有教师努力在拓展教育内容的边界。他认为,有六类常见的拓展:第一,超越基础技能的拓展。在这类拓展中,教师致力于培养学生的批判性思维和创造性思维、合作能力、领导力、创业精神,以及其他在这个时代生存和发展所需的关键能力和品质。第二,超越传统学科的拓展。在这类拓展中,教师开始关注一些新兴的、综合的、有差异的学科,比如心理学、社会学等学科的最新理念。同时也包括能够应对当前真实挑战的学科领域。第三,超越彼此割裂的各学科的拓展。在这类拓展中,提出了真实性的问题,问题的解决需要学生具备跨学科的知识,比如解决贫困问题、能源资源贸易问题的知识等。分科教学本身是工业化时代的产物,随着面临的问题越来越复杂,单一学科的知识并不能很好地解决复杂问题,因此,跨学科成为应对真实挑战的必需。第四,超越区域性观念的拓展。在这类拓展中,将目光投向全球化,对全球的问题进行关注,比如世界史、全球金融贸易体系和培养世界公民的潜在意义等。正如传播学大师马歇尔·麦克卢汉1964年在《理解媒介:论人的延伸》一书中首次提出"地球村"这一概念,形象地表述了因传播媒介的高度发达给人类交往和传播带来的巨变。在今天,随着广播、电视、互联网等电子媒介的出现和各种现代交通方式的飞速发展,人与人之间的时空距离大大缩短,整个世界紧缩成一个"村落"。"地球村"的状况,让一个人对于世界的关注,不再局限于对身边事物的关注,甚至远在天边的战争也可能为我们的现实生活带来巨大的影响。第五，超越对学术内容的掌握的拓展。在这类拓展中，教师开始鼓励学生关注与课程内容相关的现实生活，支持学生提出自己的创意，有创造性的表现。不仅仅要求学生掌握课程内容，而且要求学生关注现实世界的真实问题，并且提出自己的看法。关注和课程内容相关的现实世界，课本中的内容就不再是远离学生生活的话题，而是实实在在和他们的生活有关的内容。这有利于激发学生的学习兴趣，提升他们对学科学习的热情。第六，超越既定内容的拓展。在这类拓展中，除了一些必修的内容，学生可以根据需要选择自己感兴趣的学习内容。这一超越其实也是多元智能理论在现实中的应用。心理学家霍华德·加德纳（Howard Gardner）指出，"每个孩子都是一个潜在的天才儿童，只是经常表现为不同的形式。"他首次提出人类有着完整的智能"光谱"。这一论断突破了传统智力理论的假设：人类的认知是一元的，可采用单一的、量化的智力检测手段来测量人的智能。经过多年的研究，加德纳逐渐完善了自己的理论，明确提出人类存在多种不同的思维方式。他将人类的智能类型分成8种，分别是：言语—语言智能、音乐—节奏智能、逻辑—数理智能、视觉—空间智能、身体—动觉智能、自知—自省智能、交往—交流智能、自然观察智能。这一智能理论的框架中，暗含着个体可能会对不同的知识有着不一样的兴趣。因此，让学生选择一些自己喜欢的、擅长的内容来学习，可以帮助个体得到更好的发展。在对这六大教育领域超越的分析中，我们可以看到，媒介素养教育的目标暗含其中。

在本土众多的媒介素养教育实践中，仍有不少实践一味要求儿童对媒介进行抵制，或者是单一地强调媒介对儿童的负面影响，忽视其从媒介获得的益处。比如，经常可以看到这样的新闻：《履行承诺拒绝手机——我校开展"校园拒绝手机共创优良学风"》《小孩沉迷电视会性早熟》等。实际上，"只要把握好'度'，电视既不会损害儿童智力，也不会影响儿童的社会性发展"[①]。

---

① ［美］戴维·谢弗，凯瑟琳·基普：《发展心理学》，邹泓等译，中国轻工业出版社2013年版，第557页。

因此，从世界各国的实践中吸取经验教训，在本土实践的基础上发展具有中国大陆（内地）本土特色的媒介素养教育是当前的重要任务。发展媒介素养的评估维度和评估方式，能够为课程开发、教师的教学和学生媒介素养的评估提供一个框架，促进媒介素养教育的本土化发展。

媒介素养教育，既需要对儿童进行保护，也需要促进儿童发展。在"保护"和"发展"的双重目的下，对媒介素养进行评估，依据教育目标来设定教学内容和教学方式，其目的也在于发展"正确的"媒介素养教育，所谓"正确"即为有利于儿童保护和发展双重目标实现的媒介素养教育。

三、研究问题

本研究试图在参考国内外已有的媒介素养评估标准的基础上，通过对正在进行中的中国大陆（内地）本土媒介素养教育实践的观察，提出适合于中国大陆（内地）本土的媒介素养评估维度和评估方式。

具体而言，研究问题可以分为以下三个小问题：

（1）国内外媒介素养评估的发展现状如何？

（2）适合中国大陆（内地）本土的媒介素养评估指标体系应该包含哪些维度和指标？

（3）将这些指标应用到媒介素养评估实践中的方法和手段是什么？

第三节 结 构

本文引论部分包括研究缘起、研究问题和论文的结构。接下来的第一部分研究设计，包括第二、三、四章。第二章是文献回顾，主要厘清"媒介""素养"和"媒介素养"等关键概念以及国内外媒介素养评估研究和评估方式；第三章是理论框架，以批判的媒介素养教育和参与式传播为理论基础，提出本研究的理论分析路径；第四章是研究方法，包括田野地点的选择、数据收集和分析等。

第二部分是研究发现，包括第五、六、七章。第五章主要介绍了国内外的媒介素养评估。国外的媒介素养评估主要讨论了英国、加拿大、美国、澳大利亚的媒介素养评估；介绍了国际组织的媒介素养评估标准，主要有联合国教科文组织（United Nations Educational, Scientific and Cultural Organization，简称 UNESCO）的《全球媒体和信息素养评估框架》和欧洲观众利益联合会（European Association for Viewers Interests，简称 EAVI）的《媒介素养水平的评估标准研究》。国内的媒介素养评估包括大陆（内地）、中国台湾和香港的媒介素养评估。这一部分的发现和随后第六章在田野调查中的发现为媒介素养评估维度和评估方式的确定奠定了重要基础。第六章对田野地点进行了详细介绍，主要包括田野概况、在地实践中媒介素养教育的目标；同时，对媒介素养教育涉及的主体——教师、学生和家长的媒介素养现状进行了介绍。在讨论了田野情况后，第七章主要介绍了从媒介素养教育的目标出发，从儿童的媒介近用能力、媒介批判能力和参与式传播能力三个维度对媒介素养的具体指标进行建构。在指标确立后，讨论了媒介素养的评估方式，媒介素养的评估应该以人为中心选择评估方式。随后讨论了在地实践中的媒介素养评估，包括评什么，即评估维度和评估指标的确定；如何评，即评估方式的确定。本研究认为，档案袋评估、自我报告评估、小组互评和教师对小组整体评估等方式都是媒介素养评估中可以综合使用的评估方式。在评估指标和评估方式初步确立的基础上，媒介素养教育实践中的师生从指标的方向性、问题原则、适用性、可行性四个方面对确立的指标进行了讨论；同时，还讨论了评估方式。

第三部分即第八章，是结论和讨论，主要是研究结果和对研究结果的讨论，并提出本研究的局限以及媒介素养评估未来的可能研究方向。

第二章 文献回顾

目前学术界在探讨"媒介素养教育"时，所使用的概念术语并未统一。美国罗得岛大学教授陈国明指出："媒体素养（media literacy）、媒体研究（media studies）、视觉素养（visual literacy）、科技教育（technology education）、批判阅听（critical viewing）等，都是和媒体教育并称的常用名词。"[①] 陈国明所指的"媒体教育"即本文中的"媒介素养教育"。随着数字媒介的发展，"数字素养教育""信息素养教育""媒介与信息素养教育"等概念也一并和"媒介素养教育"有较为一致的内涵。本文在梳理文献时，将包含这些关键词的研究一并纳入讨论。

本章首先对本研究涉及的关键概念"儿童""媒介""素养"和"媒介素养"进行了界定。关键概念的界定有利于确定媒介素养的评估维度。在"媒介"和"素养"的概念不断发展的过程中，"媒介素养"的定义也在不断发展。世界各地的媒介素养教育机构和学者从不同的视角对媒介素养进行了定义。本研究分别从近用视角、批判视角和参与视角对媒介素养的定

---

① 陈国明：《媒体教育》，鲁曙明、洪浚浩主编《传播学》，中国人民大学出版社2007年版，第197—198页。

义进行了梳理。

之后，聚焦到媒介素养评估，本章对国内外的媒介素养评估文献进行了梳理。UNESCO 在媒介素养教育的推广上，做了大量工作。《全球媒体和信息素养评估框架》虽并未要求世界各国照搬照用，但对各国媒介素养评估是一个启发。EAVI 从欧洲的立场，也对媒介素养的评估提出了建设性的建议。就中国而言，台湾、香港地区的媒介素养评估均根据当地具体情况，确立了不同的维度和指标。中国大陆（内地）媒介素养的评估还在进一步探索和发展中。

此外，本章还对目前国内外已有的媒介素养评估方式进行了梳理。已有的媒介素养评估大多强调对学生进行发展性评价，量表评估是较为常用的评估方式。

第一节　关键概念的界定

一、儿童的定义

依据联合国《儿童权利公约》，儿童指"18 岁以下的任何人，除非对其适用之法律规定成年年龄低于 18 岁"[1]。《中华人民共和国未成年人保护法》称未成年人为未满 18 周岁的公民。[2]《儿童权利公约》界定的"儿童"和我国"未成年人"的概念一致。本研究中，"儿童"的年龄也界定在 18 岁以下。但因为田野调研主要是在中小学进行，因此，在本研究中涉及的"儿童"主要是指小学、初中和高中阶段的在校学生。

二、媒介、素养、媒介素养的定义变迁

媒介素养教育最早由 F. R. 利维斯（F. R. Leavis）和他的学生丹尼斯·桑普森（Denys Thompson）于 20 世纪 30 年代提出。1933 年，他们在《文化和环境：批判意识的培养》中，对"媒介素养"引入学校作了阐述，并

---

[1] 联合国《儿童权利公约》，1989 年 11 月 20 日。
[2] 《中华人民共和国未成年人保护法》，1991 年 9 月 4 日。

提出相应的教学建议。他们认为，当时新兴的大众传媒受到商业动机的刺激，其带来的流行文化给受众提供了"低水平的满足"。这种"低水平的满足"会误导大众，尤其会给青少年的成长带来负面的影响。他们呼吁，教育部门应该开设系统课程，培养青少年的媒介批判意识，使其能够辨别和抵御大众媒介的不良影响。F.R.利维斯和丹尼斯·桑普森力求帮助教师们学会批判大众文化的欺骗性、虚伪性和麻痹作用。他们确信文化中的不良成分一旦被揭露和甄辨，就能被觉悟的学生们唾弃和谴责。[①]

从英国开始，后来在美国、加拿大、澳大利亚等国家，媒介素养教育逐渐发展起来。经过几十年的发展，西方的媒介素养教育已经比较成熟。我国的媒介素养教育起步比较晚。1997年，中国社会科学院新闻研究所研究员卜卫在《论媒介教育的意义、内容和方法》中，最先引入媒介素养教育概念，并介绍了国外媒介素养教育的起源与发展，媒介素养教育的意义、内容与途径，开启了中国媒介素养教育的研究之路。

事实上，媒介素养教育的定义是伴随着媒介、素养内涵的变化处于不断的发展之中。

从20世纪30年代佩恩基金关于媒介对儿童影响的研究开始，关于媒介和儿童关系的研究大多集中于大众媒介对儿童的影响方面。大众媒介通常被定义为一个传递信息的载体。其主要特征包括：通过文字、图像、声音等符号进行传播；拥有广大的受传者；采用某种技术批量复制信息；有特定的传播目的、需要或运用。大众媒介包括印刷媒介、电子媒介和新媒介三种类型，主要涉及书籍、报刊、广播、电视、电影和互联网六种媒介。当然，存在的大众媒介不仅仅是这六种，还有其他，例如公告牌、连环画、宣传单、招贴画、楼宇电视等等。[②]

在本研究中，"媒介"并不仅仅是指大众媒介，如书籍、报刊、广播、电视、电影、网络，还包括了"草根媒介"，如农村戏剧、地方戏曲、黑板

[①] [英]大卫·帕金翰、宋小卫：《英国的媒介素养教育：超越保护主义》，《新闻与传播研究》2000年第2期，第73—79页。

[②] [荷兰]丹尼斯·麦奎尔：《麦奎尔大众传播理论》（第五版），崔保国、李琨译，清华大学出版社2010年版，第19页。

报、传统歌舞，以及网络平台的QQ空间、网络短视频、微信等。①

素养也并不是一个一成不变的概念。在电子媒介出现之前，素养通常和印刷媒介联系到一起，主要指个体的"读写能力"，其基本含义通常也包括基本的计算能力。1946年，美国学者埃德加·戴尔（Edgar Dale）对"素养"进行了新的定义。他认为，素养包括三种能力，分别为阅读和写作能力、听说能力、视觉和观察能力。这三种能力分别被概括为印刷素养、听觉素养和视觉素养。② 电子媒介出现以后，素养的概念得到了新的发展。素养的概念被扩展到"网络素养、数字素养、E素养、信息素养、媒介素养、新素养"等。③ 不难发现，随着媒介的发展，素养的含义也从最初的仅包含"读写能力"和"基本的计算能力"这一单一维度的能力，而扩展成为一种多维的能力。

至今，素养的含义已经扩展到"发现、选择、分析、评估和储存信息"的技巧和能力。④ 另外，随着社会政治、经济和技术的发展，素养的某些方面已然和人类的一些基本权利及社会发展联系起来。比如，素养中还包含了自由表达、近用信息的能力。⑤ 今天，已很少会有人被认为是完全"有素养的"和完全"没素养的"。因为个体的素养和他们所处的环境、个体的需要及其可获得的资源有关。随着对"素养"的阐释不断发展，出现了数不清的"媒介素养"定义。

1992年，美国阿斯彭协会（Aspen Institute）召集25个教育学者和活动家，召开了第一届美国媒介素养全国领袖会议（National Leadership Conference on Media Literacy）。这次会议的报告将"媒介素养"定义为：公

---

① 卜卫：《我国媒体素养教育研究综述及反思》，王怡红、胡翼青主编《中国传播学30年》，中国大百科全书出版社2010年版，第508-524页。

② Art Silverblatt, The Praeger Handbook of Media Literacy, California: ABC-CLIO, 2013, p.100-101.

③ UNESCO, Global Media and Information Literacy Assessment Framework: Country Readiness and Competencies, 2013, http://unesdoc.unesco.org/images/0022/002246/224655e.pdf.

④ Tornero, J.M.P, Current Trends on Media Literacy in Europe. Approaches-Existing and Possible-to Media Literacy, 2006.

⑤ UNESCO, Global Media and Information Literacy Assessment Framework: Country Readiness and Competencies, 2013, http://unesdoc.unesco.org/images/0022/002246/224655e.pdf.

民"为了特定目的接近、分析和产制信息的能力"[1]。媒介素养的这个定义在各种文献中被广泛引用,这个报告也对世界各地的媒介素养教育产生很大影响。[2]

UNESCO 在媒介素养教育的推广上做了重要的工作。在 1982 年的格伦瓦德(Grunwald)会议和 1990 年的图卢兹(Toulouse)会议、1999 年的维也纳(Vienna)会议以及 2002 年的塞维利亚(Seville)(2002)会议上,UNESCO 对媒介素养教育和媒介素养进行了界定。UNESCO 对媒介素养教育的概念进行定义的过程可以分为四个阶段。第一个阶段是在 1982 年的格伦瓦德宣言(Grunwald Declaration)中。这是媒介素养教育领域的创新。第二个阶段是在 1990 年图卢兹会议。这次会议对媒介素养教育的定义更加系统化和准确。第三个阶段是在 1999 年的维也纳会议。在这次会议上,从数字媒介发展和新传播时代的背景出发,从新的视角来看待媒介素养教育。从 21 世纪开始,为应对信息社会的发展以及数字鸿沟的扩大,媒介素养扩展到了数字素养。第四个阶段是在 2002 年的维也纳联合国教科文研讨会。这次会议采用了维也纳会议对媒介素养的定义,强调了需要在五个方面采取积极的政策促进媒介素养教育的发展,包括:调查,培训,学校、媒体、非政府组织、私营企业和公众之间的合作,巩固和促进社会公共领域及其与媒体的关系。

在最新的发展中,UNESCO 于 2013 年提出媒介与信息素养(Media and Information literacy,MIL)的定义。MIL 被定义为一组赋权公民的能力,包括以批判的、伦理的和有效的方式去接近、获取、理解、评估、利用和创造以及分享信息和分享各种形式媒介的内容的能力,使之能够参与或从事个人的、职业的和社会的活动。这个定义指明了媒介与信息素养的性质(赋权)、内容(一组能力)和目标(有效地从事个人的、职业的和社会的活动)。媒介与信息素养是一组相互交叉的概念群,包括基础素养、数字素

---

[1] Robert Kubey. "Obstacles to the development of media education in the United States", Journal of communication, vol48 (1), 1998, p.58-69.

[2] http://www.medialit.org/reading-room/aspen-institute-report-national-leadership-conference-media-literacy.

养、信息与通信技术素养（Information and Comntunication Technology，ICT）、信息素养、媒介素养、新闻素养、图书馆素养、文化多元性以及其他形式素养等。2018年，联合国教科文统计所开展了数字素养全球框架的项目，通过实证研究开发了《数字素养全球框架》，数字素养被定义为"通过数字技术安全适当地获得、管理、理解、整合、沟通、评价和创造信息的能力，以有利于就业、体面工作和创业"①。从UNESCO对媒介素养定义的变化可以看到"媒介""素养"定义的变化对"媒介素养"定义的影响。

三、媒介素养评估的定义

基于不同目标的媒介素养教育，其实践路径也有所不同。卜卫曾将自己过去20多年的媒介素养教育实践分为两个阶段。第一个阶段是1991—1995年，这一阶段，她进行的媒介素养教育实践包括出版教材《新闻》《广告》《电视》，在《父母必读》开专栏，为儿童讲课等。她在反思中指出，总体来说，这一时期的媒介素养教育实践虽然颇为丰富，但较为缺乏儿童的声音。第二个阶段是从1995年起至今，主要是结合社会运动开展工作坊，通过游戏、角色扮演，以及主题辩论等方式讨论有关媒介的问题，这一阶段的媒介素养教育实践主要基于辨别主义和批判性解读，强调儿童的参与。②之所以强调儿童参与，其原因在于，儿童参与可以建立儿童主体性，帮助儿童学习如何成为自己生活的主人；同时，儿童参与可以促进有效地社会改变；在参与的过程中，有利于其个性和社会性的发展，可促进他们学习如何适应未来的民主社会并在其中发挥重要作用。③

媒介素养教育的本质是一种教育，但区别于传统的学科教育。媒介素养教育关注人和媒介的关系，并进而关注人如何利用媒介促进自身的发展，以及更大程度的发展。将媒介素养教育放在教育的框架中，需要关注如何进行教育评估。教育评估被认为是"依据学生的知识、技能、态度等变量

---

① 卜卫、任娟：《超越"数字鸿沟"：发展具有社会包容性的数字素养教育》，《新闻与写作》2020年第10期，第30-38页。
② 卜卫"传播与社会发展"课程之"媒介素养教育"专题课堂笔记，2015年12月17日。
③ 卜卫：《探讨儿童参与的理念》，未发表。

来有意识判断学生状况"。有研究者指出，对于媒介素养教育评价可以从三个层面展开，分别是课程层面、学生层面和教师教学层面。本研究仅从学生层面即参与媒介素养教育活动的学习者的学习效果进行监测。在这一向度中，评估并不是将一个儿童和另一个儿童进行对比，而是对一个儿童在媒介素养教育活动中的表现和生活中的表现做一个综合评估。因此，这一评价应该是发展性的评估。

四、不同视角的媒介素养定义

如上所述，"媒介素养"的定义与"媒介"和"素养"的概念拓展有关。不同的研究者和研究机构从不同的视角对媒介素养进行了界定。以下将分别论述近用视角、批判视角和参与视角的媒介素养定义。

（一）近用视角的媒介素养

起初，媒介素养的定义非常简单，如"一种近用、分析、评估和传播不同形态的信息的能力"[1]，或"在不同的背景下培养公众近用、理解和用不同的文本形式创造传播的能力"[2]。在这些定义中，均将"近用媒介"（access media）作为媒介素养的一个维度。所谓近用（access），即"接近"和"使用"。在 UNESCO 的评估框架中，"近用"能力指的是个体使用适当的技术访问、检索、存储信息和媒体内容的能力。其包括个体能够明确对信息、媒体内容和知识的需求，能够识别各种来源和格式（纸质、音频、图像和数字）的信息和媒体内容，能够在数字或实体图书馆、博物馆、个人文件或其他信息来源中进行检索。[3] EAVI 亦将媒介的使用技能作为媒

---

[1] Aufderheide, P (1993) Media literacy: A report of the national leadership conference on media literacy Aspen, CO: Aspen Institute.

[2] UNESCO, Global Media and Information Literacy Assessment Framework: Country Readiness and Competencies, 2013, http://unesdoc.unesco.org/images/0022/002246/224655e.pdf.

[3] UNESCO, Global Media and Information Literacy Assessment Framework: Country Readiness and Competencies, 2013, http://unesdoc.unesco.org/images/0022/002246/224655e.pdf.

素养评估的维度之一，其中包括掌握电脑和网络技能，合理和积极地使用媒介（能够合理使用网络、报纸、电影院、图书和手机等），以及更高级的媒介使用（进行网络购物、阅读网络新闻和使用网上银行）。[①] 中国台湾学者吴翠珍认为，"媒介近用"是依据公平的原则，让每一个人与多元的社会团体，都有机会在报纸、广播、电视上发表自己对于社会公共议题的想法，不受专业主义规范的阻挡或删节。[②] 本研究中将这种意义上的媒介近用归到媒介参与方面。

结合以上对"媒介近用"的阐释，本研究将"媒介近用"定义为：个体有能力接触和使用多种媒介（包括传统媒介和草根媒介）满足自己的信息需要。从某种程度来说，"媒介近用"和"媒介参与"是相关联的，"媒介近用"是"媒介参与"的基础，"媒介参与"是"媒介近用"的更高阶段。

（二）批判视角的媒介素养

"批判"在英文中为"critical"，意为"探索""思辨""理性分析"。大卫·帕金翰（David Buckingham）指出，媒体素养应该是批判性思维的一种形式，包括分析、评价与批判的反省。[③] 媒介素养教育培养的是多维的能力，从评估的角度来说，教育者或者研究者必须弄清楚，哪些维度对学习者来说是最重要的。[④] 在一些机构和学者对媒介素养的定义中，强调媒介素养的批判能力，即将批判能力作为媒介素养的主要构成维度。如美国媒介素养教育全国联盟（the National Association for Media Literacy Education，简称 NAMLE）呼吁应该在学校的媒介素养教育中大力提倡批判性思维的培养，"媒介素养教育的老师不是训练学生去质询在某个信息中是否存在偏见（因为所有的信息都有偏见），而是要追问这个偏见的本质是什么、来源于何处、有何重要影响"。

---

① EAVI，EAVI Media Literacy EU Policy Recommendations，Brussels，2014，p. 10.
② 吴翠珍、陈世敏：《媒介素养教育》，巨流图书股份有限公司 2007 年版，第 107 页。
③ ［英］大卫·帕金翰：《媒体教育素养学习与现代文化》，林子斌译，巨流图书股份有限公司 2006 年版，第 49 页。
④ ［美］艾尔·芭比：《社会研究方法》，邱泽奇译，华夏出版社 2002 年版，第 136 页。

对于批判能力的定义，美国学者史蒂文·沙夫曼（Steven Schafersman）认为："批判性思维意味着个体在追求关于世界的可靠信息时能够正确、理性地思考，对自己决定相信的事物进行反思，并且知道如何采取行动。一个具备批判性思维能力的人，能够提出恰当的问题，并且针对所提问题收集相关的信息，能够有效并且创造性地区分这些信息，从所得信息中进行逻辑推理，从中得出可靠的信息。批判性思维能够使个体成为一个对社会有用的公民，而不仅仅是一个娱乐消费者。"[①] 那么，批判性思维在媒介素养中体现为哪些能力？在史蒂文·沙夫曼（Steven Schafersman）看来，媒介素养中所含的批判能力包括以下：能够判断信息是否真实，进行价值判断；能够确定信息来源是否可靠；能够确定立场是否正确；能够区别他人提出的要求是否正当；能够确认信息是否具有偏见；能够区分假设是否成立；能够识别逻辑的前后是否一致；能够确定论据对论点的支持力度；能够评估和/或建立概念是否系统。媒介素养中批判能力的必要要素是探究能力，也就是个体使用批判性思维观看、提问、分析和理解公开或隐蔽地呈现在电影、视频、电视和其他媒介中的信息的能力。批判性思维同时也鼓励学生进行对话，也就是说，具备和自己不同的观点和理论进行对话的能力。[②]

媒介素养教育能够促进人们提高批判性思维能力，批判性思维可以赋权个体在回应大众媒介所传递的信息时做出独立的判断和明智的决定。瑞尼·霍布斯（Renee Hobbs）和理查德·弗罗斯特（Richard Frost）指出，媒介素养教育的核心必须是一种提问式教育，这种提问式教育能够使得学生对媒介文本提出问题，并且这种开放的、提问的、反思和批判的立场使学生能够更全面地理解媒介文本。另外，媒介素养教育中的批判性思维能够促进培养学生在传统学科如数学、历史和地理等学科中的批判性思维技巧。此外，媒介素养教育也能增强学生的普通的批判性和创造性思维能力。弗兰克·贝克（Frank Baker）的研究为此提供了很好的案例，2003—2006 年，

---

① Art Silverblatt, *The Praeger Handbook of Media Literacy*, California：ABC‐CLIO, 2013, p. 101‐102.

② Art Silverblatt, *The Praeger Handbook of Media Literacy*, California：ABC‐CLIO, 2013, p. 101‐102.

他在旧金山地区的两个中学进行学生批判性和创造性思维能力的测量显示，学生参加媒介素养课程后，其批判性和创造性思维能力均有提升。罗伯塔·哈米特（Roberta F. Hammett）在研究中指出，批判的媒介素养的目标是教会学生如何批判地阅读文本。学生要理解媒介再现，知道在媒介再现中，谁的声音被听到，谁的声音被忽略；谁是有权力的人，谁是没有权力的人；在事件中不同人物的利益得失；文本和对话后面所隐藏的价值观和意识形态。同时，批判的媒介素养还希望教会学生批判地行动。[1]

媒介素养中批判能力的评估，对于媒介素养教育的研究者而言，是一个巨大的挑战。美国批判性思维运动的主要领袖人物罗伯特·恩尼斯（Robert H. Ennis）指出，批判性思维的评估常常是被忽略的。因为，以一种有效的方式对批判性思维进行定义和测量是非常困难的事情。这主要是因为批判性思维和媒介素养一样，没有一个确定的定义。批判性思维有太多的名字，不同的研究者有不同的定义。在《批判性思维：教育评估的目的和教育的专家立场》中，46个研究者总结出来的批判性思维的定义是：批判性思维能够促进解释、分析、评估和推理，以及对证据、概念、方法和背景的理解。理想的批判性思维者应该具有求知欲、消息灵通，具有理性，思想开明，具有灵活性，能进行公正的评估，能坦诚地面对个人的偏见，能对事件做出谨慎的判断，做事能再三斟酌，面对问题时头脑清醒，面对复杂事件时能有条不紊，勤于查找相关信息，理性地选择标准，专注于对真相的探究，坚持不懈地追寻所允许探究的研究对象和事件原委的准确结果。尽管这个定义非常复杂，但是它基本概括了批判性思维的所有定义。[2]

批判视角的媒介素养为不同背景下所建构的媒介信息的影响力提供一种洞察力。正如英国媒介学者卡里·巴扎尔格特（Cary Bazalgette）指出，

---

[1] Roberta F. Hammett, Intermediality, Hypermedia, and Critical Media Literacy, Intermediality_ the Teachers' Handbook of Critical Media Literacy, Edited by Ladislaus M. Semali, p.207.

[2] William G. Christ, Assessing Media Education, A Resource Handbook for Educators and Administrators, 2006, p.169.

要评估媒介信息所传递的内容，必须依靠产生媒介内容的一系列的社会、文化、经济、政治和历史背景的知识。在批判的过程中，媒介素养为个体提供做出独立判断的选择，比如，应该选择什么样的节目进行观看，以及如何理解他们所接受到的大众传播渠道所传递的信息。詹姆斯·波特（W. James Potter）指出，媒介传播者常常使用节目策略使得个体获得某种习惯，并且不断地强化这种习惯。国家电信委员会（National Telemedia Council）指出，媒介素养能够培养消费者有意识的观看行为，并且进行反思性的判断。

根据欧盟委员会（European Commission）的定义，媒介素养被界定为关于媒介、媒介形象、语言和信息的一系列的技巧和能力，即"近用、分析和评估我们日常所用的是当代文化的重要组成部分的媒体形象、声音和信息的影响的能力，以及使用我们能获得的媒介进行沟通的能力"。这个定义随后又被进行了更广泛的补充，一方面，此处提到的"媒介"的概念包括日常生活和当代文化中的所有媒介；另一方面，关于媒介素养的技巧被概括为四种：近用、分析、评估和有创造性的产品。这些需要发展的技巧，其目的都在于促进个体的发展，包括认知能力、具备批判性思维，以及具备解决问题的能力。

批判视角的媒介素养强调对媒介信息和媒介运行规则的批判和反思，强调个体对媒介信息的理智选择，以及对个体的媒介使用行为的反思。这样一种能力的获得，可以帮助个体更合理、更负责任地使用媒介。

（三）参与视角的媒介素养

加拿大媒介教育学家约翰·庞甘特（John Pungente）曾提出媒介素养教育的十大目标，即教育学生使他们成为懂得欣赏而又具有批判性和分辨力的听众、读者和观众；向学生介绍各种媒介的历史发展情况；讨论并辨析媒体的主要用途；辨析各种不同媒体运用的技巧和语言；辨析与媒体产品生产相关的各种因素如经济、政治、文化、社会、组织等因素；教育学生使他们认识到媒体的操纵能力；使学生能够对媒体信息进行评述、解译、分析和评估；使学生理解媒体对社会的影响；教育学生使他们能够自主地对媒体信息加以选择；使学生有能力通过媒体产品表达自己的观点。[1] 庞甘特在其中提到媒介素养教育的目标之一即是"使学生有能力通过媒体产品表达自己的观点"。美国媒介素养教育全国联盟（NAMLE）指出，媒介素养是一种让学生利用多种媒介理解、解释和建构信息的能力，强调学生应该有效且负责任地创造媒介信息。2014 年 5 月，在线俄美教育论坛发表了媒介素养中心（Center for Media Literacy，简称 CML）总裁兼首席执行官 Tessa Jolls 的一篇文章，题为《全球媒介素养势在必行》（*The Global Media Literacy Imperative*）。Jolls 指出，媒介素养教育能够使学生成为 21 世纪有竞争力的公民。作为一个有竞争能力的公民，应该具备的媒介素养包括批判性思维、创造能力以及利用技术工具进行自我表达。同时，还应该具备高效的信息管理能力、拥有理智的消费观、能够负责任地进行信息生产，并且能够积极有效地参与全球文化建设。[2] Jolls 在这篇文章中提及的"负责任地进行信息生产"，以及"参与全球文化建设"，均可视为参与视角的媒介素养。在欧洲，媒介素养教育得到了欧洲委员会（Council of Europe）和欧盟委员会（European Commission）的支持。欧洲的媒介素养教育运动同时也被欧洲媒介宪章（European Media Charter）和一些公共管理机构所支持，如英国通信办公室（Office of Communication，简称 OFCOM）。OFCOM 提出，媒介素养应该是"在不同的背景中，近用、理解和创造传播的能力"（the ability to access, understand and create communications in a variety of contexts）。《欧洲媒介素养宪章》（*European Charter of Media Literacy*）从 7 个领域来界定媒介素养，如下：使用媒体技术有效地近用、存储、检索和共享媒介内容，以满足个人和社区的需求和利益；利用不同的文化和团体中的媒体形式和内容，并做出明智的选择；了解媒体内容是如何以及为何被产制出来；批判性地分析媒体的技术、语言和惯例以及其所传递的信息；创造性地使用媒体进行表达和传播；识别、避免或者挑战冗余、侵犯性或者有害的媒

---

[1] 张开：《媒体素养教育在信息时代》，《现代传播》2003 年第 1 期，第 116-118 页。
[2] Tessa Jolls, The Global Media Literacy Imperative, http://www.rus-ameeduforum.com/content/en/?&iid=18.

介内容或者服务；利用媒介行使自己的民主权利和公民责任。[1]

中国台湾地区2003年发布的《媒体素养教育政策白皮书》认为，媒介素养教育是"认识、批判、反思与参与'媒体'的过程，将长期处于消费位置的阅听人释放出来，并且赋予其传播与表达的能力，借此建立'健康媒体社区'，成为终身教育的一环"[2]。在"白皮书"中，媒介素养被定义为：个人了解、思辨、反思媒体讯息内容与媒体环境，并且认识自己是媒体公共领域的公民，具有近用媒体的权利。这里的"近用媒体"和前述"近用视角"有所区别，这里的"近用"可理解为个体参与媒介。

参与视角的媒介素养强调个体对媒介内容的生产和传播，是媒介素养的重要构成维度，也是媒介素养的高阶能力。"媒介素养是关于行动的知识，必须在行动中学习。媒介素养并不是教师可以教出来，它一定要有实践，一定要有参与者的参与。媒介素养教育不是要让大家学会多少'专家'认为应该学习的媒介知识，而是一个促进所有参与者主动学习和使用媒介的过程。"[3] 中国社科院卜卫教授在《对媒介素养教育及其研究的反思》一文中提到，媒介素养是行动的知识。这一论点，亦指出了媒介素养在参与层面的意义。

（四）小结

从以上几个视角可看出，媒介素养教育的目标不同，其定义也有所差别。在不同的社会、经济、文化背景下进行的媒介素养教育，注定各有偏重。媒介素养教育目标的不同导致对媒介素养评估维度的确定存在困难。这也是媒介素养评估一直处于媒介素养教育研究边缘的原因之一。对媒介素养定义或者媒介素养教育目标的确定，有利于媒介素养评估维度的确定。

---

[1] Study on the Current Trends and Approaches to Media Literacy in Europe, p. 12. http://ec.europa.eu/culture/library/studies/literacy-trends-report_en.pdf.

[2] 邓宗圣：《媒体、教育与社会——媒介近用与媒体素养教育论文集》，巨流图书股份有限公司2010年版，第66页。

[3] 卜卫：《我国媒体素养教育研究综述及反思》，王怡红、胡翼青主编《中国传播学30年》，中国大百科全书出版社2010年版，第508—524页。

结合前述不同视角的媒介素养定义，尤其是联合国教科文组织和欧盟的媒介素养定义，本研究从近用、批判和参与的视角给出媒介素养的定义：媒介素养是个体具备一定的媒介使用能力，能够更理智地处理媒介信息；同时，能够利用媒介发声，具备参与传播的能力，促进个体和社会发展。其核心能力可以概括为媒介近用能力、媒介批判能力和参与传播的能力。

第二节 国内外媒介素养评估研究

一、国外媒介素养评估研究

（一）国外对媒介素养教育的效果评测研究

在国外，有不少研究是对某个媒介素养教育课程、项目实施以后的效果进行评估。媒介素养中心（Center for Media Literacy，简称 CML）曾在 21 所中学进行过一个由 32 个教师、209 个学生参与的媒介素养教育研究。研究的目的是评估全面的媒介素养干预是否能够提升中学生对媒介暴力的知识水平，并且影响他们的行为和态度。这项研究不仅评估了教师使用媒介素养中心的课程"超越责备：挑战媒介暴力"（Beyond Blame: Challenging Violence in the Media）的效果，同时对媒介素养中心提出的解构框架的适用性进行了评估。其解构框架即为媒介素养中心提出的媒介素养的五个核心理念和五个核心问题[①]以及意识、分析、反思和行动的赋权螺旋（Empowerment Spiral of Awareness, Analysis, Reflection and Action）。[②]

还有一些研究从健康的角度出发，试图让年轻人认识到商业媒介对他们的行为和观念的负面影响（如暴力、酗酒、身体的自我形象等与商业媒

---

① 这五个核心理念是：所有的媒介信息都是被构建的；媒介信息是使用一种具有自己规则的创新性语言构建的；不同的人对同一信息的体验是不同的；媒介融入了价值和观点；建构的媒介信息是为了获得利益或权力。五个核心问题是：是谁创造了这条信息；该信息运用了什么技巧来吸引我的注意力；别人与我对于这条信息的理解会有多大的不同；这条信息陈述了或是省掉了怎样的生活方式、价值观和观点；为什么要传递这条信息。

② Ward-Barnes, Ava Katherine, Media Literacy in the United States: A Close Look at Texas, 2010.

体之间的关系)。一些研究将媒介素养和青少年的抽烟、酗酒行为联系起来。通常,这样的研究是评估学生接触媒介素养教育课程以后,其对烟酒相关的知识、态度和/或行为结果的改变。还有一些研究认为,儿童和青少年接受了过量的广告和物质主义的媒介信息。如果个体能够认识到广告在促销商品时使用的伎俩,他们就能对这些广告信息进行抵制。有研究者探讨了媒介素养和抽烟的关系,研究发现,学生的媒介素养高低和抽烟率的高低呈正相关。另有一些研究指出,媒介接触和自我形象有关系。一些研究者评估了在学校进行的媒介素养项目的潜在影响,即其可以激励年轻女性批判地思考呈现在媒介信息中的"完美形象",去挑战媒介中与身体有关的一些消极观念。[①] 总的来说,和健康相关的媒介素养项目大多数尝试提升儿童和青少年对媒介信息的反思,促进其对可能引起风险行为的媒介信息的重视。同时,也希望媒介素养教育能够影响参与者在将来的态度和行为。

另外,还有一些研究者在公共健康的背景下探索参与式的媒介素养框架的潜在影响。比如,有的研究阐述了在健康素养的背景下,视频干预/预防评估(Video Intervention/Prevention Assessment,简称VIA)的运用。在这个项目中,医生将摄像机提供给有慢性疾病的年轻人,并且请他们通过视觉疾病叙事的方式告诉医生他们的经历和需要。通过以病人为中心的疾病经验,允许医生观察到"真正的问题",从而帮助病人做出影响他们生活的决定。[②]

(二) 国外学者对媒介素养评估的研究

有不少学者也提出如何对媒介素养进行评估。莱恩·马斯特曼(Len Masterman)强调从批判解读来衡量学生的学习效果。他认为,媒介素养教育课程是否成功,其判断标准为:当学生遇到新的媒介文本时,是否能够进行批判的解读。莱恩·马斯特曼特别指出:"媒介素养教育如果不是一种

[①] Hans Martens. "Evaluating Media Literacy Education: Concepts, Theories and Future Directions", Journal of Media Literacy Education, vol. 2, 2010, p. 7.

[②] Hans Martens. "Evaluating Media Literacy Education: Concepts, Theories and Future Directions", Journal of Media Literacy Education, vol. 2, 2010, p. 2.

生活教育，那么，它将一无是处。"① 美国罗德岛大学教授陈国明认为，虽然美国的媒介素养教育还没有全国性的评价标准，但分析媒介信息时所需的批判性思维能力越来越受重视。他提出，批判性思维能力可以从知识、技能、行为、态度和价值观等方面进行衡量。② 莱恩·马斯特曼和陈国明都强调了媒介素养中的批判能力。美国学者瑞尼·霍布斯（Renee Hobbs）在康科德高中实施媒介素养教育，从理解能力、写作能力和分析能力三个维度来分析学生的媒介素养。③ 加拿大学者克里斯·沃斯诺普（Chris M. Worsnop）将媒介素养的评估分为三种，分别是学生评估、项目评估和系统评估。她指出，学生评估应该包括：学生各个阶段的作品（尤其是最后成果）；学生学习的过程；学生获得的知识和技能；学生作品的成熟度和复杂性。她提出，评估的主要方法应该是：日常观察、测试和随堂考试、量规、等级量表、研究性学习、档案袋评估。参与评估的对象应包含老师、学生和学生的同辈群体、父母。④ 克里斯·沃斯诺普对媒介素养的评估研究比较系统。澳大利亚学者杰妮斯·博伊德（Janis Boyd）关于艺术教育评估的思考对媒介素养评估有所启发。杰妮斯·博伊德在概述艺术教育面临的问题时，指出在当代社会，艺术和媒介技术以一种创造性和不可预知的方式融合。而每一种媒介都能提供独立的知识给学生，每一种媒介都能让学生以一种新的和不同的方式参与学习。在艺术的评估方面，不像数学的评估那样能够清楚明了。原因有二，其一是不同的判断标准的干预；其二是没有一个简单的一劳永逸的正确答案。在一些学科的评估上，要更强调学生的

---

① Tessa Jolls, Carolyn Wilson. "The Core Concepts: Fundamental to Media Literacy Yesterday, Today and Tomorrow", *Journal of Media Literacy Education*, vol. 6, 2004, p. 68-78.

② 陈国明：《美国的媒介（素养）教育》，赵晶晶编译《欧美传播与非欧美传播中心的建立》，浙江大学出版社2009年版，第234-235页。

③ Renee Hobbs, Richard Frost. "Measuring the Acquisition of Media Literacy Skills", Reading Research Quarterly, vol. 38, 2003, p. 342.

④ Chris M. Worsnop. Media Literacy Through Critical Thinking, *NW Center for Excellence in Media Literacy*, 2004, p. 44 – 59. http://depts.washington.edu/nwmedia/sections/nw_center/curriculum_docs/teach_combine.pdf.

发展和在过程中的探索，而不强调结果。①

二、国内媒介素养评估研究

要对国内媒介素养评估进行文献探讨，首先需要回顾国内媒介素养现状的研究。1997年，中国大陆（内地）学者开始对媒介素养教育进行系统论述，到2004年前后，媒介素养教育议题逐渐成为研究热点②，其后媒介素养教育研究的热度一直不减。现在，首先回顾媒介素养现状研究，然后在此基础上回顾媒介素养的评估。

（一）媒介素养现状研究

近年来，中国大陆（内地）针对特定群体如大学生、农民工、公务员、留守（流动）儿童等的媒介素养现状的调查日益增多。在针对儿童的媒介素养研究中，大多采用问卷调查、个案研究和参与式观察方法。③

因为没有专门的媒介素养评估标准，不少研究者按照不同的维度对儿童媒介素养进行评估。林火灿等将媒介素养分为媒介接触行为、媒介认知与理解、媒介参与和使用等三个层面。他选取了具有代表性的农民工输入地和输出地，通过对当地两所学校的农民工子女进行问卷调查和访谈，对媒介素养的一些重要指标进行测量，描述了留守儿童和流动儿童在媒介素养方面的现状和差异。④ 孟磊通过问卷调查对西安地区和咸阳地区五所中学学生的媒介接触动机、接触行为、利用媒介资源的能力、媒介批判能力进行了考察。研究结论为：学生们对媒介内容的理解力、批判力以及思辨力

---

① Janis Boyd. "Myths, Misconceptions, Problems and Issues in Arts Education", https://www.qcaa.qld.edu.au/downloads/publications/research_qscc_arts_boyd.pdf.
② 卜卫：《我国媒体素养教育研究综述及反思》，王怡红、胡翼青主编《中国传播学30年》，中国大百科全书出版社2010年版，第508-524页。
③ 王晓艳：《留守儿童与媒介研究综述》，彭少健主编《中国媒介素养研究年度报告2015》，中国广播影视出版社2017年版，第56-65页。
④ 林火灿等：《留守儿童与流动儿童的媒介素养差异比较——对京皖两所中学农民工子女的实证研究》，陆晔主编《中国传播学评论媒介素养专辑（第三辑）》，复旦大学出版社2008年版，第220-233页。

处于中度偏下的水平；学生们对媒介的利用缺乏必要的引导；学生们利用媒介获取资源的能力低下；学生们对信息的判断缺乏自主性。① 廖峰从"媒介选择能力、理解能力、质疑及评估能力、创造和生产能力、思辨反应能力及安全使用能力"六个维度对农民工子女和非农民工子女媒介素养现状进行分析。研究认为，两大群体在除理解能力外的其他几个维度和总分上都存在极其显著的差异，非农民工子女媒介素养水平总体上高于农民工子女。研究同时发现，经济条件、老师亲友的态度和帮助、媒介接触行为、培训经历等都有可能是导致两大群体媒介素养水平差异的重要因素。② 王倩倩从留守儿童媒介接触情况、媒介使用能力、媒介批判能力、媒介知识水平以及媒介产品创作能力来分析其媒介素养水平，指出媒介素养缺失对留守儿童个人以及农村社会发展可能的影响。③

张洁等在北京黑芝麻胡同小学进行的媒介素养教育实践研究中，除了使用定性评估，还使用定量评估对学生的媒介素养水平进行测量。研究者将黑芝麻胡同小学五年级的5个教学班进行分组。其中4个班为实验班，按照课程进度，每周每班1课时，用15周完成所有教学内容；剩下一个班为对比班，在研究的那个学期不向该班同学讲授媒介素养课程。实验课开始前，通过问卷调查对五年级全体同学的媒介素养水平进行测量，学期结束后再用问卷调查结合观察、访谈等方法对实验班和对比班同学的媒介素养水平进行测量及比较，以确定教学目标的完成情况。④ 在2009年的研究中，张洁等为了测量媒介素养教育对培养学生批判性思维的作用，以黑芝麻胡同小学五年级全体学生为实验对象，以班级为单位将五年级的6个班随机平均分为实验组（1、3、5班）和控制组（2、4、6班），从2009年9月起对

---

① 孟磊：《"第二媒介时代"的青少年媒介素养研究——以西安、咸阳地区中学为例》，陕西师范大学2008年硕士学位论文。

② 廖峰：《城市农民工子女媒介素养状况实证研究——以浙江省为例》，《丽水学院学报》2013年第35卷第4期，第61页。

③ 王倩倩：《留守儿童媒介素养现状调查与提升策略分析》，山东师范大学2013年硕士学位论文。

④ 张洁、毛东颖、徐万佳：《媒介素养教育实践研究——以北京市东城区黑芝麻胡同小学为例》，《中国广播电视学刊》2009年第3期，第33-34页。

实验组实施了两学期的媒介素养教育课程（每学期连续15周，每周1课时，每课时40分钟）。在实验开始前、实验进行中，以及实验结束后，采用由中国台湾学者叶玉珠编制、经大陆（内地）心理测量专业机构本土化的《批判思考测验（第1级）》对全体同学进行测试。研究认为，批判性思维是一个需要长期培养与观察的能力，并不是通过短期的培训或教育就能够得到迅速的提升，因此也不能在短时期内观察到显著的变化与发展。而且随着实验对象年龄的增长、智力水平的发展、社会体验与阅历的增多，批判性思维都会出现一定程度的变化。因此，对于媒介素养教育实验对象的批判性思维的变化并不能简单地视为媒介素养教育的影响。对于媒介素养教育所希望达到的有关批判性思维的目标，需要借助有效的工具，进行更长期的观察与测量。[1] 郑淑侠将参与式传播的工作方法应用于农村留守儿童的媒介素养教育之中，通过观察、个人访谈、团体访谈，发现参与项目的留守儿童发生的变化：对媒介知识的知晓；反思不限量媒介接触习惯；掌握媒介操作技能；提升表达能力；自尊自信增长；获得批判能力。[2]

近年来，媒介素养教育的研究群体持续扩大，研究对象关注到高职学生、医学生、媒体从业人员、公务员、高校教师的媒介素养教育，尤其对老年人的网络安全、数字鸿沟进行了关注。《中老年人互联网安全素养现状与提升策略——基于河南洛阳的研究》指出，关于老年人的负面新闻在舆论场中持续蔓延，"老人变坏"等污名化标签引发了大众对老人群体的刻板印象。研究指出，以往的研究多集中在家庭之间子代和亲代的代际关系上，研究者在这项研究中引入社会距离的概念来衡量双方的交往意愿，并结合网络热议的青、老年人冲突典型事件的相关报道，探讨新媒体使用差异对代际秩序的影响。研究综合运用问卷调查法和案例分析法，将新媒体使用分为使用习惯、媒介参与行为、媒介素养等多个维度，考察不同维度因素与青、老年群体社会距离之间的关系。研究发现，一方面，作为数字原住

---

[1] 彭少健主编：《2010中国媒介素养研究报告》，中国国际广播出版社2010年版，第273-279页。

[2] 郑素侠：《参与式传播在农村留守儿童媒介素养教育中的应用——基于河南省原阳县留守流动儿童学校的案例研究》，《新闻与传播研究》2014年第4期，第85-86页。

民的青年人和数字难民的老年人之间存在着巨大的数字代沟，处在互联网中心的青年人和边缘地带的老年人之间难以相互理解造成了代际冲突，但另一方面在数字代沟的挑战下，近年来的数字反哺和文化反哺趋势也推动着当前代际秩序的良性发展。①《城市老年人微信使用的"灰色数字鸿沟"和家庭代际交流研究》对 30 位老年人进行深度访谈。研究发现，微信的使用改变了老年人和子女之间的部分代际交流行为，微信越来越成为代际传播与交往的主要工具，起到了提高联系频率、增加话题的作用，在一定程度上有利于增进老年人与子女之间的感情亲密度。但是，老年人在微信使用与代际传播中仍面临着一些挫折与阻碍，例如对自身"老龄"身份的标签化和身份强化，对微信使用和学习采取消极或回避的态度；在交流中注重"量"而忽略"质"，较为忽视传播的效果和子女的反馈。研究认为，单纯作为工具的微信虽然改变了代际交流的发生地点、时间和频率，但是并没有创造新的代际交流模式。老年人利用微信进行的家庭代际交流，仍然是传统代际交流模式在线上的延续。②《基于扎根理论的中老年人健康信息识别与利用影响因素探究》对 28 位中老年人进行深度访谈。研究认为，个人情况、家庭因素以及社会外部环境三个主要因素影响了中老年人的信息选择和利用。研究建议，要加强代际间的数字反哺，在社区建立健康信息科普班或开设网络培训平台，开发便于中老年人使用的信息鉴别 App 或小程序等。③

还有一些研究如《健康传播视域下新媒介使用对医患行为影响的实证研究——上海案例研究》关注了医患关系。当前中国医患纠纷增多，伤医事件频发。研究利用结构方程模型对数据分析验证后发现，新媒介使用对就医行为与执医行为确实具有重要影响，但这种影响并非直接的，而是通

---

① 闫毅真：《中老年人互联网安全素养现状与提升策略——基于河南洛阳的研究》，广东外语外贸大学 2019 年硕士学位论文。

② 胡婳微：《城市老年人微信使用的"灰色数字鸿沟"和家庭代际交流研究》，暨南大学 2019 年硕士学位论文。

③ 程悦：《基于扎根理论的中老年人健康信息识别与利用影响因素探究》，《新媒体研究》2019 年第 1 期，第 23-25 页。

过影响一些中介因素继而影响到行为。就患者而言，"新媒介使用行为"对"就医行为"的影响路径主要是通过影响就医态度，继而影响就医行为意向，最终影响就医行为。此外，患者的性别、年龄、学历、收入、健康状况等人口学属性均会对此影响路径产生一定的调节作用。相对于医者而言，"新媒介使用行为"对于医者"执医行为"的影响作用有三条实现路径：其一，通过影响执医态度，继而影响执医行为；其二，通过影响社会支持，继而影响执医行为；其三，通过影响社会支持，继而影响自我效能感，最后影响执医行为。研究进一步指出，新媒介作为健康传播工具与渠道，在患者就医行为与医者执医行为干预方面，不仅潜力显著，而且具有现实可行性。研究指出，改善医患关系可以利用新媒介干预医患行为，更进一步言，可以通过提升医患素养、重建医患信任、建构医患舆论场、定位媒介角色等一系列手段为规范与引导医患行为寻求现实径路。[①]

以上研究均关注和回应了社会热点，如教育改革、老龄化、医患关系改善等，这些研究方向具有很强的应用价值，需要有更多的研究者关注这些方向的研究。

（二）国内媒介素养评估的研究

实践中，因媒介素养教育形式、主题等多元化的特点，并没有统一的标准对个体（如儿童）接受媒介素养教育后的能力（即媒介素养）进行评估。中国大陆（内地）目前能够查找到的关于媒介素养评估的文献极少，大致分为以下几类：1. 对国外媒介素养评价标准的介绍。如中国传媒大学硕士王凌竹在硕士论文中梳理国外学者的媒介素养教育评估思想，重点分析了加拿大媒介素养教育家克里斯·沃斯诺普和美国媒介素养教育家瑞尼·霍布斯的评估思想。其选择了"媒介素养任务"课程教学评估和"睿智传媒青少年"项目评估两个案例进行分析，在此基础上，构建出一套媒介素养教育的评估体系，主要从媒介素养教育评估的原则、类型、实施步

---

① 雷禹：《健康传播视域下新媒介使用对医患行为影响的实证研究上海案例研究》，上海大学2019年博士论文。

骤以及评估方法等角度进行建构，指出了媒介素养教育评估的六条原则和三种类型。她认为媒介素养评估一般需要经历三个阶段：准备阶段、实施阶段、结果的处理阶段，并系统性地给出了媒介素养教育评估的常用方法。2. 从信息素养的角度，构建信息素养的评估指标体系。[①] 河北大学硕士刘孝文利用德尔菲法将信息素养分为一、二、三级指标，一级指标为信息意识素养、信息知识素养、信息定位能力、信息获取能力和信息加工能力。刘孝文较为偏重对信息获取能力和信息加工能力，赋予这两种能力的权重较高。[②] 需要指出的是，信息素养和媒介素养还是有所区别，信息素养更偏重于个体处理信息的能力。3. 实践中的儿童媒介素养评估。如张洁等在北京黑芝麻胡同小学使用定性和定量评估的方式对学生的媒介素养水平进行测量。其确定的媒介素养教育目标如下：（1）了解媒体信息内容与各种表意符号的特性；（2）思辨媒体再现，了解现实世界、媒介世界与脑中世界的区别与联系；（3）反思受众的意义；（4）分析媒体组织；（5）影响和近用媒体。在其后的研究中，还专门测量了媒介素养教育对培养学生批判性思维的作用。总之，已有文献表明不同的研究者所确定的媒介素养的构成维度是不同的，但亦有共同之处，如大多数研究都提到了"媒介接触""参与媒介""媒介认知"等。

中国台湾和香港地区关于媒介素养评估的研究较为系统，对本研究的媒介素养评估研究有很大启发。中国台湾政治大学白佳麒（2005）的硕士论文比较了英国、加拿大、澳洲与美国的媒介素养教育在社会领域的能力指标，其结合中国台湾的教育情境，发展了中国台湾媒介素养教育融入社会领域的能力指标。更进一步的是，白佳麒将其确定的能力指标转换为可执行的教案，经专家评鉴后，修正教学目标、教学活动设计与学习单建议等，最后完成了十四个教案范例。[③] 中国台湾台北教育大学张嘉伦（2006）认为，媒介素养指标的确认，可以作为研发教材的依据。其参考英国、美

[①] 王凌竹：《国外媒介素养教育评估思想初探》，中国传媒大学2010年硕士学位论文。
[②] 刘孝文：《信息素养评估指标体系研究》，河北大学2006年硕士学位论文。
[③] 白佳麒：《媒体素养教育融入九年一贯社会学习领域——第四阶段能力指标与课程发展雏议》，中国台湾政治大学2005年硕士学位论文。

国、加拿大、澳大利亚的媒介素养评估指标,采用模糊德尔菲方法(Fuzzy Delphi Technique),拟定了中国台湾中小学分段的媒介素养评估指标。① 张嘉伦借用中国台湾"教育部"《媒介素养教育白皮书》列出的媒介素养的五大维度,即了解媒体讯息内容;思辨媒体再现;分析媒体组织;反思阅听人的意义;影响和近用媒体。并在此基础上制定了更为详细的二级和三级指标。其制定的媒介素养评估指标对 2007 年由吴翠珍、陈世敏主持的媒介素养教育融入中小学各领域研究中的"中国台湾中小学媒体素养教育能力指标"研究产生了重要影响。

2007 年吴翠珍、陈世敏主持的"媒体素养教育融入各领域"[《国民中小学媒体素养教育融入各领域议题(永定结案报告)》]研究,在建立有关媒介素养教育的核心概念和能力指标的基础上,试图与教学一线的老师合作进行行动研究,将媒介素养教育融合进各学科。在行动研究中,媒介素养能力指标被运用于实验教学,以各学科和媒介素养教育融合程度的亲疏关系,依年级各抽选一至二个单元,请两三位老师进行实验教学,采取实证研究的方法,并在教学结束后邀请参与教学的老师进行焦点小组访谈,探索教学中可能遇到的困境。在讨论的过程中,发展解决方案。② 吴翠珍、陈世敏主持的这项研究制定了媒介素养的能力指标,并且在教学实践中应用。在行动研究的过程中,通过一线教师的试验,对指标的原则性、适切性、清晰性、转化为教学的可能性进行了讨论。这对于本研究具有极大启发。

香港教育统筹局 2005 年发布由李兆璋、李芳乐、江绍祥、詹姆斯·亨瑞(James Henri)合作完成的《香港学生信息素养的架构》。报告中的"信息素养"和本研究中的"媒介素养"核心内涵一致。李兆璋等提出信息素养的四项主要目标,即让学生掌握必需的技能和知识以处理资讯;培养学生反思处理资讯的习惯;让学生具备自学能力;赋予学生在个人及与他人

---

① 张嘉伦:《我国媒体素养教育能力指标》,台北教育大学 2006 年硕士学位论文。
② 吴翠珍、陈世敏:《国民中小学媒体素养教育融入各领域议题(永定结案报告)》,2007 年,第 300-305 页。

合作使用资讯时更大的自主权，但同时亦要他们承担社会责任。并从认知层面、元认知层面、情感层面及社会文化层面四个维度对信息素养进行分析。[1]

三、小结

国外部分研究主要探讨了媒介素养教育课程、项目的实施效果，如CML评估了媒介素养干预是否影响学生对媒介暴力的知识水平，以及对行为和态度有何影响。而从健康传播的角度，部分研究评估了媒介素养和青少年的抽烟酗酒情况的关系。这对本土媒介素养评估指标的确立具有启发性，尤其是在当前校园暴力、物质主义等影响儿童的情况下，设立相关的评估指标可以促使各方对相关问题的关注和解决。

而在具体的媒介素养评估标准研究方面，UNESCO 和 EAVI 的评估维度和评估标准是目前较为完整和全面的评估框架。UNESCO 确立的评估维度为"近用能力、评估能力和创造能力"，EAVI 确立的个体能力（Individual Competences）被分为私人能力（Personal Competences）和社会能力（Social Competences）。其中私人能力（Personal Competences）包括个人使用媒介的能力（个体的技术使用技能）、批判理解媒介信息的能力（比如个体理解和阐述的流畅能力），社会能力主要指传播能力，比如个体利用媒介建立社会关系的能力。[2] 本研究确立的媒介素养评估维度，很大程度上受这两个机构的评估框架的启发。还有众多国外媒介素养教育研究学者对评估的论述，如克里斯·沃斯诺普提出的媒介素养评估方式，也对确立本土的媒介素养评估方式具有重要作用。

国内研究者确立的媒介素养评估维度也不统一，从"媒介接触动机、接触行为、利用媒介资源的能力、媒介批判能力"到"媒介选择能力、理解能力、质疑及评估能力、创造和生产能力、思辨反应能力及安全使用能

---

[1] 香港教育统筹局：《香港资讯素养架构：资讯年代学生学会学习能力的培养》，2005年版，第5页，https://www.edb.gov.hk/.

[2] Study on the current trends and approaches to media literacy in Europe, p. 8-9. http://ec.europa.eu/culture/library/studies/literacy-trends-report_ en. pdf.

力"等维度都不统一。这些研究所确立的评估维度虽未统一，但是也具有共性。如媒介的接触能力、批判能力以及产制能力。中国台湾的媒介素养评估维度及分段指标对确立本研究中的评估维度和评估指标具有直接影响，如"思辨媒体再现，分析媒体组织"等评估维度及其对应的评估指标，对本研究中相应的评估维度和指标的确立有很大启发。

第三章 理论框架

本研究关注的核心问题是：从哪些维度（包括哪些指标）以及采用什么方式来评估儿童媒介素养？从研究问题出发，本文以批判的媒介素养教育和参与式传播理论作为理论基础，提出本文的理论分析路径。

第一节 批判的媒介素养教育

一、媒介素养教育的历史

随着媒介日渐融入生活，媒介到底会对儿童产生哪些影响，成为受到高度关注的社会议题。同时，随着媒介的发展，媒介素养教育也逐渐受到关注。媒介素养教育的发展大概可以分为四个阶段[①]，第一个阶段起源于20世纪30年代的英国。英国媒介素养教育学者戴卫·帕金翰将这个阶段称为"保护主义"的媒介素养教育。这一阶段的主要目标是希望公众能够抗拒大众媒介中提供的"低水平的满足"，能够对媒介的负面影响有防御能力。尤

---

① 陆晔等：《媒介素养：理念、认知、参与》，经济科学出版社2010年版，第3—5页。

其鼓励学生分辨和抗拒大众媒介中的商业化操控,了解"高级文化"的价值。20世纪30年代至60年代,"保护主义"的媒介素养教育得到了广泛的社会支持。到60年代时,虽有学者提出大众媒介的正面教育功能,但对大众媒介的抗拒观念一直在英国占主流地位。①

第二个阶段从20世纪50年代末开始至60年代初。当时,文化研究正在兴起,"文化"不再被认为只存在于"经典"的文学作品中,而是存在于所有的生活中。学者们意识到大众媒介的正面功能,在此基础上开始反思此前对大众媒介的抵制态度。这一时期的媒介素养教育强调提升受众对媒介内容的选择和辨别力。

第三个阶段从70年代开始至90年代。在这一时期,大众认识到媒体与经济、社会、政治的关系以及媒介制造出来的所谓的"真实"。媒介素养教育在这一阶段的主要目的是揭示媒体的建构本质。媒介素养教育不再被认为是简单地对媒介进行"抗拒"或者"批判",而应该是学习者将自己从媒介所传达的意识形态中"解放"出来。②

第四个阶段从90年代开始至今。这一阶段,保护主义取向在媒介素养教育实践中遇到种种困难。媒介素养教育研究者们认识到,媒介素养教育应该重视儿童的观点和经验,承认学生从媒介中获得的愉悦感。这一时期的媒介素养教育被称为赋权取向,强调参与式行动和赋权。③ 这一取向的媒介素养教育以学生为中心,强调教育者与受教育者应该一起了解媒介内容,帮助受教育者发展一种认识媒介、建设性使用大众媒介的能力。在这个取向的媒介素养教育中,试图教会学生反思自己作为媒体文本的"读者"和"作者"的行为,了解媒介运作中的社会和经济因素。这一取向也强调学生参与媒介创作。但参与的目的并非训练学生作为未来的职业工作者,而是

---

① 卜卫:《大众媒介对儿童的影响》,新华出版社2001年版,第446—447页。
② 卜卫:《大众媒介对儿童的影响》,新华出版社2001年版,第446—447页。
③ 卜卫:《我国媒体素养教育研究综述及反思》,王怡红、胡翼青主编《中国传播学30年》,中国大百科全书出版社2010年版,第508—524页。

让他们通过参与能够表达和发声。①

以上是媒介素养教育发展的四个重要阶段。但其实这几个阶段的划分并非如此分明。比如,"保护主义"取向的媒介素养教育,其随着时代和地理背景不同而又有不同的教育目标,根据目标的不同,可分为文化防御、道德防御和政治防御。文化防御包括20世纪30年代英国的媒介素养教育,至今在一些英语国家,其媒介素养教育的目标仍是以防御美国媒介产品的影响为目的。加拿大是其中的代表。道德防御主要抵制媒介信息中涉及性、暴力、消费主义等违反健康和伦理的内容,教导儿童批判媒体以避免此类信息的负面影响。美国以及亚洲一些国家主要是以道德防御为媒介素养教育的诉求。政治防御,指的是媒体内容中种族和性别再现充满刻板印象,因此,媒介素养教育的目的是防御错误的意识形态和观念。比如,南非种族冲突多,艾滋病感染者比例高,媒体承担了推动民主与消除艾滋病歧视的角色。这些国家主要是出于政治防御的目的进行媒介素养教育。② 可见,对媒介素养教育发展阶段的划分并非那么分明。

媒介素养教育理念的转变被认为是"从家长制(Paternalism)走向赋权(Empowerment)"③。实质上,媒介素养教育观念的改变是儿童与媒介关系的理论发生了变化。早期保护主义取向的媒介素养教育,忽略了媒介带给儿童的益处和愉悦感,一味强调媒介可能给儿童造成的负面影响。20世纪80年代以后的媒介素养教育,强调以儿童为中心,重视儿童的经验,重视通过媒介素养教育促进儿童对媒介的了解和参与,相信儿童有能力作出正确的决定。这一时期开始,媒介素养教育的价值被重新认识,即在于帮助学生发展和理解媒介是如何运作的知识,媒介是如何建构意义,媒介是如何被使用,以及如何评估媒介呈现的信息。这一阶段的媒介素养教育被视

---

① [英]大卫·帕金翰:《媒体教育素养学习与现代文化》,林子斌译,巨流图书有限公司2006年版,第9-19页。

② 吴翠珍、陈世敏:《国民中小学媒体素养教育融入各领域议题(永定结案报告)》,2007年版,第376-377页。

③ 卜卫:《我国媒体素养教育研究综述及反思》,王怡红、胡翼青主编《中国传播学30年》,中国大百科全书出版社2010年版,第508-524页。

为儿童的一种权利。[1]

从当前媒介的发展来看，目前在现实生活中，"保护"和"赋权"的媒介素养教育在实践中并存。一方面，不管是研究者，还是学校、家长等，已经意识到媒介已经融入儿童生活，不可能从儿童的生活中剥离，因此，如何利用媒介促进儿童的发展成为不可避免需要面对的问题；另一方面，当前网络如此普及，网络中的信息又良莠不齐，对儿童进行一定的保护，也是需要面对的真实问题。可以说，"保护"和"发展"是一个问题的两面，也是研究者、家长、学校和整个社会必须面对的挑战。

二、批判的媒介素养教育

批判的媒介素养教育的核心观点深受约翰·杜威（John Dewey）和保罗·弗莱雷（Paulo Freire）的批判教育学观点影响。一个世纪以前，杜威就推崇民主教育，强调培养学生主动学习、实验和解决问题的能力。杜威的实用主义方法和实践联系起来，要求学生将行动和反思联系起来。[2] 20世纪70年代，弗莱雷强调应该培养学生的批判意识，尤其注重教育理论与实践的结合。他主张摒弃灌输式教育，倡导提问式教育（problem-posing approach）。他认为，灌输式的教育将学生变成"容器"，缺乏创造力和改革精神；提问式教育鼓励学生对现实做出真正的反思和行动。在提问式教育中，教师和学生之间相互承认各自的平等和独立，通过对话，互相教与学。[3] "批判教育学对媒体素养所以登堂入室成为一个教育学领域，关系太大。"批判的意思并不是批评的意思，而是"激励、探索"，是指要超越现有的视野看待事物。[4] 媒介素养教育被认为是一种批判教育，主要是指媒介素养教育经常用媒介文本作分析，但是分析的层面和分析的目的超越了文

---

[1] Wilson Carolyn, Barry Duncan. "Implementing mandates in media education: the Ontario experience." Comunicar, vol. (16), 2009, p.140.

[2] Kellner Douglas, Jeff Share. "Critical Media Literacy is not an Option", Learning Inquiry, vol.1, 2007, p.59-69.

[3] ［巴西］保罗·弗莱雷：《被压迫者教育学》，顾建新、赵友华、何曙荣译，华东师范大学出版社2014年版，第44页。

[4] 吴翠珍、陈世敏：《媒介素养教育》，巨流图书股份有限公司2007年版，第64页。

本，推及媒介文本产制、阅读的整个媒体环境。这个过程是一个批判的过程。① 批判教育学"赋权"的概念对媒介素养教育影响巨大。"赋权"涉及如下方面：1. 通过反思，个人获得批判能力，用以质疑或挑战现有的主流文化，而不是适应。在这个层面上，个人批判能力是与社会相联系的。2. 知识不是孤立存在的，应该将知识与权力联系起来。3. 检视差异如何表现以及被主动获得、内化、挑战或改变，并通过反思差异建构个人的主体性。②

批判的媒介素养教育可以促进多种素养的发展，包括对构成全球化和跨文化世界的文化和亚文化的异质性的理解和参与。批判的媒介素养教育教学生从媒体中学习，反抗媒体的操纵，建设性地使用媒介材料；同时，发展个体的公民能力，促进个体更积极和有能力地参与社会生活。发展批判的媒介素养教育的主要挑战来源于要求教师和学生分享权力。③ 这对中国现有的教育无疑是一种挑战。

第二节 参与式传播

一、儿童权利和儿童参与

探讨儿童权利，要先从"童年"的发现说起。法国学者菲利浦·阿利埃斯（Philippe Aries）在《儿童的世纪——旧制度下的儿童和家庭生活》中，通过考察四个世纪的绘画和日记，以及游戏、礼仪、学校及其课程的演变来追溯儿童的历史。菲利浦·阿利埃斯认为，在17世纪之前，"儿童"并没有被视为特殊的一类人或人生阶段，而是被当作"小大人"看待。从中世纪末期以来，儿童与成人才逐渐分离，这一时期，应该对儿童进行保

---

① 吴翠珍、陈世敏：《媒介素养教育》，巨流图书股份有限公司2007年版，第65页。
② 卜卫：《我国媒体素养教育研究综述及反思》，王怡红、胡翼青主编《中国传播学30年》，中国大百科全书出版社2010年版，第508—524页。
③ Kellner Douglas, Jeff Share, "Toward Critical Media Literacy: Core Concepts, Debates, Organizations, and Policy, Discourse: Studies in the Cultural Politics of Education", 2005, p.369-386.

护和教育的新家庭观才发展起来。从此,"童年"被视为一个最特殊的人生阶段。这个观念自此开始扎根于现代西方思想之中,并席卷了整个现代世界。关于"童年的发现"的观点有很多争论,比如中世纪是否真的没有童年意识,"童年"出现的关键时期,不同时期亲子关系的性质,学校的角色等。菲利浦·阿利埃斯的观点激发了越来越多的人开始注意到"儿童"。[1] 童年不再简单被视为一个暂时的、过渡的、准备的阶段,而是通过赋予童年的社会位置将童年从生物的束缚中解放出来。

近 20 年来,国外有关儿童、童年的议题日益受到新的重视,尤其社会学对童年的"重新发现",亦可称为"新童年社会学",以英国、丹麦、挪威等欧美国家为甚。有别于传统社会学在"儿童社会化"话语上对"儿童主体性"的或隐或显的忽视,新童年社会学从视儿童为"积极的社会行动者"的直接角度,看待童年动态的、结构的、关系的等特征,带来对童年、儿童问题的新认识、新观点。[2] 社会学对于弱势群体有着天然的人文关切。威廉·A.科萨罗曾指出"社会学家对于其他弱势群体,诸如少数民族、女性的关注自然而然地使他们关注到了儿童的生活"。特别是关于女性的研究工作直接或间接地使儿童的生活进入了社会学家的研究视野,因为女性总是与儿童有着天然的联系,社会也似乎把照顾儿童的责任更多地赋予了女性,女性主义的研究取向要求人们重新考量和认识女性与男性对于儿童、家庭的责任,结果催生了一系列关于儿童社会化、家庭与童年等问题的研究,这就为重新认识儿童、研究童年提供了契机。[3]

就文化属性而言,"新"童年研究吸收人类学文化与人格学派有关儿童、青春期研究的跨文化、多元文化视角,一方面主张对童年的理解,需要放到文化情境中,强调童年虽然是一个无可辩驳的生物事实,但对该事

---

[1] [法]菲利浦·阿利埃斯:《儿童的世纪:旧制度下的儿童和家庭生活》,沈坚、朱晓罕译,北京大学出版社 2013 年版,第 30-35 页。

[2] 郑素华:《童年学:童年研究的新可能空间》,《中国儿童文化》,浙江少年儿童出版社 2013 年版,第 16-22 页。

[3] 王友缘:《新童年社会学研究兴起的背景及其进展》,《学前教育研究》2011 年第 5 期,第 34-39 页。

实的理解和解释，却是一个文化现象，受制于既有的文化观念、习惯与风俗。这实际上是一种多样性、相对主义的童年观。另一方面，由于"新"童年研究认为童年不是成年的附庸、不是成人文化的副现象，童年不是迈向未来的准备阶段，其性质不是生成（becoming）而是一种存在（being），因而特别强调童年文化独有的研究价值。[1]

随着社会的发展进步，有关青少年、儿童的研究日益受到重视，儿童政策的归纳和探讨，已经成为学者们的关注中心。儿童政策的核心是对儿童的保护，是实现儿童健康成长与发展的保障，并通过这种政策上的保护和促进，最终推动社会的进步和发展。[2]

1900年，瑞典教育家爱伦·凯（Ellen Key）在《儿童的世纪》一书中，构筑了一种希望：儿童就是进步本身，20世纪是儿童的世纪。这一宣言预示着，"儿童中心"（child-centered）的观念，在各个社会阶层中得到共识，成为主流的教育哲学。在这一呼吁之后，世界各国一直在致力于从政策、法律、社会文化等各个层面来尊重和保障儿童的各项权益。1923年，英国儿童救助会草拟了"儿童权利宣言"，"儿童权利"被正式提出。1979年，联合国接受波兰提出的制定"儿童权利公约"的动议。[3] 1989年11月20日联合国大会通过《儿童权利公约》，公约承诺将推进在任何情况下都给予儿童特别的保护。《儿童权利公约》将儿童权利概括为四个重要权利，即生存权、发展权、受保护权、参与权。这是首次从国际法的角度确立儿童权利的重要性和独特性。[4]

1990年8月29日，中国政府正式签署了《儿童权利公约》；1991年12月29日，第七届全国人民代表大会常务委员会第23次会议决定批准加入该公约；自1992年4月2日起，《儿童权利公约》正式在中国生效。此后，中

---

[1] [美] 威廉·科萨罗：《我们是朋友——走进儿童内心世界》，张京力、单桐译，科学普及出版社2012年版。

[2] 郑素华：《童年学：童年研究的新可能空间》，《中国儿童文化》，浙江少年儿童出版社2013年版，第16-22页。

[3] 杨海宇：《儿童参与的理念与实践初探》，中华全国妇女联合会儿童工作部、英国救助儿童会中国项目主编《儿童参与：东西方思维的交汇》，中国法制出版社2004年版，第124页。

[4] 王雪梅：《儿童权利论》，社会科学文献出版社2005年版，第32页。

国政府通过立法和行政措施，将公约的基本原则在全国范围内实施。这些立法和行政措施包括《九十年代中国儿童发展纲要》《未成年人保护法》《预防未成年人犯罪法》《中国儿童发展纲要（2011—2020）》等。①

"参与权"是重要的儿童权利之一。在《儿童权利公约》里，第 12 条通常被看作是儿童参与权的主要条款。它指出，儿童有权利表达他们的意见，并且他们的意见应该被听到、被重视和考虑。第 13 条集中于儿童的表达自由，即儿童应有自由发表言论的权利，此项权利应包括通过口头、书面或印刷、艺术形式或儿童所选择的任何其他媒介。不论国界，儿童都有寻求、接收和传递各种信息和思想的自由。这一条也被看作是信息的权利。② 第 17 条从儿童的媒介接近权出发，规定"缔约国确认大众传播媒介的重要作用，并应确保儿童能够从多种的国家和国际来源获得信息和资料，尤其是旨在促进其社会、精神和道德福祉和身心健康的信息和资料"③。

在《儿童权利公约》的基础上，国内制定关乎儿童的法律、规定等时，也关切了儿童的参与权。2006 年新修改的《中华人民共和国未成年人保护法》第三条规定"未成年人享有生存权、发展权、受保护权、参与权等权利"，这是中国大陆（内地）第一次从法律上规定儿童享有参与的权利。④《中国儿童发展纲要（2011—2020）》将"儿童参与原则"作为大纲的基本原则之一，鼓励并支持儿童参与家庭、文化和社会生活，创造有利于儿童参与的社会环境，畅通儿童意见表达渠道，重视、吸收儿童意见。⑤

国际儿童机构在 20 世纪 80 年代就提出了如何更好地促进和实现儿童参与，并且一直在为此积极实践和探索。⑥ 目前，儿童参与的作用已经在多方

---

① 杨海宇：《儿童参与的理念与实践初探》，中华全国妇女联合会儿童工作部、英国救助儿童会中国项目主编《儿童参与：东西方思维的交汇》，中国法制出版社 2004 年版，第 125 页。
② 卜卫：《探讨儿童参与的理念》，未发表。
③ 联合国《儿童权利公约》，1989 年 11 月 20 日。
④ 联合国《儿童权利公约》，1989 年 11 月 20 日。
⑤ 《中国儿童发展纲要（2011—2020）》，2011 年，http://www.scio.gov.cn/ztk/xwfb/46/11/Document/976030/976030_1.htm。
⑥ 杨海宇：《儿童参与的理念与实践初探》，中华全国妇女联合会儿童工作部、英国救助儿童会中国项目主编《儿童参与：东西方思维的交汇》，中国法制出版社 2004 年版，第 125–127 页。

面得到认同。辛克莱（Sinclair）和富兰克林（Franklin）从8个方面概括了儿童参与的作用：支持儿童权利、实现法律责任、改善服务、改善决策、增进民主、促进儿童保护、发展儿童技能、提高儿童自尊。[1] 儿童参与可有效地促进儿童所面临问题的解决。菲尼（Fine）1987年对少儿棒球联盟进行了研究，研究发现，参加棒球活动实际给儿童提供了各种互动的环境和场合，他们在活动中分享语言信息、笑话和同辈文化的知识，这种分享其实有利于他们的认知能力、交往能力等的提升。威廉·A.科萨罗（William A. Corsaro）在《新童年社会学》中提出"阐释性再构"理论，在对美国和意大利幼儿园进行了长期民族志调查后，他认为，儿童会创造性地利用成人世界的信息去应对和解决他们儿童世界中的事务，并创造和参与到儿童同辈文化之中。[2] 进一步，科萨罗批判了"成人社会总是用未来导向的视角来看待儿童，一味关注儿童成人之后将会变成什么，关注儿童成人后在社会秩序中的角色及其对社会的贡献。人们很少关注儿童当下的生活，很少关注他们现时的生存状态、需要和欲望"[3]。在保护主义的媒介素养教育中，成人也是忽略了媒介给儿童带来的愉悦。20世纪末，大卫·帕金翰（David Buckingham）提出了"超越保护主义"的理念。他认为："媒介素养教育不再是站在学生媒介接触习惯的对立面，也不再是基于媒介必然给学生带来不好的影响的观点。相反，媒介素养教育更多的是以学生为中心，更加强调参与的重要性。"[4] 陈钢则从网络虚拟社会对儿童影响的角度，对儿童参与进行了探讨。他认为，当前网络虚拟社会已经成为儿童的第二课堂，与虚拟社会中不断涌现的众多新情况和新问题相比，目前相应的儿童保护制度和手段大为滞后，应该用"超越保护主义"的理念来看待网络虚拟社会

---

[1] Nigel Thomas. "Towards a Theory of Children's Participation", International Journal of Children's Rights, Vol.15, 2007, p.200.

[2] ［美］威廉·A.科萨罗：《童年社会学》，程福财等译，上海社会科学院出版社2014年版，第20页。

[3] ［美］威廉·A.科萨罗：《童年社会学》，程福财等译，上海社会科学院出版社2014年版，第2页。

[4] ［英］大卫·帕金翰：《媒体教育素养学习与现代文化》，林子斌译，巨流图书有限公司2006年版，第8-9页。

对儿童的影响。超越保护主义意味着不再一味地将大众媒介视作洪水猛兽，其宗旨并非要保护儿童不受大众媒介的影响，而是要培养儿童应付和运用媒介的能力，发展他们的批判性思维和主动参与的兴趣，使他们有能力周密考虑自己的行为。从"他者保护"转向"自我保护"。只有儿童的主动参与才能使保护更具有效性。要真正从儿童的角度去保护儿童的权利，就必须跳出成人话语霸权的势力圈，注重儿童优先原则和儿童利益最大化原则，进一步为儿童赋权。[①]

需要注意的一点是，儿童参与并不是"儿童说了算"，"儿童参与应该是一个民主协商的过程，是儿童与儿童之间民主协商的过程，儿童与成人之间民主协商的过程，是考虑多方利益倾听多方意见以后产生决定的过程"。[②] 在儿童参与的过程中，成人要对儿童进行适当的指导，要根据儿童的年龄和成熟程度来帮助他们表达自己的观点等。[③]

对中国大陆（内地）的教育和教育者来说，让儿童参与反而成为大人们需要学习的内容，因为中国的传统文化是没有倾听儿童声音的习惯。大人们应该学习如何与儿童进行民主协商、学习如何培养儿童具有民主协商的素质、学习如何培养青少年做决定的能力而不是代替青少年做决定等。从儿童参与的角度来看，媒介素养教育是培养儿童参与能力的一种途径，反之，媒介素养教育也必须要有儿童参与。儿童的媒介参与使得儿童由单纯的信息接受者、成人由单纯的信息传播者变成接受者与传播者的双重身份。媒介参与使得儿童从简单的接受信息转化为主动的分析者，并且，在参与媒介的过程中，因为需要儿童具有较高的自主能力、创新能力和竞争能力，所以也促进了儿童思维和行为方式的现代化；在媒介参与活动中，儿童由被动的社会服从角色向主动的社会参与角色转变；媒介参与为儿童

---

① 陈钢：《超越保护主义：网络虚拟社会儿童保护的新理念》，《中国社会科学报》2012年3月2日，第A05版。

② 卜卫：《探讨儿童参与的理念》，未发表。

③ 茱迪斯：《儿童参与：经验与回顾》，中华全国妇女联合会儿童工作部、英国救助儿童会中国项目主编《儿童参与：东西方思维的交汇》，中国法制出版社2004年版，第20—21页。

了解自己的能力、兴趣等提供了机会，使儿童更关注自我的发展。①

二、参与式传播

参与式传播既是一个研究领域，也是一种传播实践。"参与式传播"（participatory communication）这个概念，对很多人来说是一个比较陌生的概念。因为在美国传播学术界，"参与式传播"这个概念并不经常被使用（郭良文，2010），所以，国内的传播学教育以至传播学研究中，"参与式传播"几乎处于被忽视的状态。不过，在欧洲和很多第三世界国家，比如拉丁美洲、非洲等地，"参与式传播"是一个非常受重视的研究领域。"国际媒体与传播研究学会"（IAMCR）下就有一个专门的学术分组叫 Participatory Communication Section/Network（PCRN）。②③

（一）发展传播学

要探讨"参与式传播"，必须回到发展传播学的发展历史乃至发展范式的转变，才能厘清"参与式传播"理论的起源、发展、现状以及未来趋势。

美国学者威尔伯·施拉姆（Wilbur Schramm）在 20 世纪 40 年代将传播学作为一门学科创立。从 20 世纪 40 年代开始，发展传播学的实践就已经在一些国家进行，但是其被大范围应用还是在第二次世界大战结束以后。战后，联合国的成立使得主权国家之间的关系发生了变化，尤其是北大西洋国家和一些发展中国家的关系（包括战后独立的曾被殖民的新兴国家）。这些新兴的第三世界国家，大多都有非常迫切的发展经济的愿望，纷纷将北大西洋国家的"福利社会"作为自己发展的最终目标。这些国家都被新技

---

① 卜卫：《怎样认识儿童的媒介参与》，《父母必读》1994年第1期，第4-5页。
② 1990年，在布莱德会议（Bled Conference）上，Participatory Communication Section/Network（PCRN）成立，1994年在汉城会议（Seoul Conference）上被正式接受，成为IAMCR的一个部分。PCRN有三个主要目标，其一是理论和方法论上的厘清；其二是分享集中于传播过程的社会改变的参与式方法的视角，包括发展传播；其三是对在社会改变过程中的案例进行跨范围的研究，集中于传播的使用和不同水平社会的媒介。
③ Jan Servaes. Participatory communication (research) for social change: old and new challenges, Journal of International Communication, 2001, p. 5-13.

术带来的改变吸引，希望将之作为赶上这些发达工业国家的有效策略。这种经济导向的观点，最终导致了现代化和增长理论（modernization and growth theory）的产生。这种理论将发展视为单向的、进化的过程。[1] 科林·斯巴克斯（Colin Sparks）曾言：关注发展问题的人们中的一些人一直对媒体非常感兴趣。他们一直试图寻找利用大众传播，特别是报纸、广播、电视等大众媒体，来促进社会的发展，从而减少贫困。很多研究都试图理清媒体在发展中可能扮演的角色。与大众传播其他领域的众多理论相区别的是，这样的研究更侧重于与实际的联系，即研究者希望构建利用媒体来推动社会发展的理论，与此相对应的是，行动家则努力付诸实施。[2] 在这一时期，传播学者威尔伯·施拉姆等都是在利用传播促进发展中的先行者。这一阶段被称为发展传播的"主导范式"阶段，时间是从20世纪40年代开始，当时，在施拉姆、勒纳等人的带领下，一些研究国际宣传问题的学者开始思考媒体和发展的关系问题，他们认为大众媒体在现代化过程中能起到非常重要的作用。这一范式当时是传播领域发展的主导理论，其推崇专家，认为专家了解什么是对当地人最好的信息。主导范式的主要观点即是希望在城镇化、教育和大众传播普及的基础上，通过信息改变落后国家及其公民的处境。

但是到了20世纪60年代中期，在主导范式指导下的各种项目在实施的过程中，却遇到各种困难。在1968年前后，一系列社会动荡事件使得人们对主导范式做出理论反思。主导范式希望把西方国家成功的发展经验模式照搬或移植到不同国家和地区，帮助这些国家和地区复制出西方国家取得的成功。然而，这种忽视了不同国家、地区的历史、文化、政治、经济等具体差异，忽略了当地人真正的需要的理论受到批判。主导范式引导的发展实践在第三世界国家引发了一系列问题，如两极分化、社会阶层固化、文化多样性的消逝、传统习俗的失落等等。在这样的情况下，发展传播的

---

[1] Jan Servaes. Participatory communication（research）for social change：old and new challenges, Journal of International Communication, 2001, p. 5-13.
[2] ［英］科林·斯巴克斯：《全球化、社会发展与大众传播》，刘舸、常怡如译，社会科学文献出版社2009年版，第2页。

现代化范式遭到严厉批判,这一期间,发展传播的"主导范式"首先受到拉丁美洲国家的学者的挑战。科林·斯巴克斯认为,即使如此,主导范式仍然在很长一段时间证明了自己强大的生命力。即使在今天,主导范式也仍以改动不大的形式继续为众多有关传播的实际项目提供理论框架。在这个阶段,一种为应对依附和不发达(dependency and underdevelopment)的理论诞生。依附范式在20世纪60年代晚期到80年代早期的新世界信息和传播秩序运动(the movement for a New WorldInformation and Communication Order)中扮演了重要角色。

科林·斯巴克斯认为,这一时期的发展范式开始出现两种侧重点不同的研究。第一种研究的注意力主要集中在国际传播的主要框架,部分地解释了为什么发展中国家总是从属于宗主国集团的利益,这一理论体系的核心词汇是媒介和帝国主义,即通常所说的"帝国主义范式",这一范式将制约发展的原因归结于帝国主义在经济、文化、政治、外交等领域的新殖民主义,认为限制新兴独立国家发展的症结在于帝国主义的压迫,于是出现文化帝国主义和媒介帝国主义范式。第二种研究注意到了"主导方式"采用的自上而下的方法论而导致的缺陷,这种范式后来被称为"参与式范式"。参与式范式认为,应该寻找一种途径来允许发展的客体变成发展的主体,运用媒介使人们拥有自己的声音和话语权,要强调民众在发展过程中的参与。同时认为,应该重新检视自下而上(bottom-up)的改变,以及当地社区的自我发展的改变。这个理论的假设是,没有任何国家是完全脱离于这个世界的,同时,也没有任何一个国家的发展完全由外部力量决定。发展的另一个问题是,所谓的"发达国家"是真正的发达吗?或者这种类型的发展是可持续以及可取的吗?这种方法偏向于关注当地文化,摸索当地人的需要,关注如何赋权给不同社会、不同层次的最受压迫的群体。

科林·斯巴克斯将发展传播的第三个时期定位为"全球化范式"时期,这一阶段发生在1989年苏东剧变之后,冷战结束,国际形势发生巨大变化。他认为,全球化范式成为当前发展传播学的主流范式。其认为作为产业化的媒体产品通常都具有一种自由效应,能够打破过时的社会秩序和规范,从而推动社会的变革与发展。简·瑟韦斯(Jan Servaes)认为,全球化的到来为发展带来了巨大的改变。20世纪90年代,互联网等的兴起,让此前的物理、制度障碍被扫除。不同国家之间越来越紧密,总之,全球化在拓宽、加深和加快全世界的联系方面在当代社会生活的各个方面的关联应该被考虑。① 进入新千年后,出现了结合主导范式和参与范式的新范式。②

(二) 参与式传播

参与式传播理念是从第三世界农村发展项目中而来,指所有参与者都有可能利用适合他们的传播渠道参与公共对话或讨论公共议题。③ 巴西教育家保罗·弗莱雷1970年出版的作品——《被压迫者教育学》(*Pedagogy of The Oppressed*) 一书对参与式传播理论的形成有重要影响。弗莱雷并非传播学者,而是一位致力于贫困地区平民教育的教育家。他针对教育和发展,提出了"解放式教育观"。这种教育观以批判性意识为出发点,以提问式的知识传播为教育方式,试图促成最终的平等对话。弗莱雷认为平民并非不可改变,他们缺少的仅仅是获取知识改变观念的机会,一旦赋予他们这些能力,他们就能够审慎地分析环境,走出贫困。中国台湾学者郭良文认为,参与式传播的定义包括以下几点:自下而上与草根发展;民主论坛与平等对话;意识觉醒与现况改变;创造在地知识价值;自我发展与成果共享。根据以上观点,郭良文提出:"参与式传播是一种由下而上、具有草根性的社群对话与参与模式。透过适当的传播行动与媒体平台,建立民主论坛与平等对话机制,以唤醒社群意识之觉醒,进而改变现状,增进所属社群福祉。同时透过在地知识价值的创造,促进社群自我发展和成果共同分享。"④

哈贝马斯 (Habermas) 的传播行动 (communicative actions)、公共领域

---

① Jan Servaes. Participatory communication (research) for social change: old and new challenges, Journal of International Communication, 2001, p. 5-13.

② [英] 科林·斯巴克斯:《全球化、社会发展与大众传播》,刘舸、常怡如译,社会科学文献出版社2009年版,第2页。

③ 卜卫:《关于媒介素养教育作为性别平等倡导战略的研究》,《妇女研究论丛》2011年第3期,第5-12页。

④ 郭良文、林素甘:《从参与式传播观点反思兰屿数位典藏建置之历程》,《大众传播研究》2010年第102期,第151-175页。

（public sphere）、理想言辞情景（ideal speech situation）、民主化（democratization）和生活世界的殖民化（colonization of the life-world）等概念对参与式传播的观点的产生形成了重大影响。媒体组织如何通过公共领域的论述来促进民主，以及如何通过理想言辞情景来创造没有被支配的沟通情景，被视为是与参与式传播一致的概念（Jacobson & Kolluri，1999；Jacobson & Storey，2004）。雅各布森（Jacobson）除了从公共领域和其他论述中来阐释参与式传播，还运用了哈贝马斯的"沟通行动理论"来理解，将参与式传播视作为一种沟通行动，探讨包括社会行动、沟通行动、共识行动以及获得知识的行动等概念之间的关联性。保罗·弗莱雷的思想与行为奠定了平民教育和参与式传播项目的理论基础。弗莱雷的理论，强调教育应该具有对话性。对话性的目的与精髓在于，对受教育者而言对话本身有这样的能力：反思与行动。参与式传播范式的特征"赋权"与"对话"，其最终目的也在于行动。社区成员通过知识的获取、权利的赋予与表达来获得对话的能力与机会，在对话的过程中进行反思，从而更加客观地进行自己的行动。

1973年，当时的世界银行主席罗伯特·麦克纳马拉（Robert McNamara）在内罗毕发表演说。他认为，以往的发展项目通常都由少数人确定，然后不管广大民众是否同意、是否接受，都强加于他们。麦克纳马拉认为，从现在开始，发展项目应该考虑接受者的意愿和想法，他们的愿望和想法将成为决定这些项目性质的重要因素。这可被视为发展传播的理论和实践焦点转向"参与"的重大变化。① 参与式传播的理念在各种NGO组织的活动中使用较多，但中国大陆（内地）关于参与式传播的研究起步较晚，研究成果也较少，"参与式传播"20世纪90年代才以实践的方式进入中国。韩鸿认为，参与式发展理论的关键点是"赋权"（empowerment）。赋权的核心是增加社区和边缘群体在发展活动中的发言权和决策权，使他们充分认同并接受发展决策与选择，把外来支持变成自己内在的发展动力。赋权的

---

① ［英］科林·斯巴克斯：《全球化、社会发展与大众传播》，刘舸、常怡如译，社会科学文献出版社2009年版，第61—62页。

前提是草根声音的畅达，因此传播在参与式发展中具有非同寻常的意义。

不过，参与式传播本身亦面临很多问题，如缺少制度的支持、需花费大量时间、缺乏赋权维度的评估标准、虚假的参与等。同时，在参与式项目中，当控制权从官方转向受益者时，权力受到威胁的专家会对此作出反抗。[①] 参与式传播面临的这些问题在媒介素养教育中同样会遇到。研究者在田野调查中观察到，很多老师从小接受的就是"灌输式"教育，因此在媒介素养教育中，要求从"灌输"转变为"赋权"和"对话"时，他们不少仍然带有"灌输式"教育的惯性。即使试图采用"儿童参与"的方式，也难以做到真正的儿童参与。同时，大多数学生从小并未习惯"参与式"的学习方式。因此，不管对学生还是老师而言，媒介素养教育中的"参与式"都是一种需要进一步学习和发展的能力。

(三) 参与式传播的实践

卜卫2007年在广东省妇联儿童部承担的"反对针对儿童暴力的预防和干预"合作项目中，使用了儿童参与式方法发展传播倡导战略。这次儿童参与式传播倡导战略工作坊的主要目的是：鼓励儿童积极关注和参与儿童暴力预防和干预项目；积累儿童参与传播倡导规划的经验。最后，工作坊提供的主要经验是：只要给儿童提供相应的资源和机会，儿童就有能力在项目中发挥重要的作用。儿童是儿童问题的专家，他们最清楚自己的问题，也能从自己的实际情况出发探讨最有效的解决办法。卜卫认为，可以通过工作坊等手段将儿童组织起来，他们能利用集体智慧战胜困难，达到自己的目标。[②]

电子科技大学学者韩鸿对四川古蔺县护家乡桂香村一个由农民自发建立的"夫妻广播室"进行了调研。在没有国家资金扶持和外来援助的情况

[①] Robert Huesca, Tracing the History of Participatory Communication Approaches to Development: A Critical Appraisal. Communication for Development and Social Change, New Delhi: Sage Publications, 2008, p. 180-198.

[②] 卜卫、张祺主编：《消除家庭暴力与媒介倡导：研究、见证与实践》，中国社会科学出版社2011年版，第125页。

下，从1994年至2008年已经开办了14年，从未间断。桂香村广播涵盖了新闻、社教、法制、舆论监督等领域，具有浓郁的乡土特色。主办者袁志诚和当小学教师的妻子黄克芬分别任编辑和播音员，由村组干部们当信息员，有积极性和一定文化的村民参与节目的制作。调查发现，广播在桂香村经济、社会和文化发展中所产生的带动效应是多重的，在树立公信、移风易俗、公共安全、公共论坛方面起着作用。韩鸿对参与式影像实际意义的研究，是放在中国的民主语境之下的。①《给草根一种声音：参与式影像评价》②《影像社区、公共领域与民主参与——中国大众影像生产的新走向》③《参与和赋权：中国乡村社区建设中的参与式影像研究》④ 都论及了参与式影像对中国民主进程的积极推动作用，同时其在中国乡村建设中具有的参与与赋权作用，有助于促进村民的社会认知与身份构建。

张志华（2012）对委内瑞拉"社区媒体运动"进行了研究，认为，"通过社区媒体，委内瑞拉底层人民有了表达观点的渠道，通过参与式传播，委内瑞拉社区媒体呈现了有别于公司媒体的传播实践"。委内瑞拉商业媒体在传播场域对不公正的社会结构的"自然化"，恰恰是贫民社区媒体通过社区居民的参与要努力扭转的。不论是经由培训进而制作内容，还是通过向媒体投诉、参加媒体会议等，通过不同形式的参与，委内瑞拉社会底层拥有了定义社会实践的传播资源，他们有别于商业媒体的视角和声音有了传播的途径。（通过媒介将信息传播出去，弱势群体可以获得更多的关注，从而推动整个社会一起来解决问题）研究者指出，委内瑞拉底层自发的"社区媒体运动"不仅在政治上代表了之前在该国被边缘化的大多数人，而且在物理形态上也能被这些人接近和使用。普通人通过自己记录社区的人、事、物，诉说自己的故事，分享抗争实践的方式把长期受商业媒体排斥和

---

① 韩鸿：《参与和赋权：中国乡村社区建设中的参与式影像研究》，《国际新闻界》2011年第6期，第19-27页。
② 韩鸿、向阳：《给草根一种声音：参与式影像评价》，《电影文学》2007年第19期。
③ 韩鸿：《影像社区、公共领域与民主参与——中国大众影像生产的新走向》，《新闻大学》2005年第3期。
④ 韩鸿：《参与和赋权：中国乡村社区建设中的参与式影像研究》，《国际新闻界》2011年第6期。

压制的关于自己的生活现实展现出来。①

孙曼萍自2000年起,长期观察在"九二一"大地震重建区兴起的一份小区报——《员林乡亲报》,探讨公民如何通过小区媒介近用、媒介素养及赋权过程而促进改变。《员林乡亲报》是一份以一群员林中小学教师为主力志愿者,长期苦心经营的非营利小区刊物,是草根民众实践传播过程民主化、建立由下而上、自主参与小区事务的一个范例。该刊在2005年底停刊,其中大部分编采工作者至今仍以更多样形式继续参与小区公共生活,有的更成了小区行动的领导。研究发现,《员林乡亲报》在其特定的小区脉络下,以参与、报道、媒介素养、小区行动等要素交相运作,形塑了一个非线性的、动态的小区传播新貌,这一创新形式扩大了社区公共领域的范畴,从传统媒体延伸到市民的小区行动上。同时,它也显示,草根媒介也可能与主流媒体竞争、协商、合作,进而通过赋权促进小区及社会改变。②

江冠明认为,面对原住民社区传播的发展策略,必须从"另类传播发展"的角度出发,必须考量到传播技术的简易性、设备的经济性、传播作业的方便性,以及在地生产和在地传播的机动性。第一,技术的简易性,是让大多数人都可以轻易地学会操作,这是技术扩散的策略;把简易的传播知识传递到每一个人身上,每一个人都有可能成为传播者,这是社区参与的精神。第二,设备的经济性是考虑传播器材设备的耗损,如果价格便宜而方便,社区居民很容易拥有传播设备,这样一来,传播的基础就不会受到昂贵的商业电视传播模式的束缚。第三,传播的方便性是针对偏远山区而言,如果能随拍随放,可以不受现代电视庞大的后期制作的限制而扩大传播的范围。这种传播方式,是社区传播发展出来的"另类传播模式"。第四,在地生产和在地传播的机动性,是指在偏远地区发展社区传播,可达到明显的传播效应,不用受到电视台的技术限制。它可以根据社

---

① 张志华:《委内瑞拉社区媒体:参与式传播的力量》,《新闻大学》2012年第5期,第134-138页。

② 孙曼苹:《在地发声、媒介素养与小区行动——彰化县员林镇〈员林乡亲报〉之个案研究》,《新闻学研究》2011年第108期,第59-102页。

区的生活作息决定播放的时间，而不是受制都市的时间表。[①]

第三节　本章小结

在本研究确立的媒介素养评估指标和方式中，涉及批判的媒介素养教育和参与式传播理论。在批判的媒介素养教育理论框架下，需要关注到，随着社会和技术的发展，保护和赋权其实是媒介素养教育的一体两面，既要强调对儿童的保护，也要关注儿童的发展。批判的媒介素养教育教学生从媒体中学习，反抗媒体的操纵，建设性地使用媒介材料。同时，其目的还在于发展个体的公民能力，促进个体更积极和有能力地参与社会生活。另外，参与媒介本身也是儿童的重要权利之一。儿童参与到媒介中，可以提高自主能力、创新能力等，实现从被动的社会服从角色向主动的社会参与角色转变。

[①] 江冠明：《原住民社区节目发展研究》，电视文化研究委员会，1996年出版，第1-5页。

第四章 研究方法

目前，中国大陆（内地）对儿童媒介素养的评估（包括评估维度、评估指标和评估方式）研究还在起步阶段。作为一项探索性研究，质化研究更适合建构媒介素养评估维度、评估指标和评估方式。当然，在评估维度、指标和方式确立以后，在可控的环境下进行评估，以不断发展评估维度、指标和方式，将是媒介素养评估研究的下一步。

第一节　田野地点：行政支持下的进入

这项研究的起源要追溯至 2006 年我在老家四川 D 镇的暑期儿童活动。从 2006 年到 2015 年，每年暑期我都会和 100 多名农村儿童（其中有大量留守儿童）及其家长接触。在教学、聊天中，很多家长抱怨电视、电脑等媒介的使用影响了孩子的学习；而从我对孩子们的访谈来看，他们普遍认为父母对于他们使用电视、电脑存在偏见，管束过多。双方因此发生的家庭冲突不计其数。这个问题困扰了不少父母和孩子。我在当时亦无答案给予这些困惑中的家长和孩子。这个历经近十年的困惑，后来成为我致力于做儿童媒介素养教育研究的重要缘起。

2014年1月，我有幸参与卜卫老师与联合国儿童基金会的项目到四川广元苍溪给当地儿童DV项目做培训；2014年5月，我参与国际计划《童声报》的项目评估，并且对国际计划项目区的农村儿童及其家长进行访谈；2015年3月，我到浙江缙云调研长坑小学的媒介素养教育课。这几个儿童媒介项目让我对儿童媒介素养教育有了新的认识。我逐渐明白，媒介素养教育也许就是解决多年前家乡小镇的父母和孩子们的困惑的方法之一。

在确定本研究的田野地点时，颇费了一些周折。选择田野地点需要注意以下几个重要因素：其一，资料的丰富程度；其二，不熟悉的程度；其三，合适性。首先，资料的丰富性是指有些地点可能比其他地点更能够提供丰富的资料。比如，如果田野地点中存在社会关系网络、有各种各样的活动，以及随时有不同的事件发生，就会提供比较丰富和有趣的资料。选择成都作为田野地点，即是其具备了这个特征。12所各具特色的中小学分别在区课题组的指导下，开展了不同的媒介素养教育活动。不同学校的媒介素养教育结合学校的特色，具备不同的特点。因而我能收集的资料非常丰富。其次，不熟悉的程度是指在一个新的地点，研究者比较容易看出文化事件与社会关系。最后，合适性是指要考虑到研究者的时间和能力、田野地点中的人物是否有重大冲突等。[①] 最终，考虑到研究的便利性、样本的典型性以及丰富性，我选择了成都市教育局在金牛区正在进行的媒介素养教育试验作为研究个案。当时，媒介素养教育在成都市是由市教育局在推动，我在研究的过程中，得到课题主持人成都市教育局Q和直接负责课题实施的金牛区教师培训中心副主任丘小云老师的支持。行政上的支持，使得我的田野进入非常顺利。

成都市2014年3月开始实施市级教育科研课题《基于互联网背景下中小学生媒介素养教育的研究与实践》。课题初步选择了在成都市金牛区的12所中小学进行试点媒介素养教育。试点的12所中小学各具特色，包括普通

---

① ［美］劳伦斯·纽曼：《社会研究方法——定性和定量的取向》（第五版），郝大海译，中国人民大学出版社2007年版，第470页。

中小学、重点中学和职业中学，其中就读的学生包括城市儿童和流动儿童。各校课程实施媒介素养教育的渠道主要包括学科课程、活动课程（班会活动、社团活动等）。

第二节 数据收集和分析

在个案研究中，要避免片面，因此，研究者应该对组成个案的多个层次和多个部分都进行研究。这样，通过广泛收集多个层面的信息来构建个案的全貌，个案才会展示出更多的信息。[①] 在金牛区进行田野时，研究者将学生、教师、家长、学校领导层、教育局等层面的信息都纳入考察视野。

一、资料分析

本研究中，研究发现包括两部分，其中一部分为田野调研中的发现，另一部分是对媒介素养评估文献的分析。本研究首先介绍英国、加拿大、美国、澳大利亚的媒介素养评估标准。这些国家的媒介素养教育课程非常多元，因此，即使在一国之内也难有统一的标准。但是，各国的媒介素养评估标准对本研究确立中国大陆（内地）本土的媒介素养评估标准具有启发。

本研究还将重点介绍 UNESCO 和 EAVI 确定的媒介素养评估框架。这两个组织在媒介素养评估标准的确立方面做了不少工作。UNESCO 从媒介与信息的近用能力、评估能力和创造能力三个维度对个体的媒介与信息素养进行评估。EAVI 则从个体能力和环境要素方面对欧盟各国的媒介素养进行评估，其中，个体的媒介素养包括私人能力（Personal Competences）和社会能力（Social Competences）。中国台湾、香港地区也构建了较为完善的媒介素养评估方案，制定了分段能力指标。

通过对文献的分析，发现大多数国家和地区利用量表评估的方式对学生进行发展性评价。其中中国台湾、香港地区建议的评估方式较为多元，

[①] ［澳］戴维·德沃斯：《社会研究中的研究设计》，郝大海等译，中国人民大学出版社2008年版，第188-189页。

包括口头表达、实际操作等。

二、田野观察

田野观察是在整个田野期间一直采用的研究方法。研究者进入到校园生活中，并且在有机会的情况下，对研究对象家庭生活和社区生活进行一定程度的观察。

在田野进入的初期，我在金牛区教师培训中心做了关于各国媒介素养评估的简要报告。在这次报告会中，我提出媒介素养教育融入各学科，并不是要增加教师教学的复杂度，而是要在现有的教学中找到可以融入的相关单元。另外，涉及媒介素养的评估，教师需要拟定能力指标，经过实际教学来测定指标的适用性。我在报告会中提出的这两点，得到参与课题的老师较大程度的认可。在后面的田野调研中，老师们也一再强调不知如何将媒介素养教育和任教学科融合，以及评估存在的种种现实问题。通过这次报告会，我初步接触了各试点校的老师们，为后续田野顺利进入各试点校打下了基础。

我观察了七中万达、金牛实验中学、人北实验小学等学校的课堂，以及各校教师的公开示范课。在课堂观察中，我主要观察了孩子们对哪些议题比较感兴趣、教师对媒介素养教育议题的把握度、课堂小组讨论等。根据课堂观察，我适度调整了访谈的问题。

三、访谈：教师和学生

当研究者需要深入洞察人们的观点、感觉、情感及经历时，访谈是比较合适的方法。访谈法适用于研究错综复杂的事物，尤其是深度访谈，可以收集到很多通过问卷调查等无法得到的数据。[1] 对本研究而言，深度访谈可以调查到在儿童的生活中突出存在但长期被忽视的敏感问题，如家庭暴力、校园暴力等。访谈基本采用的是半结构访谈。半结构访谈和结构访谈

---

[1] [英] 马丁·登斯库姆：《怎样做好一项研究——小规模社会研究指南》，陶保平等译，上海教育出版社2001年版，第146页。

一样，研究者都需要对要讨论的主题和要问的问题有清晰的列表。不过，在半结构访谈中，访谈者在讨论主题的顺序上有更大的灵活性。另外，半结构访谈也可以让被访者在回答问题时可以更充分表达自己的观点，谈论更多内容。其答案也是开放性的，更强调由被访者详细说明自己的兴趣点。因此，半结构访谈的方法更适合研究问题的需要。研究者到每个学校访问时，第一次的访问尤其关切每个学校的特色以及他们的媒介素养教育目标。这是第一次访问的重点，和研究问题有重要关联。

另外，焦点小组访谈也是在田野中常用的一种研究方法。焦点小组（focus group）是一种特殊的定性研究技术，以描述和理解一组选定人群的观点和信念为预定目的，从小组参与者的观点中获得对特殊事件的理解。焦点小组方法不仅被用于寻求人们想的是什么，而且还被用于发现人们为什么这样想和为什么想这样做。[1] 焦点访谈也是本研究使用的主要研究方法之一，在此之前，我根据参与式观察和访谈得到的信息整理了访谈提纲，不断调整访谈问题，然后组织焦点小组访谈，和儿童一起讨论他们的日常生活。本研究对4所学校的36个学生进行了焦点小组访谈，分别是凤凰小学10个学生、七中万达8个学生、金牛实验中学18个学生。在焦点小组访谈中，访谈主题是媒介的使用，因为是孩子们比较关切的问题，所以每个孩子有很多观点想要表达。孩子们在访谈中讲述了自己的日常媒介接触行为，比如喜欢的电视节目、日常接触媒介的频率时长、媒介使用的困惑等。通过焦点小组访谈，我对儿童的日常媒介使用行为有了更多的了解。总体来看，90%的学生都拥有自己的手机，其中大部分是能上网的智能手机，住校生一般周末回家才能使用手机或者电脑，在校时手机均交到班主任处；走读生也只有极少一部分学生能够被家长允许每天使用手机或者电脑，除非是查找学习资料，但是电视的观看不太受限制。大部分学生对于一些网络信息并非完全相信，具备一定的批判能力，只是在信息的鉴别能力方面还需要进步。另外，在媒介参与方面，大多数学生的参与机会较少。

---

[1] ［澳］普拉尼·利亚姆帕特唐、道格拉斯·艾子：《质性研究方法——健康及相关专业研究指南》，郑显兰等译，重庆大学出版社2009年版，第61页。

第三节 研究伦理

社会研究有个基本的伦理原则,即绝不强迫任何人参与研究,参与必须是自愿的。同时,仅仅取得研究对象的同意还不够,还需要让他们了解将被要求去参与的是什么活动,这样他们在获得足够信息后才能作出决定。[1] 另外,当研究触及研究对象的隐私时,必须对研究对象的隐私做一些保护工作。有两种方式,包括匿名和保密。匿名是指研究对象维持匿名或不留姓名的状态。为了保护研究对象,研究人员可以用代号来指称研究对象。概括来说,研究应该遵循四个伦理原则(Kimmel,1988;Homan,1991),即自愿参与原则、告知同意、对实验参加者无伤害、匿名和保密。[2] 本研究特别注意遵守这些原则。在田野调研中,研究者只走访了12所中小学中的9所学校,即从自愿参与的角度作出的取舍。另外,研究中对涉及的人名,均做了匿名处理。

因为研究涉及儿童,故特别考虑对儿童权利的保护。在每次调研访谈前,均向参与访谈的儿童说明了研究目的,即希望能够制定出适合中国大陆(内地)本土的媒介素养评估指标。在访谈中,向学生介绍了什么是媒介素养,可以通过哪些方式进行媒介素养教育。在焦点小组访谈中,给予每个儿童表达的机会,让每个参与的孩子都能发声,保证每个孩子的观点都能得到倾听。研究中对涉及的儿童隐私都进行了处理,如有学生提到因为说话声音比较"女性化"而在班级之中遭到同辈群体的排斥,希望通过媒介素养教育让更多同学了解"社会性别"。在焦点小组访谈中,出现个别访谈对象被其他同伴排斥或者责难时,研究者均及时进行了干预。此外,研究者还注意尽量让所提问题符合儿童的年龄和心理状态,如针对学生对"媒介"等术语不是太清楚,尽量替换成"电视""电脑"等他们能理解的

---

[1] [美]劳伦斯·纽曼:《社会研究方法——定性和定量的取向》(第五版),郝大海译,中国人民大学出版社2007年版,第160页。
[2] [澳]戴维·德沃斯:《社会研究中的研究设计》,郝大海等译,中国人民大学出版社2008年版,第71-72页。

语言。在访谈中，尽量避免使用批判性的语言对参与访谈的儿童的行为作出评价。访谈中的录音也征得了参与者的同意。

另外，研究中引用的成都市媒介素养教育课题组的儿童媒介素养调研报告和部分学校的课题资料，均得到各方许可。

第五章 国内外媒介素养评估

本章将主要探讨国内外的媒介素养评估的历史与现状，第一节主要介绍了英国、加拿大、美国、澳大利亚的媒介素养评估状况；第二节对UNESCO和EAVI确定的媒介素养评估框架进行了详细介绍；第三节则对中国港澳台以及大陆（内地）的媒介素养评估现状进行了介绍。

对已有媒介素养评估进行介绍，目的在于借鉴国内外的经验，结合在地实践，建立中国大陆（内地）本土的媒介素养评估维度、指标和方式。

亚洲国家发展媒介素养教育，需要面对概念和应用两个层次的问题。概念问题是说，媒介素养教育起源于西方，其概念受到西方社会和文化的制约，因此，在亚洲实践媒介素养教育的过程中，需要考虑从亚洲社会文化的角度入手，设计一个适合本土的在地模式，而不是全盘移植或接受西方。而应用层次的问题则从媒介素养教育课程的设计和实施，以及教学效果的实施进行讨论。课程设计需要考虑学校和社区合理并行，以及如何互相支持的问题。而在教学评估方面，必须将"学生学到什么"而非"教了学生什么"作为评估的目标，即应该评估学生的学习效果。陈国明认为，在概念厘清的基础上，才能订立一套测量或评审标准。[1]

媒介素养教育在各国、各地区称谓不一，"media literacy""media education""media literacy education"等，翻译成中文有"媒介素养""媒体教育""媒介素养教育""媒体识读"等。本文将各国、各地区不同的称谓统一为"媒介素养教育"。

第一节　国外媒介素养评估

一、英国的媒介素养评估

英国被认为是媒介素养教育的诞生之地。在 F. R. 利维斯和丹尼斯·桑普森提出"文化素养"之前，非正式的媒介素养教育已经在英国进行。[2] 经过几十年的发展，到 20 世纪 80 年代，媒介素养教育已正式进入英国学校课程。[3]

目前，英国资格评估与认证联盟（The Assessment and Qualifications Alliance，简称 AQA）[4] 的考试类型中有两类考试和"媒介研究"有关。分别是普通中等教育认证考试（General Certificate of Secondary Education，简称 GCSE）[5] 和普通高等教育认证考试（General Certificate of Education Advanced Level，简称 A-Level）。

GCSE"媒介研究"课程目的是试图让学生能够批判地评估文本，为其在 A-level 的任何学科学习中做好准备。A-level 的"媒介研究"课程是从 GCSE 发展而来，偏重学生媒体实践技能，注重提升学生独自开展研究的能

---

[1] 陈国明：《媒体教育》，鲁曙明、洪浚浩主编《传播学》，中国人民大学出版社 2007 年版，第 197-217 页。

[2] ［英］大卫·帕金翰：《媒体教育素养学习与现代文化》，林子斌译，巨流图书有限公司 2006 年版，推荐序。

[3] 袁军：《媒介素养教育论》，中国传媒大学出版社 2010 年版，第 6 页。

[4] 英国资格评估与认证联盟（The Assessment and Qualifications Alliance，AQA）由英国联合考试局（The Associated Examining Board）和英国北方考试评估委员会（The Northern Examinations and Assessment Board）于 2000 年 4 月合并而成，目前为英国三大颁证机构之一。

[5] 英国学生完成第一阶段中等教育所参加的主要会考。

力，并且加深其在日常生活中对媒介所扮演角色的理解和认知。[①] 从这两个课程的目的来看，前者偏重学生对媒介文本的批判分析能力，后者偏重学生的媒介参与能力和媒介认知能力。

以下以 GCSE 的认证考试为例进行具体阐述。GCSE 的"媒介研究"包括两个层面的考试，第一个层面包含 2 个单元的测试，第二个层面包含 4 个单元的测试（被称为双重授予，Double Award）。第一个层面的 1、2 单元组成的认证考试为其他单元的学习奠定了基础。第一层面的第 1 单元的评估要求考生对一个预先公布的媒介主题进行准备后能完成 4 个任务。第 2 单元由 3 个评估任务组成，要求考生对一些关键媒介概念进行理解，在此基础上，完成实际的媒介制作任务。这两个单元的考题，第 1 单元的主题每年都会改变，第 2 单元的主题具有较强的灵活性，允许考生从任务题库中进行选择。

以下以 GCSE 认证考试的第 2 单元为例阐述。第 2 单元包括 3 个学习目标（任务），如下[②]：

学习目标（任务）

任务 1	能够使用主要的媒介概念和恰当的术语进行分析，并且能够回答是什么样的媒介文本/主题（10%）
任务 2	能够阐明研究或者计划，以及其中呈现的技巧（10%）
任务 3	能够使用创造性和技术性的技巧建构和评估自己的作品（10%）

以下为第 2 单元任务 1 的评分标准：

评分标准

任务：能够使用主要的媒介概念和恰当的术语进行分析，并且能够回答是什么样的媒介文本/主题 ·· 20 分
Level 6 ··· 17-20 分 考生能够非常有效且令人信服地对媒介文本和预先制作的作品进行解释，媒介术语使用恰当，对媒介再现的本质和影响进行深刻的探索。对媒介机构的认识清楚。其回答具体、简明，结构清楚，语言使用准确，论述证据充足。

[①] 英国资格评估与认证联盟网站：http://www.aqa.org.uk/subjects/media-studies.

[②] GCSE Specification：Media Studies and Media Studies（Double Award）for Exam June 2014 Onwards，for Certicication June 2014 Onwards，http://www.aqa.org.uk.

续表

Level 5 ·· 13—16 分
考生能够较好地对媒介文本和预先制作的作品进行解释，媒介术语使用恰当，对媒介的再现议题和媒介机构有很好的理解。其回答清楚、简明，语言组织清楚，证据支持论点。
Level 4 ·· 9—12 分
考生能够令人满意地对媒介文本和预先制作的作品进行解释。偶尔能够使用媒介术语。对媒介再现和媒介机构能够部分理解。其回答有组织，能够使用恰当的语言和论据支持论点。
Level 3 ·· 5—8 分
考生基本能够领会文本，对预先制作的作品的解释较简单。基本理解媒介再现，对媒介机构有基本的认识。其回答有组织，论据有时能支持论点。
Level 2 ·· 1—4 分
考生对媒介文本和媒介格式规则理解有限，对媒介再现和媒介机构的认识有限，尝试提供有组织的回答。
Level 1 ·· 0 分
没有做任何值得分数奖励的工作。

这个评估标准分为 6 个等级，总分 20 分，最低分 0 分，最高分是 17—20 分。在这个评估表中，着重考查考生对关键媒介术语的使用以及对媒介再现和媒介机构的认知，还要求考生在论述时能够提供有力的证据支持论点。整个 GCSE 的认证考试，学生需要完成不同单元的不同任务，最后取得一个总分。这种评估方式值得我们借鉴。不以一张试卷的结果定学生的能力水平，这也符合目前教育改革的方向。

除了 AQA 这样正式的媒介素养认证考试，以及其他一些融入媒介素养教育的学科评估，英国还有一些非正式部门提出的媒介素养评估方式。不过，这些非正式部门的评估方式倾向于关注儿童参与的过程而非他们的学习成果。这些机构为学校提供活动，并且委托学校评估活动对学生的影响。不过，学校的评估通常会利用 GCSE 的评估系统。非正式部门的媒介素养评估不是一个系统的评估，而是强调学生在参与媒介的过程中个体和社会能力的获得。比如，英国"摄影、电影和电视博物馆"（The Museum of Photography, Film and Television, 简称 MPFT）发现，当地青年参与了媒介活动以后，对博物馆的破坏水平下降 75%；同时，这些年轻人仍然愿意持续参与媒介制作。博物馆通过这两点来评估这些年轻人的媒介素养是否有所提升。①

众多证据表明，参与媒介活动的确可以发展青少年一系列的社会和个体技能。但是，到目前为止，还没有更好的方法来测量这些成果。主要原因在于，青少年所参与的活动多样，参与的群体也不一。因此，较难在不同的项目和群体之间做比较。不过，这些机构正在寻找可以评估以上能力的方法。比如，他们将青少年参与项目的时间长度，或者将参与媒介获得的能力和就业结合，或者将参与活动的青少年是否继续接受教育等作为评估的标准。在这些非正式部门的评估方式中，自我评估和同伴评估都有被采用。②

总体来说，目前除了 AQA 提供的较为系统的媒介素养评估，其他机构对媒介素养的评估都是基于学科融入进行的评估或者不系统的评估。开发一个系统的评估标准并非易事。其主要原因在于，学生的媒体学习经历并不连续。

二、加拿大的媒介素养评估

20 世纪 60 年代，加拿大的媒介素养教育在"屏幕教育"的名义下开始展开。加拿大的媒介产品大多来源于美国，因此，加拿大开展媒介素养教育的一个主要目的是抵御美国媒介的影响。加拿大的公共团体不仅关注媒体暴力和色情对青少年儿童的影响，同时也关注儿童的媒体制作能力。③

1978 年，加拿大"媒介素养协会"（The Association for Media Literacy，简称 AML）成立。在 AML 的推动和支持下，安大略省的媒介素养教育在加

---

① T. Kirwan, J. Learmonth, M. Sayer, R. Williams, Mapping media literacy, London: British Film Institute, Broadcasting Standards Commission, Independent Television Commission, 2003, p.49-51.

② T. Kirwan, J. Learmonth, M. Sayer, R. Williams, Mapping media literacy, London: British Film Institute, Broadcasting Standards Commission, Independent Television Commission, 2003, p.71-74.

③ 朱则刚：《加拿大媒体素养教育探讨》，《图书信息学刊》2005 年第 3 卷第 1 期，第 1-13 页。

拿大国内一直处于领先。1986年，安大略省教育部和教师联合会推出了《媒介素养教育指南》(*Media Literacy Resource Guide*)。[1] 1998年加拿大发展了一套新的媒介素养教育课程，将1—12年级分为两大阶段：第一阶段为1—8年级的语言（Language）课程，教师将媒介素养教育直接融入教学内容中；第二阶段为9—12年级的英语（English）课程，教师在英语课程中融入媒介素养教育。此外，在11—12年级的新课程中，将"媒体研究"作为选修科目，其中包括"学习媒介文本""媒介阅听人""媒体产制"等（Media Awareness Network，2005）内容。[2]

安大略省教育部2008年出版的《有效的素养教育指南：4—6年级》(*A Guide to Effective Literacy Instruction, Grades 4 to 6*) 的第7卷"媒介素养"强调了培养学生批判意识的重要性。指南指出，媒介素养教育的主要目标是帮助学生成为独立的、有能力的媒介信息的诠释者和传播者；教师应该利用收集到的评估信息进一步指导学生对媒介文本的理解，并促进学生媒介创作能力的发展。同时，指南指出，评估对学生有如下意义：有计划的评估能够使得学生经常得到沟通的机会；能够给学生展示其学习成果的机会；学生能够收到及时的、有意义的反馈（这种反馈能够帮助他们改进学习，并且使其明白对学习过程进行评估的重要性）。[3] 指南还指出，教师应该提供机会给学生分析和创作媒介作品，并鼓励学生在探索活动中使用媒介素养的5个核心点和"媒介三角"进行分析。"媒介素养的5个核心点"即所有的信息都是建构的；媒介信息的建构遵循一定的规则；不同的人对相同的媒介信息有不同的反应；媒介被利益驱动；媒介中嵌入了价值和观点。"媒介三角"为学生提供了三种不同但全面的方式去探索媒介素养的五个核心点，这个模式通常可以用来分析和创制媒介文本。

"媒介三角"如下：

---

[1] 袁军：《媒介素养教育论》，中国传媒大学出版社2010年版，第8页。

[2] Mami Komaya, "Media Literacy and Media Education", Handbook of Children and the Media, SAGE, 2001, p.688.

[3] Ontario Ministry of Education, A Guide to Effective Literacy Instruction, Grades 4 to 6, Volume Seven-Media Literacy, Toronto: Queen's Printer, 2008, p.28-31.

加拿大的媒介素养评估方式基本采用量表形式，以下是《有效的素养教育指南：4—6年级》中，以制作一份小手册为任务而设计的评估量表。

加拿大安大略省"儿童制作小手册"的评估量表[①]

预期的学习效果：学生能够为特定目的和受众创建不同形式的媒介文本。

1. 描述计划创建的媒介文本的主题、目的和受众。
2. 确定适合于所选择的媒介形式的规则和技术。
3. 使用一些简单的媒介形式和适当的规则、技术为特定目的和受众创建媒介文本。

等级/标准	一级	二级	三级	四级
思考能力： 使用策划能力为小手册进行创意。 比如： 1. 确定小手册的目的和目标受众。 2. 确定小手册中的重要观点和信息。 3. 使用策划能力组织相关元素，比如，选择能够有效传递信息的要素；基于目的和目标受众作出布局决定。	1. 能够有限地辨别小手册的目的和目标受众。 2. 能够有限地使用策划能力为小手册选择信息。 3. 能够利用有限的逻辑使用策划能力为小手册选择和组织要素。	1. 能够较准确地辨别小手册的目的和目标受众。 2. 能够较恰当地使用策划能力为小手册选择信息。 3. 能够较有逻辑地使用策划能力为小手册选择和组织要素。	1. 能够相当准确地辨别小手册的目的和目标受众。 2. 能够相当恰当地使用策划能力为小手册选择信息。 3. 能够相当具有逻辑地使用策划能力为小手册选择和组织要素。	1. 能够高度准确地辨别小手册的目的和目标受众。 2. 能够高度恰当地使用策划能力为小手册选择信息。 3. 能够高度具有逻辑地使用策划能力为小手册选择和组织要素。

[①] Ontario Ministry of Education, A Guide to Effective Literacy Instruction, Grades 4 to 6, Volume Seven-Media Literacy, Toronto: Queen's Printer, 2008, p.83-84.

续表

等级/标准	一级	二级	三级	四级
传播能力： 为不同的受众和目的进行传播。 比如： 1. 解释和证明产品决策的正确。 2. 阐明对小手册的受众和目的的认知。	能够有限清楚地对产品决策进行解释和证明。	能够较清楚地对产品决策进行解释和证明。	能够相当清楚地对产品决策进行解释和证明。	能够高度清楚地对产品决策进行解释和证明。
运用能力： 在熟悉的背景下运用知识和技能。 比如： 1. 选择的小手册的要素要能够完成已确定的目的，并且吸引目标受众。 2. 使用前页吸引读者。 3. 使用文本和图形传递信息。 4. 选择颜色或字体，以突出重点区域。	将特定信息传递给特定受众的效果有限。	能够较有效地传递特定信息给特定受众。	能够相当有效地传递特定信息给特定受众。	能够高度有效地传递特定信息给特定受众。

这份评估量表明确提出希望学生完成的任务，即希望学生能够依据特定目的和受众，创建不同形式的媒介文本。量表一开始就对任务进一步细化，即确定计划创作的媒介文本的主题、目的和目标受众，选择适合这种媒介形式的规则和技术，并运用这些规则和技术完成媒介文本的创作。评估从思考能力、传播能力和运用能力3个维度来进行，分为4个等级。每个等级对学生均有不同的要求。

此外，加拿大学者克里斯·沃斯诺普在媒介素养的评估方面也做了杰出的研究。他指出，评估者不要以专业性的媒介产品标准评价学生提交的媒介产品。考虑到学生在制作媒介产品时的限制条件，必须要制定符合实际的评估标准。[①] 克里斯·沃斯诺普主张从媒介文本所具有的5个共性进行

---

① 王凌竹：《国外媒介素养教育评估思想初探》，中国传媒大学2012年硕士学位论文，第33页。

评估，分别为：思想和内容、组织、有效的表达、声音或受众以及技术能力。他采用了 6 个等级的评估量表对媒介素养进行评估。① 其中"有效的表达"维度的标准如下：

"有效的表达"标准

六级水平	思路清晰，内容正确，表现出高度的概括性。
五级水平	表达内容完全正确。
四级水平	表达内容基本正确。
三级水平	进行了一部分正确的表达。
二级水平	表达出来的内容是错误的、凌乱的。
一级水平	表达出来的内容空白。

三、美国的媒介素养评估

尽管从 20 世纪二三十年代起，美国就开始关注电影对青少年的影响，但美国媒介素养教育很长一段时间落后于其他英语国家。20 世纪 90 年代后，毒品、艾滋病、校园暴力等社会问题日益凸显，以培养公众批判分析和解读媒介信息为核心的媒介素养教育引起美国社会重视。② 三个国家级的组织促进了媒介素养教育在美国的发展，其中包括媒介素养中心（Center for Media Literacy，简称 CML）、媒介素养教育全国联盟（the National Association for Media Literacy Education，简称 NAMLE）和媒介教育行动联合会（The Action Coalition for Media Education，简称 ACME）。媒介素养教育被融入了大多数州的消费者和健康课程以及英语和语言传播艺术课程。另外，在社会研究、历史和公民社会的课程中也不同程度地融入。同时，媒介素养教育的理念也渗透进课外项目、夏令营、宗教教育项目、图书馆和干预项目、基于社区组织的项目或者家庭教育中。③

---

① 王凌竹：《国外媒介素养教育评估思想初探》，中国传媒大学 2012 年硕士学位论文，第 36 页。

② 袁军：《媒介素养教育论》，中国传媒大学出版社 2010 年版，第 9 页。

③ Hans Martens. "Evaluating Media Literacy Education: Concepts, Theories and Future Directions", Journal of Media Literacy Education, vol. 2, 2010, p. 1.

1999年，美国学者弗兰克·贝克和罗杰斯大学（Rutgers University）从事媒介研究的罗伯特·库贝（Robert Kubey）教授通过直接询问或邮件的方式与各州教育部门联系，了解了美国各州媒介素养教育的课程安排、教育目标、评估核心等。两位学者合著了《各州媒介素养教育标准的主要研究》（*Major Study of Media Literacy in State Teaching Standards*）。他们的研究显示，当前，美国已开发的媒介素养教材的州评估方式主要以量表评价为主，运用量表为学生的作品提供反馈，同时学生也运用评价单与其他同学互评。贝克与库贝调查了英语语言艺术、社会研究和健康三门课程的标准。两位研究者解释，之所以选择这三门课程，主要是因为这三门课程和"媒介再现"有强烈的关联，但实际上，媒介素养教育适合融入每一门学科。贝克与库贝认为，当时得克萨斯州的英语课程中"观看和再现"的评估标准是全美最好的标准。[1]"观看和再现"被纳入得克萨斯州所有公立学校4到12年级的英语语言艺术课程中。这个课程指出媒介素养教育应该包括以下目标：

1. 调查媒介再现的来源和媒介产品，如谁制造了它，为什么制造它。

2. 理解视觉、声音和设计技术如何在媒介中传递信息，比如特效、编辑、摄影角度和面部特写、排序和音乐。

3. 理解晚间新闻、新闻杂志和纪录片的类型，以及识别每一种类型的独特属性。

4. 检视媒介如何影响学生对现实的看法。[2]

下面是得克萨斯州的语言艺术课程中"阅读/媒介素养"标准：

语言艺术
阅读/媒介素养[3]

预期学习目标：
学生能够理解并且分析词语、形象、图形和声音是如何以不同的格式整合到一起而影响意义。

---

[1] Art Silverblatt, *The Praeger Handbook of Media Literacy*, California: ABC-CLIO, 2013, p. 556-557.

[2] Wardbarnes, A. K., Media Literacy in the United States: A Close Look at Texas, 2010, p. 19.

[3] http://www.frankwbaker.com/mlc/state-standards-texas/.

续表

5年级学生应该 1. 解释信息是如何以不同格式在媒介呈现中传播（比如纪录片、在线信息、电视新闻）。 2. 思考媒介中使用的不同技术（如商业广告、纪录片和新闻）。 3. 辨别媒体呈现观点的角度。 4. 分析多种不同层次的正式与非正式的电子媒介。
6年级学生应该 1. 解释信息是如何在媒体的不同格式中传递。 2. 识别不同的技术是如何影响观看者的情绪。 3. 批判劝服性技术是如何在媒介信息中使用。 4. 分析多种不同层次的正式与非正式的电子媒介。
7年级学生应该 1. 解释不同媒体各种明示和暗示的信息。 2. 解释视觉和声音技术（比如特效、相机角度、灯光、音乐等）是如何影响信息。 3. 评价媒介影响和告知公众的不同方式。 4. 评估成功参与不同的数字媒体的形式和风格的准确水平。
8年级学生应该 1. 评估媒体在所关注的事件中的角色和观点。 2. 解释视觉和声音技术（比如特效、相机角度、灯光、音乐等）是如何影响信息。 3. 评估在媒介中使用不同的技术是如何表达观点，以及这种技术对受众的影响。 4. 评估成功参与不同的数字媒体的形式和风格的准确水平。
英语1 1. 比较和对比事件是如何被呈现，以及信息是如何以视觉形象（如图形艺术、插图、新闻照片）和非视觉文本被传播。 2. 分析媒介信息是如何通过视觉、声音技术（如剪辑、面部特写、排序和背景音乐）被传播的。 3. 比较和对比不同媒体对同一事件的报道（比如新闻、电视、纪录片、博客、网络）。 4. 评估在相同的媒介中为了特定受众和目标在形式和风格上的改变。
英语2 1. 评估在反映社会文化观点方面，消息的呈现是如何不同于传统文本。 2. 分析媒介信息是如何通过视觉、声音技术（如剪辑、面部特写、排序和背景音乐）被传播的。 3. 检视个体的认识能力或偏见在同一事件中是如何影响受众的。 4. 评估在相同的媒介中为了特定受众和目标在形式和风格上的改变。

续表

英语 3
1. 评估在反映社会文化观点方面，消息的呈现是如何不同于传统文本。 2. 评估不同技术（如版面、图片、印刷媒介的字体、图像、文本、电子新闻中的声音）如何使用多媒体交互。 3. 评估不同类型的媒体在相同新闻报道中的目标。 4. 评估在相同的媒介中为了特定受众和目标在形式和风格上的改变。

以上即为得克萨斯州的语言艺术课程中列出的阅读/媒介素养的预期学习结果，其中对5—8年级的学生应该具有的媒介素养作出了具体的规定。虽然在2008年以后，得克萨斯州的"观看和再现"项目发生改变，不过，这些指导原则如今被得克萨斯州更多的公立学校以及更多的年级采用。

得克萨斯州提出的这些目标契合美国全国传播协会（National Communication Association，简称NCA）提出的现代公民媒介素养应该包含的5个标准。即：

1. 理解人们在个体和公共生活中使用媒介的方式。

2. 理解观众和媒体内容之间的复杂关系。

3. 理解在社会文化情境下被制作出的媒介内容。

4. 理解媒体的商业本性。

5. 使用媒介传播给特定受众的能力。（National Communication Association，1998）

美国的教育并不是大一统的教育，因此，NCA发展的这套媒介素养标准，并不是全国性的课程准则，而是作为各州和各地学校课程的参考。NCA制定的标准以能力和知识为主，留给各州、各校区、各学校或个别教师额外需要的空间与机会。NCA建议执行媒介素养标准时，需要教学者明确媒介素养教育的概念，采用一定的教学策略，进行一定的研究和培训，才能通过整体课程传授给学生媒介素养。目前，这套标准与思维正在影响美国各州媒介素养教育的实践。[①]

---

① 吴翠珍、陈世敏：《媒介素养教育》，巨流图书股份有限公司2007年版，第226-227页。

四、澳大利亚的媒介素养评估

20世纪70年代，报纸、广播、电影、电视等媒介在澳大利亚已经高度发展。不过，媒介素养教育当时在澳大利亚还是一个未被关注的领域。这种情况直到80年代才有了较大变化。1988年，媒介研究在西澳大利亚成为正式课程。澳大利亚学者罗宾·奎因（Robyn Quin）指出，有三个因素导致澳大利亚学校的媒介素养教育得到如此快速的发展。第一，20世纪70年代早期，学校相关课程的教师要求改革；第二，联邦政府在教师专业发展方面有资金支持；第三，20世纪70年代对英语教育的属性和目标的思考。当时澳大利亚的学校课程被严格控制，传统的考试和学科的界限让教师对既有的学科和纸笔考试越来越不满。针对这样的教育现状，澳大利亚的教师不仅探索教学方法，也在探索如何进行评估。1971年，澳大利亚15岁学生的外部考试被累积性/连续性评估取代。可以说，媒介素养教育在澳大利亚的发展，很大程度上属于自下而上的发展。[①]

现在，澳大利亚的学校已经制定制度以支持媒介素养教育。所有的州都在英语或者艺术科目中要求学生将媒介素养作为一个必须获得的能力。目前，澳大利亚正在发展以替代各州课程的"澳大利亚课程"。从2013年开始，所有的澳大利亚儿童从幼儿园到8年级都要接受媒介素养教育。这个新课程被称为"媒介艺术"。"媒介艺术"课程同时也会在9—12年级中作为选修课。[②]

罗宾·奎因与巴里·麦克马洪（Barrie Mcmahon）是澳大利亚较早关注媒体素养评估标准先驱。罗宾·奎因和巴里·麦克马洪为澳大利亚教育部设计了媒介分析技能的检测评估标准（Monitoring Standard Assessment Program in Media Analysis Skills）。在这个项目中，媒介素养评估成为一个评估学生发展的机制，即使用学生从幼儿园到7年级的累积性成果对学生的能力进行评估。这个评估主要是基于媒介分析的两个方面，一个是内容层次

[①] Robyn Quin, "Media Education in Western Australia", Teaching the Media: International Perspectives, 2013, p.107.

[②] Art Silverblatt, The Praeger Handbook of Media Literacy, California: ABC-CLIO, 2013, p.845-847.

(content strand)，即通过分析学生具备的语言和叙述的知识；另一个是背景层次（context strand），主要评估学生对产品、发行量、观众和价值观的理解。这些测试主要由教师来掌控，通过系列测试来评估学生能力。[①]

澳大利亚在20世纪90年代推行了公共评估框架。这个框架详细说明了媒体素养教育的7个任务。每个任务根据不同的主题来测试学生的表现，分为满意、高级和顶级三个等级。[②] 如下表所示：

目标1：理解大众传播的组成以及它们在媒体信息中的功能[③]

满意	高级	顶级
学生能辨别： 1. 大众传播的成分在生产信息时是怎样相互影响的。 2. 所学媒介的一些特征。	学生能解释： 1. 媒介的形式如何影响内容和风格。 2. 信息是如何被生产者和阅听人建构的。	学生能分析和评价： 1. 媒介的风格和内容是怎样通过媒介形式和目标被阅听人塑造的。 2. 媒介的形式和内容是怎样共同建构意义的。

目标2：理解选择过程与它们如何在媒体文本中构建意义

满意	高级	顶级
学生能辨别： 1. 所学媒介中选择的重要因素，如蒙太奇、观点、版面设计或结构、代码和惯例。 2. 构建媒介意义的便捷方式。	学生能解释： 意义是怎样通过元素（如蒙太奇、观点、版面设计或结构、代码和惯例）来表现的。	学生能分析和评价： 意义是怎样通过选择和阅听人创建的。

---

① Art Silverblatt, Ellen M. Enright Eliceiri, Dictionary of Media Literacy, Greenwood Publishing Group, 1997.
② 袁军：《媒介素养教育论》，中国传媒大学出版社2010年版，第10页。
③ 张学波：《媒体素养教育的课程发展取向》，华南师范大学2005年博士学位论文，第132—134页。

目标3：理解媒体文本中的建构类型

满意	高级	顶级
学生能辨别： 1. 叙述的成分； 2. 为适应不同媒体的叙述成分而采用的不同方法； 3. 各种不同类型以及它们的特征； 4. 事实和媒体中的"事实"。	学生能解释： 1. 叙述和类型惯例是怎样建构意义的； 2. 在不同媒体中叙述的不同方式； 3. 媒体文本是如何追求真实的。	学生能分析和评价： 1. 阅听人认知和期望、类型和叙述之间的关系； 2. 真实的元素以及它们和类型、叙述的关系。

目标4：理解影响媒体产制的限制因素

满意	高级	顶级
学生能辨别： 控制或限制媒体产制的一些因素，如政治、经济、过去和现在的技术。	学生能解释： 这些限制因素对媒体产制可能产生的影响。	学生能分析和评价： 这些限制因素对媒体产制产生的影响和效果。

目标5：理解媒体是怎样再现价值的

满意	高级	顶级
学生能辨别： 1. 媒体中再现的一般套路； 2. 建构套路时所使用的代码，特别是符号代码； 3. 特定套路内含的价值观。	学生能解释： 1. 在建构肯定和否定套路时所用的代码； 2. 支持套路的技术，如复制、简化、一般化； 3. 媒体使用套路的原因。	学生能分析和评价： 1. 在文化背景中套路被建构和移植的过程； 2. 在媒体中使用套路时存在的问题。

目标6：利用口头和书面技巧来交流对媒体的理解

满意	高级	顶级
学生： 1. 从媒体文本中收集、选择和组织信息； 2. 通过书面或口头形式流利地表达信息。	学生： 1. 基于媒体文本提供的信息形成观点； 2. 清晰地表达观点，表现出较高的文字和口头表达能力。	学生： 1. 用富有逻辑、有内在联系的形式表达观点； 2. 在口头或书面汇报时，前后、内在关系一致； 3. 针对目标和对象，使用恰当的表达技术。

目标7：通过媒体信息的产制，证明自己对媒体语言和生产过程的理解

满意	高级	顶级
学生： 1. 参与一个实际的媒体产制任务； 2. 有能力使用可利用的媒体技术。	学生： 1. 完成一个媒体任务； 2. 在创建意义中选择合适的代码和惯例； 3. 解释在媒体产制中的一些选择所产生的影响。	学生： 1. 完成一个媒体任务； 2. 在创建特定意义时，选择合适的结构、代码和惯例； 3. 评价生产中所作的选择； 4. 在生产过程中操作熟练，并能在建构信息时考虑到对象。

目标8：在媒体产制中当好小组成员的角色

满意	高级	顶级
学生： 1. 对小组任务作出贡献； 2. 完成自己的任务。	学生： 1. 在计划和生产过程中表现积极； 2. 在完成任务时表现稳定； 3. 工作到底。	学生： 1. 在小组中一直表现积极； 2. 安排时间和资源； 3. 监控小组的绩效和任务完成情况； 4. 为了更好地达到小组目标，积极为小组献策。

第二节　国际组织的媒介素养评估

许多国际组织为媒介素养教育领域的知识生产作出了很大的贡献。迄今为止，联合国教科文组织（United Nations Educational, Scientific and Cultural Organization，简称 UNESCO）和欧盟委员会（European Commission，简称 EC）是最大的支持媒介素养教育的国际组织，他们已和来自全球的研究者合作完成若干论文、研究，发起若干国际会议，并且召集来自全世界的媒体从业者、决策者和政府部门一起研究媒介素养教育。[①]

2008年，UNESCO 出版《信息素养指标》；2012年出版的《媒介与信

---

① EAVI, EAVI Media Literacy EU Policy Recommendations, Brussels, 2014, p.10.

息素养课程方案——教师用》① 则提出"媒介与信息素养"（Media and Information Literacy，简称 MIL）课程和能力框架；2013 年 12 月，UNESCO 发布《全球媒体与信息素养评估框架》（*Global Media and Information Literacy Assessment Framework*），旨在从国家、区域和个人层面上监测媒介与信息素养（以下简称 MIL）水平。这个评估框架建议从三个维度，即近用能力、评估能力和创造能力对个体的媒体与信息素养进行评估。

EAVI 2010 年 1 月发布《媒介素养水平的评估标准研究》。这份报告主要目的是为欧盟委员会提供标准以评估欧盟 27 国的媒介素养水平。EAVI 的评估标准从两个方面来对媒介素养水平进行评估，分别是个体能力（Individual Competences）和环境要素（Environmental Factors）。个体能力被分为私人能力（Personal Competences）和社会能力（Social Competences）。私人能力（Personal Competences）包括个体使用媒介及媒介信息的能力（个体的技术使用技能）、批判理解媒介信息的能力（比如个体进行理解和阐述的流畅能力），社会能力则主要指传播能力，比如个体利用媒介建立社会关系的能力。②

这两个国际机构提供的媒介素养评估指标，对构建中国大陆（内地）本土的媒介素养评估指标有所启发。本节详细介绍这两个国际机构的评估标准。

一、联合国教科文组织（UNESCO）构建的媒介素养评估框架

自 20 世纪 60 年代以来，UNESCO 为媒介素养教育的推广做了积极的努力。1978 年，UNESCO 出台《媒介素养教育方案》，并在随后的 1982 年、1984 年、1986 年和 1992 年相继出版《将大众媒介用于公共教育国际研讨会的最后报告》《媒介教育》《了解媒介：媒介教育与传播研究》《全球传媒

---

① UNESCO 认为，媒介素养和信息素养的研究和教学是不同的学科，并且有不同的学术基础。但是随着信息技术的发展，二者有重合之处。因此，"媒介与信息素养"可被看作是随着技术、政治、经济、社会和文化环境而不断被建构发展的一种能力。

② Study on the current trends and approaches to media literacy in Europe, p. 8-9. http://ec.europa.eu/culture/library/studies/literacy-trends-report_ en. pdf.

教育的新趋势》。尤其是1989年出版的《世界交流报告》设专节对媒介素养教育的国际趋势和几大洲的媒介素养教育状况作了介绍。① 2008年出版《信息素养指标》，确定了信息素养的指标；2012年出版《媒介与信息素养课程方案——教师用》②，该课程方案主要用于教师培训，将广播、电视、互联网、报纸、图书、电子档案和图书馆整合到一个平台，为一线教师提供了"媒介与信息素养"课程，并提出媒介与信息素养的能力框架。媒介与信息素养能力框架的提出，为媒介与信息素养评估框架的提出打下基础。

2013年12月UNESCO发布《全球媒介与信息素养评估框架》，这份评估框架的目的主要在于从国家、区域和个人层面上监测媒介与信息素养水平，为各成员国开展针对媒介与信息环境的综合性评估提供实用工具和方法指导。UNESCO对媒介与信息素养的定义是：一组赋权公民使用不同的工具接近、检索、理解、评估、使用、创造和分享任何形式的信息和媒介内容的能力，鼓励公民以一种批判的、符合伦理的、有效的方式参与和从事个人活动、职业活动和社会活动。③ UNESCO提出的"媒介与信息素养"概念，与本研究中的"媒介素养"概念并无差别。本研究中媒介素养中的"媒介"包括一切媒介，同时也包括这些媒介传递的信息。不过，囿于各方面的因素，本研究仅从个人层面分析媒介素养的评估维度、评估指标和评估方式，国家和区域层面的评估暂时不纳入研究。

UNESCO的评估框架从三个维度，即对媒介与信息的近用能力、评估能力和创造能力对个体的媒介与信息素养进行评估。每一个维度又细分为4种能力，这4种能力分别有不同的表现标准。

---

① 袁军：《媒介素养教育论》，中国传媒大学出版社2010年版，第1页。
② UNESCO认为，媒介素养和信息素养的研究和教学是不同的学科，并且有不同的学术基础。但是随着信息技术的发展，二者有重合之处。因此，"媒介与信息素养"可被看作是随着技术、政治、经济、社会和文化环境而不断被建构发展的一种能力。
③ UNESCO, Global Media and Information Literacy Assessment Framework: Country Readiness and Competencies, 2013, http://unesdoc.unesco.org/images/0022/002246/224655e.pdf.

UNESCO 媒介素养的主要维度及其组成[①]

维度	组成
近用能力（Access）： 识别自己对信息的需求，能够搜索和访问信息和媒介内容	1. 能够定义和清晰表达对信息的需要。 2. 能够对信息和媒介内容进行检索和定位。 3. 能够接触信息、媒介内容和信息提供者。 4. 能够对信息和媒介内容进行检索和保存。
评估能力（Evaluation）： 能够理解、评价和评估信息与媒介	1. 能够理解信息和媒介。 2. 能够评价信息和媒介内容及其提供者。 3. 能够评估信息和媒介内容及其提供者。 4. 能够组织信息和媒介内容。
创造能力（Creation）： 能够创造、使用和监测信息和媒介内容	1. 能够进行知识的创造和创新的表达。 2. 能够以一种符合伦理和有效的方式进行信息、媒介内容和知识的传播。 3. 能够作为积极的公民参与社会公共活动。 4. 能够使用信息、媒介内容和知识，以及对媒介和其他信息提供者进行监测。

在 UNESCO 的评估框架中，"近用"能力是指个体使用适当的技术访问、检索及存储信息和媒体内容的能力。它包括个体明确自己对信息、媒体内容和知识的需求；识别各种信息和媒体内容的来源和格式（纸质、音频、图像和数字）的能力；能够在数字或实体图书馆、博物馆、个人文件或其他信息来源中进行检索。"评估"能力是个体理解、批判分析和评价信息、媒介内容、媒介和信息机构的工作和功能的能力。其中包括能够对事实进行比较；能从观点中区分事实；能认识新闻的时效性；能辨别媒介文本中所突出的意识形态和价值观；能质疑社会、经济、政治、专业和技术力量是如何联合起来形成媒介和信息内容。同时，"评估"能力还涉及评估信息的质量，如精确性、相关性、紧迫性、可靠性和完整性等。此外，在一个信息过载的时代，个体还需要掌握技术以组织、选择和合成媒介和信息；了解媒介机构、媒介专业人员和信息提供者的特性、功能和操作流程以了解信息和媒介信息是如何被解构的；意识到媒介与信息在促进个体自

---

① UNESCO, Global Media and Information Literacy Assessment Framework: Country Readiness and Competencies, 2013, http://unesdoc.unesco.org/images/0022/002246/224655e.pdf.

由表达、自由获取信息和近用信息方面的角色以及公民权利等。"创造"能力指的是个体产制信息、媒介内容和新知识，以及和他人有效交流的能力。同时，还包括以符合伦理的方式，有效使用信息、媒介内容；了解知识产权方面的相关知识。另外，具备媒介与信息素养的公民还需要参与和监测民主进步。

UNESCO的媒介与信息素养评估框架主要采用量表的形式进行评估，将不同的媒介与信息素养水平分为三个等级，分别是基本水平、中间水平和高级水平，每一个等级均有相应的媒介素养要求，具体内容如下表所示：

UNESCO媒介与信息素养评估量表[①]

基本水平	中间水平	高级水平
被调查者的媒介与信息素养的知识、训练和经验处于一般水平，还需要大量的改进。	被调查者的媒介与信息素养的知识和技能处于一个好的水平，但在某些领域还存在空白。	被调查者的媒介与信息素养的知识和技能处于非常好的水平。
它要求个人：识别个体的信息和媒介内容的需要，能够很容易地使用基本工具定位和获取信息资源，并辨别和保存信息和媒介内容。	它要求个人：明确个体的信息和媒介内容需要的性质、作用和范围，能够使用多样的工具，从多样和潜在的冲突信息来源和信息提供者中进行定位和选择，并且能够以合法和符合伦理的方式存储和应用这些信息。	它要求个人：能够为个体的信息和媒介内容需要制定具体的策略，能够以系统、清楚和有效的方式，使用相关和必要的不同工具，从不同的信息来源有计划地搜索和获取将来可能使用的信息。
没有清晰的评估标准来选择信息来源，对主要规则、条件和信息提供者的功能的应用和认识也有限，对信息和媒介内容的真实性的判断也有限。	分析和区别相关信息来源和内容的品质和证据，理解媒介和信息提供者的必要性，以及他们对社会的影响。不能够识别不同的观点，存储所选择的信息和媒介内容以供将来使用。	在合适的语境和多重适用条件下，能够理解、比较、批判地评估、鉴定和支持整合的信息和媒介内容，在社会、组织或社区的可持续发展的背景下，欣赏作者的作品。

---

① UNESCO, Global Media and Information Literacy Assessment Framework: Country Readiness and Competencies, 2013, http://unesdoc.unesco.org/images/0022/002246/224655e.pdf.

续表

基本水平	中间水平	高级水平
在组织和保存检索到的信息时，没有使用基本的工具进行实质上的组织，在传播信息时也没有谨慎地评估或者进行伦理和法律上的考虑。	使用合适的渠道和工具，以新格式创建、生产制作和传播新的信息和媒介内容，和他人对话时，对伦理和法律的认识有限。	从目标受众的社会文化角度，考虑将信息和媒介内容联合起来以创造和产制新知识，并且用多种合适的工具和格式以一种参与式的、合法的、符合伦理和有效的方式将之进行传播。同时，也监测其影响和作用。

UNESCO 特别指出，个体的媒介素养水平受到诸多背景因素的影响。个体可能在某些维度表现比较好，在某些维度可能会比较差。如是否在课堂中使用教育技术、学生是否有机会近用信息技术（包括学校、家庭和其他地方是否能够容易近用信息技术，甚至包括使用成本）等都可能影响个体能力。

二、欧洲观众利益联合会（EAVI）制定的媒介素养评估标准

欧洲观众利益联合会（European Association for Viewers Interests，简称 EAVI）是一个注册在布鲁塞尔的独立的、非营利的国际协会，受到欧盟委员会的支持。它的主要目标是促进欧盟公民和视听媒体消费者的利益。[①] EAVI 2010 年 1 月在布鲁塞尔发布了由保罗·赛洛特（Paolo Celot）主持的《媒介素养水平的评估标准研究》。这份报告由欧盟委员会（European Commission）、全面信息社会委员会（the Directorate General Information Society）、媒介和媒介素养组织（Media and Media Literacy Unit）指导。这份评估标准的主要目的在于，帮助欧盟委员会评估欧盟 27 国的媒介素养水平，以确定不同的媒介素养水平和媒介素养政策对欧盟成员国的社会经济的影响，并在此基础上，提出可能的政策建议以支持成员国的行动。[②]

[①] Study on the current trends and approaches to media literacy in Europe, p. 8-9. http://ec.europa.eu/culture/library/studies/literacy-trends-report_ en. pdf.

[②] Paolo Celot, Pérez-Tornero José Manuel, Study on assessment criteria for media literacy levels, Final report, 2010, p. 34-44. http://ec.europa.eu/culture/library/studies/literacy-criteria-report_ en. pdf.

EAVI 的评估标准从两个方面对媒介素养水平进行评估，分别是个体能力（Individual Competences）和环境要素（Environmental Factors）。个体能力（Individual Competences）被分为私人能力（Personal Competences）和社会能力（Social Competences）。私人能力（Personal Competences）包括个体对媒介及媒介信息的使用能力（个体的技术使用技能）、批判理解能力（比如个体进行理解和流畅阐述的能力），社会能力主要指传播能力（比如个体利用媒介建立社会关系的能力）。

如下图所示：

EAVI 媒介素养评估标准组成表
——个体能力（私人能力和社会能力）

能力		维度
私人能力 （Personal Competences）	使用能力	1. 合理与积极的媒介使用。 2. 高级的媒介使用。 3. 电脑和网络技能。
	批判理解能力	1. 媒介与媒介管制的相关知识。 2. 媒介使用行为。 3. 对媒介内容的理解。
社会能力 （Social Competences）	传播能力	1. 建立社会关系（媒介网络）。 2. 参与公共领域。 3. 产制媒介内容（媒介生产）。

环境要素被定义为一系列可能影响个体能力的背景因素，包括信息获取、媒介政策、教育和媒介社区中的利益相关者的责任和角色。环境要素主要组成包括媒介教育、媒介素养政策、媒介工业、公民社会、媒介和信息的可得性、自由表达以及影响媒介素养水平的多元主义的程度。[1]

下图的金字塔结构呈现了 EAVI 确立的媒介素养评估结构。

---

[1] Paolo Celot, Pérez-Tornero José Manuel, Study on assessment criteria for media literacy levels, Final report, 2010, p.7-8. . http://ec. europa. eu/culture/library/studies/literacy-criteria-report_ en. pdf.

EAVI 媒介素养评估标准的结构

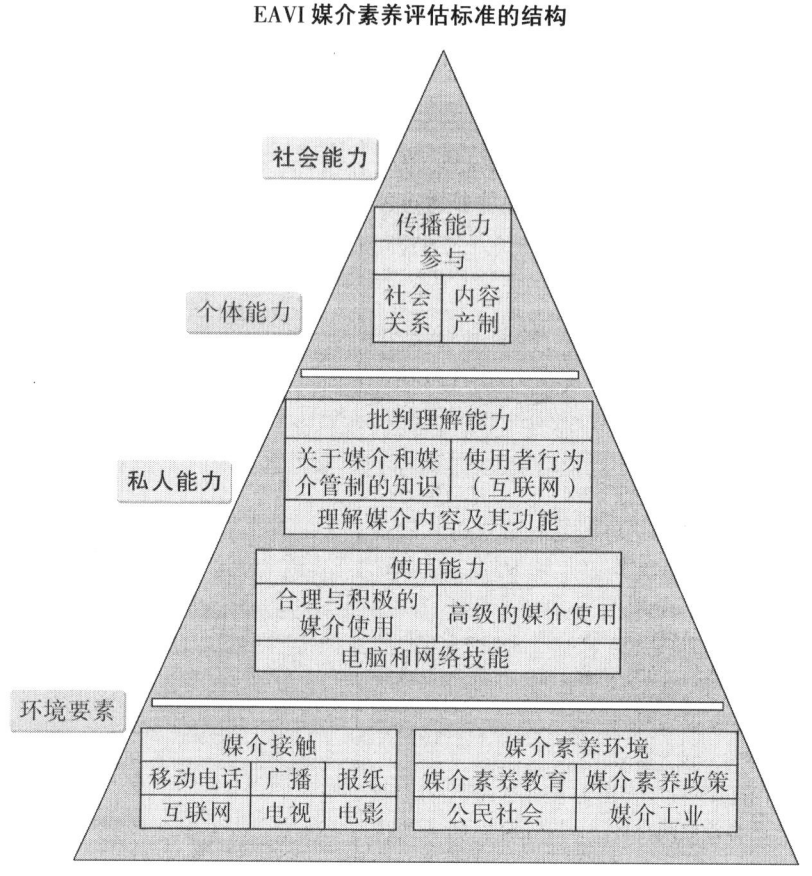

```
                    社会能力
                  ┌─────────┐
                  │ 传播能力 │
                  │   参与   │
                  ├────┬────┤
        个体能力  │社会│内容│
                  │关系│产制│
                  └────┴────┘
                ┌──────────────┐
                │  批判理解能力  │
                ├──────┬───────┤
      私人能力  │关于媒介│使用者行为│
                │和媒介管│ (互联网)│
                │制的知识│         │
                ├──────┴───────┤
                │理解媒介内容及其功能│
                └──────────────┘
              ┌────────────────┐
              │    使用能力     │
              ├────────┬───────┤
              │合理与积极│高级的  │
              │的媒介使用│媒介使用│
              ├────────┴───────┤
              │  电脑和网络技能  │
              └────────────────┘
  环境要素
          ┌──────────┐ ┌──────────────┐
          │  媒介接触  │ │  媒介素养环境  │
          ├────┬──┬──┤ ├──────┬──────┤
          │移动│广│报│ │媒介素养│媒介素养│
          │电话│播│纸│ │ 教育  │ 政策  │
          ├────┼──┼──┤ ├──────┼──────┤
          │互联│电│电│ │公民社会│媒介工业│
          │ 网 │视│影│ │       │       │
          └────┴──┴──┘ └──────┴──────┘
```

如上图所示，金字塔底端是影响媒介素养水平的环境要素，包括用户的媒介接触和媒介素养环境。这被认为是媒介素养的基础和进行媒介素养教育的前提条件。在其上则是媒介素养的个体能力，包括使用能力、批判理解能力和传播能力。从金字塔的结构可以看出，媒介使用能力是个体能力的基础，随后是批判理解能力，最高等级的能力是社会能力，即传播能力，被认为是媒介素养最高等级的能力。[①]

EAVI 制定的个体能力具体指标如下：

---

① Paolo Celot, Pérez-Tornero José Manuel, Study on assessment criteria for media literacy levels, Final report, 2010, p. 34. http://ec.europa.eu/culture/library/studies/literacy-criteria-report_en.pdf.

EAVI 媒介素养个体能力（私人能力和社会能力）的具体指标[①]

维度	组成	指标
使用能力（技术）	电脑和网络技能	1. 电脑技能。 2. 网络技能。
	合理与积极的媒介使用	1. 网络使用。 2. 发行的报纸。 3. 电影院观影。 4. 图书阅读。 5. 手机的订阅。
	高级的媒介使用	1. 网络购物。 2. 阅读网络新闻。 3. 使用网上银行。
批判理解能力	理解媒介内容及其功能	1. 阅读文本。 2. 为书面和视听文本分类。 3. 区别媒介内容。 4. 根据信息确定其重要性。 5. 为网站分类。 6. 为媒体平台和互动系统分类。
	关于媒介和媒介管制的知识	1. 媒体的集中与媒体的多元化。 2. 关于媒体监管主体的知识与观点。 3. 哪些机构可以制裁有违法行为点电视台。 4. 一些侮辱性的、有害的或者违规内容出现在电视、广播或网络时如何举报。 5. 适用于媒体内容的规则和权利。 6. 关于成人节目时间点的知识。 7. 关于网络管制的知识。 8. 著作权/使用权知识。
	使用者行为	1. 探索信息和批判地搜索信息。 2. 访问新网站时要进行审查。 3. 当在一个网络站点输入个人信息时，要做判断。

[①] Paolo Celot, Pérez-Tornero José Manuel, Study on assessment criteria for media literacy levels, Final report, 2010, p. 35. http://ec.europa.eu/culture/library/studies/literacy-criteria-report_en.pdf.

续表

维度	组成	指标
传播能力	社会关系	1. 用户创建的内容。 2. 在一个社交网站上创建一个文件或者发送一则信息。
	公民参与	1. 网络合作。 2. 用户为中心的在线公共服务。 3. 参与过公共领域的活动。 4. 个体的电子政务使用。
	内容生产	1. 媒介内容生产的技能。 2. 媒体创作的经验。 3. 用户创建内容（创建一个网页）。

从上表可以看出，个体的媒介使用技能是从三个方面来评估的。其中，最基本的技能是对电脑和网络技能的掌握；其次是合理与积极地使用各种媒介，如网络、报纸、电影院、图书、手机订阅等；再次是更为高级的媒介使用，如网络购物、网络新闻阅读和网上银行的使用。这个评估标准可能比较适合经济较为发达的欧盟成员国。

在中国在地实践中，通过评价儿童的大众媒介使用技能来衡量儿童的媒介素养水平，可能存在较大困难。比如，在中国的农村，电影院对农村留守儿童来说非常遥远。他们的父母常年不在身边，年迈的爷爷奶奶等长辈几乎不可能陪他们到城市里的电影院观看电影。与此同时，在城市的流动儿童，虽然电影院近在咫尺，但是，他们也不见得有机会走进电影院。研究者在北京的流动人口社区接触到的流动儿童，电影院离他们的家不过五分钟的距离，但是，他们中的大多数人仍然没有进电影院看过电影。

批判理解能力则从三个方面来衡量，其一，理解媒介内容及其功能，包括阅读文本、为书面和视听文本分类、区别媒介内容、根据信息确定其重要性、为网站分类、为媒体平台和互动系统分类；其二，关于媒介和媒介管制的知识，包括媒体的集中与媒体的多元化，关于媒体监管主体的知识与观点，哪些机构可以制裁有违法行为的电视台，一些侮辱性的、有害的或者违规内容出现在电视、广播或网络时如何举报，适用于媒体内容的规则和权利，关于成人节目时间点的知识，关于网络管制的知识、作者/使用权知识等。其三，使用者行为，包括探索信息和批判地搜索信息、访问新网站时要进行审查、当在一个网络站点输入个人信息时，要做判断。

第三个能力是传播能力，分为三个层面，即社会关系、公民参与和内容生产。社会关系包括用户创建的内容、在一个社交网站上创建一个文件或者发送一则信息；公民参与包括网络合作、用户为中心的在线公共服务、参与过公共领域的活动、个体的电子政务使用；内容生产包括媒介内容生产的技能、媒体创作的经验、用户创建内容（创建一个网页）。[1]

为了区别媒介素养的水平，EAVI 使用等级量表的形式将个体能力分为三个发展水平，如表所示[2]：

EAVI 媒介素养个体能力等级量表

水平	个体能力
基本	个体拥有使用媒介的基本能力，知道媒介的功能、能够进行基本的解码以及以特定的目的来使用媒介。但对所接收的信息的批判分析能力有限，利用媒介进行传播的能力也有限。
中等	个体的媒介使用能力处于中等水平，深入了解媒体的功能，能够进行复杂的操作。知道如何获得和评估所需要的信息，能够评估信息搜索策略。是一个活跃的信息生产者，能够积极参与社会活动。
高级	个体在媒体使用方面是专家，能够认识影响媒介使用的法律条款，并对此有兴趣，对技术和语言有丰富的知识，能够分析和改造影响其传播关系以及信息的生产和传播的条件。在公共空间中，能够激发合作小组，允许其解决问题。

EAVI 的评估标准为每一种能力都赋予权重。其中个体能力占 65%，环境要素占 35%。

---

[1] Paolo Celot, Pérez-Tornero José Manuel, Study on assessment criteria for media literacy levels, Final report, 2010, p. 35. http://ec.europa.eu/culture/library/studies/literacy-criteria-report_en.pdf.

[2] Paolo Celot, Pérez-Tornero José Manuel, Study on assessment criteria for media literacy levels, Final report, 2010, p. 55. http://ec.europa.eu/culture/library/studies/literacy-criteria-report_en.pdf.

第三节　中国的媒介素养评估

本节主要介绍了中国台湾、中国香港以及大陆（内地）的媒介素养评估。中国台湾地区已有研究者建构出中国台湾中小学媒介素养评估分段指标。这些指标的确立有利于教师进行教学设计和教学。而香港地区的媒介素养评估除了强调学生对信息的理解、反思能力等外，还试图要求学生具备终身学习的能力以及能够自主运用信息，承担社会责任。大陆（内地）虽然没有系统的媒介素养评估，但2014年《教育部关于加强和改进普通高中学生综合素质评价的意见》中提出要转变以考试成绩为唯一标准评价学生的做法，这种评价方式的转变，对确立媒介素养的评估方式具有启发。

一、中国台湾地区的媒介素养评估

对比亚洲其他国家和地区，中国台湾的媒介素养教育在"学术理论的建立、本土的教育经验、民间力量的整合、对国际媒介教育的促进等方面，都有其自身的特色与成就"。"媒介素养教育"在中国台湾被译为"媒体教育""媒体识读"等。早在20世纪80年代中期，中国台湾政治大学学者吴翠珍教授就开始关注媒介素养教育。吴翠珍于1985年、1987年相继发表论文《媒体教育中的电视素养》和《儿童收看电视卡通行为研究：兼论媒体素养》，开了中国台湾地区媒介素养教育研究的先河。在后续的研究中，吴翠珍将理论和实践结合，界定了媒介素养教育的概念，出版若干相关专著，策划了一系列与媒介素养有关的教育活动以及制作了媒介素养教育节目《别小看我》，推动了媒介素养教育在中国台湾地区的发展。此外，她还于1999年率先发起成立台湾政治大学媒体素养研究室，培养了一大批媒介素养教育研究人才。

2000年前后，中国台湾高校逐渐意识到媒介素养教育的重要性，政治大学、世新大学等大学开始开设媒介素养教育课程。富邦文教基金会、媒体识读推广中心等团体通过不同的方式将媒介素养教育推广到学校、家庭和社区。除了民间推动外，中国台湾"教育部"于2002年发布《媒体素养教育政策白皮书》。根据《白皮书》计划，2004年，中国台湾成立了"媒介素养教育委员会"，负责研究和审查媒介素养教育规划和政策，督导和评估相关活动，推动媒介素养教育运动的开展。[1]

2007年由吴翠珍做顾问，郭正雄和陈世敏主持开展了一项媒介素养教育融入中小学各领域研究，研究的目的之一即是在参考与比较各国媒介素养评估指标的基础上，建构出中国台湾中小学媒介素养评估指标。研究将媒介素养分为五个维度，分别为："了解媒体讯息内容""思辨媒体再现""分析媒体组织""反思阅听人的意义""影响和近用使用媒体"。小学主要被分为两个阶段，第一阶段为一至三年级，第二阶段为四至六年级。下表为第二维度"思辨媒体再现"的分段指标。[2]

"思辨媒体再现"的分段指标

主题	维度	指标	分段指标
思辨媒体再现	能知晓媒体文本与真实生活的差距。	辨别真实生活与媒体化真实、再现的差异。	第一阶段： 1. 辨别自己现实生活与媒体内容呈现生活样貌的差异。 2. 解读各媒体类型（如新闻、戏剧、广告等）所呈现生活样貌与真实生活之差异与原因。
		批判思辨讯息的真实度。	第二阶段： 1. 知晓媒体所传递的讯息不能呈现真实。 2. 思辨媒体讯息的真实度与可信度。
	能解读媒体再现所潜藏的刻板印象、价值意涵与意识形态。	对各类型媒体所宣传的讯息进行意图判断。	第一阶段： 1. 知晓广告中的讯息是广告主为了贩卖物品价值的宣传工具。 2. 对各媒体类型（如新闻、戏剧、广告等）的内容讯息进行解读与意图判断。

---

[1] 袁军：《媒介素养教育论》，中国传媒大学出版社2010年版，第15页。
[2] 吴翠珍、陈世敏：《国民中小学媒体素养教育融入各领域议题（永定结案报告）》，2007年，第300-305页。

续表

主题	维度	指标	分段指标
		辨识并理解媒体内容中年龄、性别、种族、职业、阶级、性倾向等各种面向的刻板印象。	第二阶段： 辨识媒体内容中关于年龄、性别、种族、职业、阶级、性倾向等面向的刻板印象。
		辨识媒体再现所潜藏的价值意涵与意识形态。	

在上表列出的指标中，"思辨媒体再现"这一维度细分为两个方面，其一是阅听人"能知晓媒体文本与真实生活的差距"。这一方面被分为两个指标，第一个指标是"辨别真实生活与媒体化真实、再现的差异"；第二个指标是"批判思辨讯息的真实度"。其二是阅听人"能解读媒体再现所潜藏的刻板印象、价值意涵与意识形态"。这个方面分为三个指标，分别为"对各类型媒体所宣传的讯息进行意图判断"；"辨识并理解媒体内容中年龄、性别、种族、职业、阶级、性倾向等各种面向的刻板印象"；"辨识媒体再现所潜藏的价值意涵与意识形态"。"辨识媒体内容中关于年龄、性别、种族、职业、阶级、性倾向等面向的刻板印象"对于低年级的儿童来说有困难，因此，这个指标被放在高年级段。最后一个指标，因为考虑到小学阶段的儿童很难"辨识媒体再现所潜藏的价值意涵与意识形态"，因此，暂时不将其作为小学阶段的评估指标，而是放在中学阶段。在学生对商业意识、政治意识有一定认识以后，再将其作为评估指标。

中国台湾的媒介素养评估指标更主要的目标是帮助教师设计课程和教学。在郭正雄和陈世敏主持的这项研究中，参与行动研究的教师被要求从指标出发进行课程设计，他们认为这样有利于媒介素养教育理念融入各科的教学。具体到如何评估学生的学习效果时，教师采用的评价方式多为学习单评价、口头表达、实际操作、团体讨论等。

二、香港、澳门地区的媒介素养评估

香港的媒介素养教育在 1997 年以后得到迅速发展。其目标是提高大众尤其是年轻人认识、分析、善用及监测大众传媒的能力。香港的媒介素养教育形式有工作坊、论坛、证书课程、课外活动、学校试教课程、研讨会等。内容包括新闻分析、广告解构、漫画批判、电视剧及电影分析等。另外,香港开展媒介素养教育的机构众多,这些机构有些主张对抗媒体的负面影响;有些以分析为主导,着重批判媒体的意识形态及价值观;有些则强调产制,鼓励欣赏媒体及培养创意表达能力;还有一些鼓励通过媒介素养教育培育有责任感及判断力的公民。[①] 可以说,香港媒介素养教育的形式、内容和机构相当多元。

香港中小学着力将媒介素养教育融入各个学科的教学中。[②] 在 2009 年实施的新高中课程中,与媒介素养有关的元素包含在通识教育科中。《通识教育科课程及评估指引》指出,媒体是通识教育科的重要资料来源,学生必须"学会审慎评估在媒体中出现的资料、现象及信息,明辨事实、意见与偏见。从媒体中严谨地选取材料供学生讨论,可以帮助学生学习以确实的证据和相关的资料来理论,而免于无知和偏见"[③]。《通识教育科课程及评估指引》建议,学生可以在通识教育科中自由选择主题进行"独立专题探究"。[④]

香港教育统筹局 2005 年发布由李兆璋、李芳乐、江绍祥、James Henri 合作完成的《香港学生信息素养的架构》。这个报告旨在教导学生学会学习,提高他们独立学习的能力,达到全人发展和终身学习的目的。报告指出:"21 世纪是个知识影响力量的时代,能够利用信息来源建构知识的人,无论在学业、工作抑或日常生活,均较其他人拥有争取成功的竞争优势。

[①] 张春炎:《他山之石:媒体素养教育是一场长征》,财团法人卓越新闻奖网站,http://www.feja.org.tw/modules/news003/article.php?storyid=55。
[②] 香港立法会秘书处资料研究部:《传媒辨识教育》。
[③] 香港立法会秘书处资料研究部:《传媒辨识教育》。
[④] Curriculum Development Council and Hong Kong Examinations and Assessment Authority (2007).

建构知识往往被视为一个探究过程，其中学生须要搜寻、理解、组织、综合及评估信息，并且清晰表达、反思及修正其想法，以及与其他人讨论有关意义。"[1] 报告中"资讯素养"的定义和本文的"媒介素养"核心一致。因此，本节提到的"资讯素养"等同"媒介素养"。

李兆璋等从认知层面、元认知层面、情感层面及社会文化层面四个维度对资讯素养进行分析，提出资讯素养的四项主要目标：第一，要学生掌握理解、查询、分析、审慎评估及综合资讯的必备技能，以及运用知识作出正确决定和解决问题的能力；第二，要培养学生的反思能力，以能在复杂的资讯环境下规划、思考和控制其求知过程；第三，要使学生了解自主学习能力的重要性，增加学习的兴趣，进行终身学习；第四，要使学生在自主学习和群体学习中，增强自主运用信息的能力，承担更多的社会责任。

依据上述目标，报告制定了11项标准及32项指标。11项标准中四项（C1、C2、C3及C4）属于认知层面、三项（M1、M2及M3）属于元认知层面、两项（A1及A2）属于情感层面，而其余两项（S1及S2）属于社会文化层面。各标准项下均有多项指标，详细描述有关的标准。这里主要列举社会文化层面的指标。

社会文化层面指标表[2]

维度	指标
S1. 有资讯素养的人能够积极投入学习社群，增加知识。	S1. 有资讯素养的人能够： 1. 与他人分享知识及资讯。 2. 在团体中通力合作，共同追求及创造知识。
S2. 有资讯素养的人，能够了解及尊重使用资讯的道德、法律、政治及文化意义。	S2 有资讯素养的人能够： 1. 明白价值及信念是资讯的基础。 2. 了解及尊重公平获取资讯的原则。 3. 了解及尊重知识自由的原则。 4. 遵守有关获取及使用资讯资源的法律、规例、机构政策及社会规范。

---

[1] 香港教育统筹局：《香港资讯素养架构：资讯年代学生学会学习能力的培养》，2005年版，第5页，https://www.edb.gov.hk/.

[2] 香港教育统筹局：《香港资讯素养架构：资讯年代学生学会学习能力的培养》，2005年版，第13—16页，https://www.edb.gov.hk/.

社会文化维度包括两个方面，其一，有资讯素养的人能够积极投入学习社群，增加知识。包括两个指标，第一，能够与他人分享知识和资讯；第二，能够在团体中通力合作，共同追求和创造知识。其二，有资讯素养的人，能够了解和尊重使用资讯的道德、法律、政治及文化意义。包括四个指标，第一，能够明白价值及信念是资讯的基础；第二，能够了解及尊重公平获取资讯的原则；第三，能够了解及尊重知识自由的原则；第四，能够遵守有关获取及使用资讯资源的法律、规例、机构政策及社会规范。

从整个指标架构来看，对学生的个体能力进行评估，难免会使用描述性词语，因此，易存在主观。不过，报告指出，如果能够在学生的整个发展期内进行持续的评估，或者安排多名老师对学生进行评估，就可以减少因主观因素引起的误差，使得评估结果更为客观。为此，报告建议采用形成性及发展性评价的方式对学生进行评估。在评估的过程中，应该让学生在开放式的环境下接受评估，并且能够接触互联网或图书馆等公开资源，以完成指定的任务。此外，还可使用面试等方式。也就是说，利用多种方式对学生在一个周期内的情况进行评估，可以让评估结果更为客观。

而对于是否进行大型的跨校评估，该报告认为有待于进一步研究和调查，在评估的初期，可以采取校本方式进行评估。[①] 香港提出的发展性评价的方式值得我们借鉴。尤其是多名老师在同一指标下对同一学生进行评估的方式以及先进行校本评估，甚至先进行班级评估的建议，都对大陆（内地）目前正在进行的媒介素养教育实践有启示。

2007年，澳门特区政府推出信息科技教育发展三年计划，试图优化澳门地区中小学的人机比，推动学校优化信息科技基础建设以及通过信息科技支持教学改革和发展。不过，澳门许多学校和社团开设的信息传播科技的课程偏向于技术，如"如何编写网页"等。有研究者提出，澳门的媒介素养教育应该从三个层面进行规划和实施，即技术层面、思考层面和精神层面。第一个层面是"接触"，指接触信息传播科技的机会、寻找和使用信

[①] 香港教育统筹局：《香港资讯素养架构：资讯年代学生学会学习能力的培养》，2005年版，第18-19页，https://www.edb.gov.hk/.

息的能力。目前澳门的媒介素养教育偏向于这个层面。第二个层面是"批判"。批判层面是媒介素养教育的核心，属于思考层面，包括对信息的选择、评估、批判、整合及有效应用的能力。第三个层面是社会责任，属于精神层面，个体在使用和传递信息时，需具备社会责任。[1] 关于澳门媒介素养评估的资料只找到澳门大学2010—2013年受澳门政府暨青年局委托承担的PISA[2]2012研究。研究对澳门15岁中学生的数码素养进行了评核。结果显示，澳门学生的数码数学素养、数码阅读素养、数码解决问题能力均排在前列。

三、大陆（内地）的媒介素养评估

如前所述，大陆（内地）目前没有专门评估媒介素养的国家标准。各地学校正在进行的媒介素养教育探索项目，也大多没有对学生的媒介素养进行评估。[3]《国家中长期教育改革和发展规划纲要（2010—2020年）》指出，要"着力提高学生的学习能力、实践能力、创新能力，教育学生学会知识技能，学会动手动脑，学会生存生活，学会做人做事，促进学生主动适应社会，开创美好未来。""完善高等学校考试招生制度。深化考试内容和形式改革，着重考查综合素质和能力。以高等学校人才选拔要求和国家课程标准为依据，完善国家考试科目试题库，保证国家考试的科学性、导向性和规范性。探索有的科目一年多次考试的办法，探索实行社会化考试。""鼓励学生利用信息手段主动学习、自主学习，增强运用信息技术分析解决问题能力。"[4] 国家规划纲要虽然内容比较概括，但其提出的"培养

---

[1] 张荣显：《中国澳门地区媒介素养教育：信息年代的信息和传播科技素养》，陆晔等《媒介素养：理念、认知、参与》，经济科学出版社2010年版，第149-158页。

[2] PISA（Program for International Student Assessment）（国际学生评估项目的缩写）是一项由经济合作与发展组织（Organization for Economic Co-operation and Development，OECD）统筹的学生能力国际评估计划。主要对接近完成基础教育的15岁学生进行评估，测试学生们能否掌握参与社会所需要的知识与技能。

[3] 成都、浙江田野访谈。

[4] 中华人民共和国教育部：《国家中长期教育改革和发展规划纲要（2010-2020年）》，2010年7月29日，http://www.moe.edu.cn/publicfiles/business/htmlfiles/moe/moe_838/201008/93704.html。

学生的动手能力"、着重考查"综合素质和能力"、鼓励学生"运用信息手段主动学习"等,可以看作是中国大陆(内地)媒介素养评估维度、指标及方式的国家指导原则。

2014年,教育部发布《教育部关于加强和改进普通高中学生综合素质评价的意见》,对加强和改进普通高中学生综合素质评价提出意见。该意见提出,应该从思想品德、学业水平、身心健康、艺术素养、社会实践五个方面来评价学生。要求教师要指导学生客观记录在成长过程中集中反映综合素质的具体活动,收集相关事实材料,及时填写活动记录单。学校要对相关材料进行汇总,为每位学生建立综合素质档案。[①] 综合素质评价改革的目的主要在于对学生的全面发展状况进行观察、记录、分析,促进评价方式改革,转变以考试成绩为唯一标准评价学生的做法,为高校招生录取提供重要参考。教育部提出的对学生评价方式的改革,对媒介素养评估的维度和评估方式的确定具有一定的启示作用。

中国大陆(内地)目前在媒介素养水平的评估方面,没有较为完善或者较为一致的指标和标准。不同的学者在做媒介素养水平评估时,使用了不同的标准。较为值得一提的是,张学波从认知、技能、情感、审美和道德五个维度提出媒介素养教育的课程目标。如下表所示:

媒体素养课程目标表

认知	技能	情感	审美	道德
理解媒体产制的相关概念。				
	以多种方式近用媒体。			
认识到媒体有多重解释,会解码媒体文本/资讯。				

---

① 中华人民共和国教育部:《教育部关于加强和改进普通高中学生综合素质评价的意见》,2014年12月10日,http://www.moe.edu.cn/publicfiles/business/htmlfiles/moe/s4559/201412/181667.html。

续表

认知	技能	情感	审美	道德
				分析和讨论媒体道德议题。
认识到媒体对人们认知上的操纵。		理解媒体文本对人们情感的调控。		讨论媒体对人们道德发展的影响。
辨析各种不同媒体运用的技巧和语言及其用途。				
辨识、阐释和体验各种用以创建媒体产品/文本的技术。				
			感知和体验媒体文本中的美，养成审美欣赏能力和批判能力。	
辨析与媒体产品生产有关的各种因素，如经济、政治、文化、社会、组织等。				
理解有关媒体和媒体文化的理论和历史。				
运用媒体与人交流和表达自己的思想。				
为民主社会生活做准备。				

由上表可以看出，张学波制定的媒介素养教育课程目标主要集中在认知维度，包括对相关概念的理解、对媒体的多重解释的认知、对媒体及媒体文化的理论和历史的理解等。技能方面包括会使用各种媒体；情感方面要理解媒体文本对人情感的调控；审美方面要求能够感知和体验媒体文本

中的美，养成欣赏能力和批判能力；道德方面要求个体能够分析媒体道德议题和讨论媒体对人们道德发展的影响。

另外，张学波还提出中国大陆（内地）小学、初中、高中三个发展阶段的媒介素养课程的内容框架，其中包括各个阶段媒介素养教育课程的关键知识与相应的关键能力的描述，并指出媒介素养教育和新课标以及人教版的语文、品德与社会、美术、英语、信息技术等课程可融合的点。

结合媒介素养教育课程的目标，张学波将学生应该掌握的媒介素养课程的关键知识和技术分为八个维度，并对每个维度的关键能力进行了具体描述。这里主要列出他关于初中阶段学生应该掌握的关键知识与技术及其关键能力。[①]

初中阶段学生应该掌握的关键知识与技术及其关键能力

关键知识与技术	关键能力
学生因不同目的使用各种媒体，包括印刷、视觉及电子媒体。	1. 为了信息、娱乐及传播目的而广泛使用媒体。 2. 使用媒体资源，并定义、探究和呈现疑问、议题和问题。 3. 近用图书馆数据库，检索相关的资讯并加以选择。 4. 观看节目并能欣赏语言之美。
学生学习与媒体产制相关的概念，包括技术、科技、组织等层面。	1. 辨识主要的节目类型，如戏剧、情境喜剧、动作片、纪录片。 2. 观察、辨识及讨论视觉/听觉媒体文本的特色，如：不同的摄影角度与距离；人、物在镜头内的安排；彩色与黑白的差异；不同声音的大小；镜头与镜头间的转换和衔接，如淡、溶、特效摄影机的移动；文字报道风格；印刷字体大小及变化；报纸版面。 3. 从节目制播与文本制作过程了解各类人员，如代理商、演员、制作人、公关公司等所扮演的角色与文本建构的关系。
学生能认知所有形式的媒体皆涵盖信息。	1. 认识媒体对叙事的控制元素，如声音、符号的运用。 2. 注意叙事的多元发展/并行的情节。 3. 质疑媒体文本中传递的信息，并陈述个人对内容及形式的观点。 4. 描述媒体文本中不同的元素如何营造气氛及表达意义。 5. 比较媒体中某些年龄族群的特质，并且与个人的真实经验比较。 6. 辨识媒体文本如何呈现不同年龄族群的刻板印象，并解释刻板印象如何以潜藏的方式对不同的社群、种族及文化族群加以评价。

---

① 张学波：《国际媒体素养教育的课程发展》，暨南大学出版社2009年版，第250—257页。

续表

关键知识与技术	关键能力
学生习得译码及分析媒体信息的技巧。	1. 辨别娱乐、新闻、信息、广告等类型的不同。 2. 辨识媒体文本中的不同组织信息及呈现信息的方式。 3. 辨识媒体文本中的符号，如电影、相片中不同的镜头。 4. 解释媒体信号及成规所传递的信息，如淡入画面、特写。 5. 检视媒体文本中有广告和无广告（如公共电视）对内容的可能影响。
学生通过批判、分析的过程对媒体有清楚的了解。	1. 思考相同的故事，改编给不同的阅听人。 2. 辨识叙事的形式及它们如何被用在虚构及非虚构的媒体材料上。
学生在历史、社会及文化脉络下，批判地检查及诠释信息（了解阅听人、媒体信息及环境间的关系）。	1. 辨识和讨论真实事件与媒体再现事件的不同。 2. 质疑媒体文本中出现的议题，如角色描述、事实的正确性，并包容多元意见及陈述个人看法。 3. 辨识及分析不同的文化、年龄或经历/背景的阅听人对媒体文本的理解。 4. 使用媒体文本来探索人际关系、新的看法、本民族文化及其他文化的异同。
学生能评估及说明个人的媒体使用及推测他人的媒体使用。	1. 评估媒体文本中使用不同元素可能产生的影响。 2. 在讨论媒体产制时能表达个人意见，并对此加以解释。 3. 以慎重及批判的态度使用（视觉）媒体。 4. 有目的地选择所观看的电视，描述节目内容如何呈现娱乐及信息。 5 分析媒体使用行为对工作及休闲活动的影响（人们如何度过他们的休闲时间）。 6. 检视如何针对不同的阅听群体设计内容。
学生能使用不同媒体知识来解决问题、沟通、传播及生产自定或教师指定的媒体作业。	1. 通过改变元素或形式的方式，以相同的影像信息进行不同的叙事。 2. 个人对媒体的使用（如相片、录像带、图形、图片、计算机绘图），讨论及判断自己的选择。 3. 表述个人的视听媒体作业。

张学波认为，对学生的学习评价应强调六个方面的原则：应以促进学生发展为目的；应是真实的、重视实践能力的情境化评价；重视被评者在评价中的地位和作用；评价标准多元化，关注学生个体差异；重视过程评价，关注学习发展的动态历程；评价方法多元化，量化评价与质性评价相

结合。他指出，在评价技术方面，档案袋评价、评价量规、反思表等评价技术和评价工具，能够更好地反映学生整体的素养水平。[①] 张学波为珠海三中的媒介素养教育校本课程发展提出方案，方案中课程评价建议提出，各班建立"媒介素养"校本课实验档案袋，记录"媒介素养教育"的主题、教学计划、活动方案、教育案例、成果总结等，每学期进行评比。这将作为教师和学生的考核的依据。荣建华也提出，对学生的媒介素养综合评价体系应包括三个部分，即阶段评价、过程评价和综合评价。对学生媒介素养的评价，不能用一个尺度而要用多元的尺度去衡量，要努力发现每个学生的优点和发展的可能性，并使之得到发挥。[②]

第四节 小 结

媒介素养是一个多元概念，在世界各国和地区并没有一个统一的定义。尤其是不同国家和地区的媒介环境、文化环境、政治环境等差别很大，因此，媒介素养教育的目标也有所不同。这也导致在世界各地进行的媒介素养教育实践非常多元，没有特定的课程和领域。媒介素养教育实践既包括有单独的媒介素养教育课程，也有和其他学科，如社会、健康、语言艺术等融合的课程，也有基于项目的媒介素养教育活动。在这种情况下，很难有统一的评估指标对学生接受媒介素养教育后的学习效果进行测量。

不过，从国内外所建立的媒介素养评估指标和方式来看，各有侧重，但存在共识。大多数国家和地区的媒介素养教育目标，都强调对学生的批判能力和参与能力的培养。英国资格评估与认证联盟（AQA）的 GCSE 评估强调学生对媒介文本的批判，而 A-level 评估则偏重学生媒体制作技能的获得，强调学生独立开展研究的能力。加拿大的媒介素养教育也强调了培养学生批判意识的重要性。评估中提出明确的媒介任务，要求学生完成一定

[①] 张学波：《媒体素养教育的课程发展取向研究》，华南师范大学 2005 年博士学位论文，第 209-211 页。

[②] 荣建华：《中国媒介素养教育论》，中国社会科学出版社 2011 年版，第 201-206 页。

的媒介内容生产。评估主要是从学生的思考能力、传播能力和运用能力三个维度来进行，分为四个等级。每个等级对学生均有不同的要求。美国全国传播协会（NCA）从五个方面提出媒介素养的标准，即要求个体能够理解人们在个体和公共生活中使用媒介的方式；能够理解观众和媒体内容之间的复杂关系；能够理解在社会文化情境下被产制出的媒介内容；能够理解媒体的商业本性；能够使用媒介传播给特定受众。在得克萨斯州英语语言艺术课程中涉及的媒介素养评估强调学生对媒介再现的认识，理解在媒介内容生产中使用的技术的作用、不同的媒介类型的特点，以及媒介如何影响个体对现实的看法。澳大利亚的评估标准主要从系列测试来评估学生"具备的语言和叙述的知识"和"学生对产品、发行量、观众和价值观的理解"。

在国际组织方面，UNESCO 的评估框架从媒介与信息的近用能力、评估能力和创造能力三个维度对个体的媒介与信息素养进行评估。EAVI 的评估标准从两个方面对媒介素养水平进行评估，分别是个体能力（Individual Competences）和环境要素（Environmental Factors）进行评估。个体能力包括私人能力（Personal Competences）和社会能力（Social Competences）。私人能力（Personal Competences）又强调了个体对媒介及媒介信息的使用能力（个体的技术使用技能）、批判理解能力（比如个体进行理解和流畅阐述的能力），社会能力即传播能力（比如个体利用媒介建立社会关系的能力）。

而在中国，中国台湾相关学者将媒介素养分为五个维度，分别为"了解媒体讯息内容""思辨媒体再现""分析媒体组织""反思阅听人的意义""影响和近用使用媒体"，并且确立了分段能力指标。香港则从认知层面、元认知层面、情感层面及社会文化层面四个维度对资讯素养进行分析。

在评估方式方面，大多研究认为媒介素养教育更适合采用发展性评价的方式对学生的学习效果进行评估。如英国、加拿大、美国和澳大利亚的评估方式都强调采用量表方式对学生进行发展性的评价。UNESCO 和 EAVI 的评估框架中也采用了量表评估。中国台湾和中国香港采用的评估方式较为多元，包括口头表达、实际操作等。大陆（内地）目前没有专门的媒介素养评估指标和方式，不过，2014 年教育部发布《关于加强和改进普通高中学生综合素质评价的意见》，要求对学生进行全面评价，要转变以考试成绩为唯一标准评价学生的做法。

　　以上关于媒介素养的评估维度、评估指标和评估方式对本文建构大陆（内地）本土的儿童媒介素养评估指标具有重要启发意义。结合在田野调查中获取的媒介素养教育目标，本文试图发展本土媒介素养的评估维度和方式。

　　接下来的一章，将对田野调查中的发现进行介绍。主要介绍田野概况，包括田野点媒介素养教育试点学校确定的媒介素养教育目标，这对确定本土的媒介素养评估维度非常重要；包括田野点中的媒介素养教育涉及的主体，如教师、学生和家长等。

第六章 田野介绍：成都媒介素养教育

媒介素养教育1997年被介绍进中国大陆（内地），迄今已20多年时间。这20多年间，有不少研究者或行动者对媒介素养教育理论和实践的在地化进行着探索。目前，北京、上海、广州、浙江、四川等正在从不同的路径探索中国大陆（内地）在地的媒介素养教育。

本研究的田野调查选择在四川省成都市金牛区的12所中小学（其中包括7所流动儿童中小学和1所职业中学）进行。[①]

成都市教育局2014年申报市级教育科研课题《基于互联网背景下中小学生媒介素养教育的研究与实践》，选择金牛区12所学校进行媒介素养教育试点。这12所中小学各具特色，既有市中心的重点中小学，也有城乡接合部的中小学（有大量流动儿童就读）。

目前，这些参加课题的学校主要通过学科课程和活动课程（班会活动、

[①] 2015年9月23日—10月10日，研究者对成都市金牛区媒介素养教育试点学校开展调研，初步了解各校媒介素养教育开展情况。根据调研目的，研究者与各校的校长或副校长以及参与媒介素养教育课题的老师进行了座谈。综合座谈会、学校提供的资料，以及其后通过网络访谈等获得的资料，形成了本部分的内容。

社团活动、综合活动课）两种形式开展媒介素养教育。接下来，将对成都市金牛区媒介素养教育实践的总体情况、目标、涉及的主体（包括教师、学生和家长）的情况、已有的评价标准和方式等进行阐述。

第一节　探索中的媒介素养教育：田野概况

成都市的媒介素养教育目前是以课题形式在各试点学校开展，得到了各校、区教育局和市教育局行政层面的大力支持。各学校分别组建课题小组，由金牛区教师培训中心负责统筹课题安排。课题前期邀请了诸多专家对参加研究的教师进行培训，如复旦新闻学院教授曹晋、成都大学教授谭筱玲等专家。此外，还邀请广州市少年宫张海波老师、浙江传媒学院媒介素养研究所教授王天德进行讲座。与此同时，课题组还开展"走出去"的活动，组织课题组成员参观广州市少年宫、浙江传媒学院、浙江缙云长坑小学等。课题组采用邀请专家讲座、课题组共同学习、试点校小组自行学习、网络小组学习、共享学习资料、个体学习等方式加强教师对媒介素养教育的了解。经过一段时间的学习，教师对媒介素养教育的了解从无到有，同时，在实践中也加深了对媒介素养教育理论的理解。

目前，各校分别在《基于互联网背景下中小学生媒介素养教育的研究与实践》大课题之下申报了结合自己学校特色设计的媒介素养教育研究子课题。各校课题如下表所示：

成都市金牛区中小学生媒介素养教育试点学校课题申报情况表

学校	形式	题目
金牛区教育研究培训中心	学科	中小学信息技术学科渗透媒介与信息素养教育的实践研究
成都七中万达学校	社团	依托学生社团开展的中学生数字媒体制作能力培养模式研究
成都第二十中学校	主题	基于互联网背景下高中生媒介与信息素养教育的德育实践研究

续表

学校	形式	题目
成都洞子口职业高级中学校	职业教育	"三核"驱动中职学校媒介与信息素养教育的实践研究
成都金牛实验中学校	课程	基于互联网背景下初中学生媒介与信息素养教育校本课程开发与应用
成都二十中花照学校	学科	新建初中家校联动提升学生媒介素养策略的研究
成都第三十三中学校	课程	初中阶段媒介素养学科渗透的研究
成都沙河源小学校	学科	小学生媒介与信息素养教育在"生活·生命与安全"课程中渗透的实践研究
成都友谊小学校	主题	利用"双微"（微博、微信）平台提升家长媒介素养的研究
成都人北实验小学校	课程	小学学科渗透媒介安全素养教育研究
成都凤凰小学校	学科	以进城务工者子女为主的学校学科渗透媒介与信息素养教育的方法研究
成都天回小学校	班会	小学中段专题班会课学生媒介素养培养的实践研究
成都石笋街小学校	环境	智慧教室环境下学科渗透式培养小学生媒介素养的方法研究

总体来说，以课题形式推广媒介素养教育的好处在于，课题组成员可以形成合力共同探索，容易在短时间内出成果。但一些学校也会受限于课题，比如，访谈中不少教师提到，有时想到一些新点子，但又觉得和自己学校承担的课题关系不大，因此就放弃了更深入的思考。其实，有些老师的想法不仅和课题有关，而且是特别有创意的想法。比如，在一堂关于电视节目的英语课堂上，教师在课堂上，让学生们讨论了如何看待流行电视剧。学生也给出了非常精彩的分析。这其实是非常不错的一堂学科融合的媒介素养教育课，但是，因为学校进行的是关于主题班会的媒介素养教育，所以，为了完成课题，该课教师只能放弃在这方面进行更多的探索。可以说，课题形式开展的媒介素养教育有组织、较系统，但是也可能导致部分教师的创新思维被限制。

第二节　在地实践中的媒介素养教育目标

教育评价中，教师可以利用评价结果来确定学生的优劣势，进而让学生进行有针对性的训练，从而帮助学生得到更好的发展。同时，对学生的情况的了解，可以帮助教师在设计课程之前，就进行学习者情况分析，从而更好地确定教学目标。在大多数情况下，教师评价什么，直接来源于教学目标。这些目标，决定了教师决定教授什么样的内容，以及用什么样的方式来组织教学。因此，了解来自学校的教育目标非常重要。

各地的媒介素养教育目标不一，因此，媒介素养教育也没有固定的课程或者主题。但是，媒介素养教育目标，直接影响着课程设计和课程的开展。同时，也对媒介素养教育效果的评估有直接影响。也就是说，要对媒介素养进行评估，首先必须要对媒介素养教育的目标有清楚的认知。媒介素养教育在成都以课题的形式进行实践，课题组确定的媒介素养教育目标是："培养学生的认知素养、甄别素养、道德法律素养、安全素养、创新素养，提高学生对网络媒介的认知水平，提高学生对网络信息的获取、解读、评判、运用、制作的能力，要求学生具备网络道德法规意识，具备网络行为的自我管理能力，能够利用网络学习、生活和成长。"从这个目标可以看到，媒介素养教育除了希望培养学生对网络信息的获取、解读、评判、运用、制作能力这些常规能力以外，还希望学生具备网络道德法规意识，具备网络行为的自我管理能力，能够利用网络学习、生活和成长。

田野调查过程中，我走访了12所学校中的9所学校，对参加课题的教师、校长、学生等就媒介素养教育的目标进行了访谈。

概括起来，各校进行媒介素养教育的目标主要如下：

一、培养学生的批判性思维

在每一所学校访谈时，几乎所有的校长和教师都提到一个目标，即希望培养孩子的批判性思维。此处的"批判性思维"可理解为，儿童对虚假信息等的辨识能力。友谊小学的费校长说："希望让孩子们知道，不要随便转发、传播一些不实、尚待确认的消息。"① 调研显示，中小学生使用 QQ 较多，他们会在 QQ 空间转发一些文章。有一些文章可能是虚假消息或者并不确定的消息。因此，培养学生的批判性思维，可以让他们在转发此类网络消息时，能够有理性的思考。批判是一种思维方式，批判的媒介素养是希望孩子们对所获取的信息能够进行评估、思辨，而不是全盘接受。同时，在思辨的过程中，他们能反思自己的行为。尼尔·布朗（Neil Browne）和斯图尔特·基利（Stuart M. keeley）在《学会提问》一书中，指出，所谓批判性思维，就是要倾听他人，向别人学习，但同时又要掂量别人所说的话，并最终形成自己的观点。罗戈夫认为："当孩子们倾听他人的观点以及了解他人观点的时候，他们会拓展自己的观念以找到共同点；当他们与他人合作和争论时，会考虑新的选择，还会重构他们的想法来与他人交流或说服他人，在参与的过程中，他们也逐渐改进了自己的想法。这是一个社会参与的问题，可以使每个人发生改变。"② 在教育中，应该鼓励孩子们提出问题，围绕他们的问题展开对话，这会给他们带来重要的教育体验。而且，这也会让他们习惯于和他人进行深度对话。从某种程度来说，批判的媒介素养教育是一种赋权的教育，在这种教育中，以学生为中心，通过参与，可以促进个体的成长。在"批判"这一教育目标达到的过程中，学生最终可能会成为思考者、对话者。

二、提升家长的媒介素养

家庭是使用媒介的重要场所，如何在家庭层面指导青少年儿童的媒介使用，一直是教育领域关注的重要议题。20 世纪 90 年代初，国内已有学者关注到家庭在儿童媒介素养教育中的重要作用，中国社科院宋小卫等指出，

---

① F 访谈，2015 年 9 月 27 日。
② ［爱尔兰］Mary Roche：《读图画书，学批判性思维：3—12 岁儿童思维培养书》，张丽倩译，中国轻工业出版社 2020 年版，第 191 页。

家庭的介入可以降低媒介的负面影响。① 还有学者关注到儿童媒介需要和家庭教养方式的关系，发现儿童家庭关系越不好，越依赖电子游戏机以满足放松/逃避需要。②

近年来，越来越多的本土学者开始关注父母所需的媒介使用指导。杨晓冬等的研究指出，因手机使用产生的亲子冲突不仅对青少年的自尊和生活满意度产生负向影响，且正向影响青少年的孤独感和抑郁程度。③ 北京师范大学方晓义教授的网络成瘾的多家庭团体干预方案是以家庭治疗理论为基础设计的。该方案通过改变家庭关系、家庭互动来有效减少青少年的上网时间，增加自控能力，使亲子关系变得更加融洽。方案主要包括亲子沟通、亲子关系以及心理需求的替代满足等内容，具体包括以下六个主题：热身活动及关系建立；亲子沟通技能训练；有关网络成瘾的亲子沟通；亲子关系建立训练；心理需要与网络使用关系探讨，在家庭关系中寻找可替代性选择；对未来展望等。研究结果显示，青少年自我报告的亲子关系、亲子沟通均有显著改善，其心理需求满足程度亦有显著增加，网络满足优势则显著下降。多家庭团体干预通过改变家庭关系、成员的互动模式，调整青少年的心理需求模式，有效减少青少年的上网时间，减轻对网络的依赖，也使亲子关系变得更加融洽。④ 北京师范大学方增泉教授指出，在未成年人网络素养的培育过程中，要主动搭建起亲子沟通的平台，建立与未成年人平等讨论和分享的良好习惯，正确引导青少年的上网行为。以上研究分别从心理学、教育学、传播学等角度介入，关注通过改变家庭中的沟通方式，调整教养模式来改善青少年对媒介的过度使用。还有部分研究关注到父母的积极介入策略，是如何影响孩子的同伴关系的。朱秀凌的研究指出，通过改善家庭沟通模式，采取父母积极介入策略，能够有效地减少青

---

① 宋小卫、朱向霞：《电视与少年儿童——北京市区三至六年级小学生收视情况调查》，《新闻研究资料》1990年第4期，第94-105页。
② 卜卫：《论媒介教育的意义、内容和方法》，《现代传播》1997年第1期，第29-33页。
③ 杨晓冬、李怡静、魏然：《亲子间的手机博弈：家庭关系对青少年心理健康的影响研究》，《全球传媒学刊》2022年第9卷第3期，第35-57页。
④ 方晓义、刘璐、邓林园等：《青少年网络成瘾的预防与干预研究》，《心理发展与教育》2015年第1期，第100-107页。

春期网络霸凌。①

在访谈中，友谊小学的费校长提到家长的媒介素养对孩子的媒介素养的影响。费校长加了不少家长的微信，在微信圈里，经常看到家长转发"哪些地方又抢孩子啦"。"其实很多信息是谣言，很多成年人没有判断的意识，没有去质疑，没有把这件事情搞清楚，就随便转发。只要在互联网上稍微搜索一下，就很容易辨别某条消息的真假。"②

友谊小学的课题《利用"双微"（微博、微信）平台提升家长媒介素养的研究》即是出于提升家长媒介素养的目的。从学校的角度来说，提升家长的媒介素养，其直接目的是希望能够促进家校沟通，进而能够促进孩子健康成长。学校首先需要做的是提升家长在信息判断、信息筛选方面的能力，再进而影响孩子，让孩子们在面对各种信息的时候，能够作出正确的判断。而针对学校有很多流动儿童，以及部分家长对网络、手机使用不熟悉的情况，学校专门做了一个四五页的教程，教家长如何在不同系统的手机上安装使用微信，并且请家长关注学校的公众号。学校的微信公众号会推送一些家庭教育的文章。

三、德育教育

人类生活在两个世界，其一是物质世界，其二是意义世界。人有探索意义世界的需要，但是这种探索又受到个体的年龄、经验、理解能力、生活范围等的限制。教育要帮助学生不断地去丰富、扩大、提升自己的生活领域和生活境界，促使他们真正走进自己的生活，主动地承担各种不同的生活角色，引导他们在各种不同的生活建构活动中丰富自己的个性，提升自己人格。③ 学校的德育工作，承担着培育学生探索意义世界的功能。

2015年10月18—22日成都市媒介素养教育课题组到浙江缙云长坑小

---

① 朱秀凌：《家庭沟通模式、父母介入对青春期网络霸凌的风险控制研究》，《新闻大学》2021年第11期，第18页。
② F访谈，2015年9月27日。
③ 鲁洁：《道德教育的根本作为：引导生活的建构》，《教育研究与评论》2010年第6期，第3-8页。

学参观。长坑小学结合自身特色，因地制宜，发展了具有乡村特色的媒介素养教育。长坑小学的老师和成都市媒介素养教育课题组成员一起探讨了两地进行的媒介素养教育实践，长坑小学的 M 老师还讲了一堂以流行文化为主题的媒介素养教育示范课。

长坑小学是一所留守儿童占多数的寄宿制小学。成都市市区不少学校有流动儿童，而郊县的留守儿童学校也不在少数。长坑小学将媒介素养教育和德育工作结合起来，每个学期在思想品德课中留出 9 节课，以开展校本课程媒介素养教育课。刘勇武校长说，长坑小学希望通过媒介素养教育和德育工作的结合，促进德育工作。成都市的试点校中，不少学校的德育主任、分管德育的副校长都参与课题中。将媒介素养教育和学校的常规德育教育活动结合起来，也是各校的目标之一。这种将媒介素养教育和学校常规活动结合的方式，既减轻了教师需要额外开展活动的压力，也完成了常规教学活动，是各个学校比较愿意采取的方式。

四、培养学生在网络时代的学习能力

互联网既带来了挑战，也带来了机遇。网络上有海量的优质信息，这些资源如果被合理利用，能极大促进学生的发展，帮助学生发展出终身学习的能力。终身学习概念的提出始于 20 世纪 60 年代，以 1972 年联合国教科文组织的《学会生存——教育世界的今天和明天》报告为标志。开展多次性、个性化的终身学习，建设学习型社会，逐渐成为各国政府的决策理念和广泛共识。在我国，1999 年国务院批转的教育部《面向 21 世纪教育振兴行动计划》第一次使用"终身学习体系"的概念。终身学习强调学习者自觉利用各种学习资源和机会自主学习。这个时代，网络上的海量资源为终身学习提供了可能。

成都市教育局 Q 在一次课题研讨中指出："这次的媒介素养教育探索，一定要勇于实践。育人是今后教育的主旋律，成都市希望在这个方面有所探索，希望能够给学生一种终身受益的能力。"石笋街小学在探索学生的学习能力方面一直走在成都市教育前列。石笋街小学 W 老师说，在开学时的第一次家长会上,她告诉家长:"我们的课堂可能会有更大的改变。我们要一起来教孩子用手机、用电脑。这些媒体可以用来学习,甚至它就应该拿来学习。这样有小学六年的铺垫,那么,到初中,一定不会有孩子沉迷在其中。孩子也不会觉得它神秘了,因为他知道:'该我用的时候会让我用的'。"[1]家长们对老师说的话报以热烈的掌声。W老师说这个话是有底气的,此前,王老师所带的某个实验班从2008年就开始进行英特尔一对一的实验。第一批孩子是从一年级开始使用电脑进行学习。孩子的电脑基础技能教授由父母在家协助老师完成。以前家长怕过早让孩子接触电脑会迷上游戏。孩子进入实验班以后,家长也在改变观念。家长参与也改变了家长的观念。家长认识到,电脑可以用来沟通、学习等,而不仅仅是用来玩。当时班上很多学生从使用设备开始,很快就达成对使用电脑的共识,知道"这是一个学习工具,是让我们的学习环境和学习方式更加多样化的工具"。W老师说,这个实验班学生的配合度非常高。学生自己在家练习打字,课堂上可以使用网络,在老师给定的一些阅读网站上进行阅读。那一届学生毕业以后,对信息的认识、利用信息工具学习的能力很明显高于其他普通班的学生。在此实验班的基础上,学校一直希望能够引导孩子主动利用新媒介进行学习,而不是靠"堵"。

五、利用媒介对孩子进行生活教育

国际21世纪教育委员会1996年提交给联合国教科文组织的报告《教育——财富蕴藏其中》,指出,在未来的社会里,"教育比任何时候都更处于人和社区发展的关键位置"。教育不但要承担起为全球化的世界带来和平的重任,而且要促进社会的团结和民主的参与;在经济增长中扮演重要角色的同时,不能回避其促进人的发展的根本职能。为了实现以上职能,教育必须作出相应的改革。具体而言,就是要以4个"学会"为其支柱:让受教育者学会认识、学会做事、学会共同生活、学会生存。

成都市中小学校都开设了"生活·生命与安全"课程,这个课程很重

---

[1] W访谈,2015年10月16日。

要的一部分涉及学生安全教育。沙河源小学的胡校长给孩子们上过一次安全教育方面的课。首先，在课前胡校长准备了关于高空抛物的危险性的节目给孩子们观看。课后还让孩子们通过画画来表达对高空抛物危险的认识。这个活动非常完美地将安全教育、媒介素养教育融合起来。校长提到，在保证安全的情况下，可以让孩子们自己做实验。同时，用手机拍下来展示给更多人看。或者让孩子们创作图画，或者手抄报等，然后把这些作品放到互联网进行更大范围的传播。孩子们做出来的海报、手抄报等，还可以在全校，甚至社区进行展览。这种方式其实是一种非常好的传播倡导。媒介素养教育的目的除了促进儿童自身的成长，还希望能够通过反思、行动促进社会改变。在研究者看来，如果孩子们的传播活动，能够促进更多人对高空抛物危险的认识，甚至能够对儿童、成人的不文明行为起到劝止作用的话，这样的活动就是非常成功的媒介素养教育。媒介已经渗透孩子们的生活，如果媒介素养教育和他们的生活没有关系，这样的教育就脱离了实际。学校设计了"熊孩子"系列，利用媒介素养教育规范孩子们的行为，并将之推广到社区，非常有意义。

六、引导孩子的媒介使用行为

孩子的手机过度使用已经成为困扰家长、学校的重要问题。在现实层面干预其手机使用，成为家长和学校共同的目标。诸多因素影响了孩子对媒介的使用。中国社科院的卜卫教授在20世纪90年代就指出，年龄、性别、亲子关系、同伴关系等都可能会影响儿童的媒介使用。[1] 有研究关注了家庭对青少年儿童媒介素养的影响。研究指出，家庭的经济环境、父母的教育程度、父母使用媒介的习惯和能力以及父母与孩子的沟通交流方式等因素都影响着青少年媒介素养水平。[2]

避免学生过度使用手机，也是不少学校进行媒介素养教育的出发点。

---

[1] 卜卫：《大众媒介对儿童的影响》，新华出版社2001年出版，第313-322页。
[2] 李勇、凌菁、王靓：《家庭对青少年媒介素养教育的影响因素研究——以安徽省桐城市中学生及父母调查为例》，《传播力研究》2019年第27期，第3页。

洞子口职业高级中学是金牛区的 12 所试点学校中唯一的一所职业中学。针对学生过度使用手机情况，学校采取了一些措施。如每天上课前，教师将学生的手机收起来放到一个由学校统一发的塑料盒子里，即"手机休息室"。放学时，再将手机发给学生。通过这种方式，学校控制了学生在课堂上的手机使用。但是，老师们反映，学生放学后仍然会花大量时间在手机上。学校希望通过媒介素养教育，控制学生使用手机的时间。人北实验小学的 W 老师说，她所带的三年级某班的孩子，50% 以上是流动儿童。这些孩子的父母工作都比较忙，没太多时间管理孩子。有个孩子家里没有电脑，寒假在家，想用电脑玩游戏，就每天去苹果体验店。他的父母早晨四五点就出门，晚上十点多才回家。而孩子早晨自己起床，在家里吃了早饭就到苹果体验店，一直玩到晚上九点多才回家。整个寒假，孩子都在苹果体验店里玩游戏。老师是从孩子写的日记中发现孩子在家里挨打，后来向家长了解情况，家长才把孩子去苹果体验店玩游戏的事情向老师说明。电脑、手机对孩子们的吸引力巨大，家长和学校应该采取什么样的方式来引导孩子们合理安排媒介使用的时间？这是一个困惑家长和学校的问题。学校希望通过媒介素养教育，引导学生合理安排媒介使用时间。

七、培养孩子解决问题的能力

北京师范大学刘坚教授等将全球 29 个素养框架中的相关内容进行了拆分，归纳为 18 项素养，大体反映了全球范围内不同组织或地区的政策制定者对未来公民所应具备的核心素养的基本判断和整体把握。在这 18 项素养中，有 9 项与某个特定内容领域密切相关，为领域素养，包括基础领域素养（语言素养、数学素养、科技素养、人文与社会素养、艺术素养、运动与健康素养）和新兴领域素养（信息素养、环境素养、财商素养）；另 9 项超越特定领域的素养为通用素养，分别指向高阶认知（批判性思维、创造性与问题解决、学会学习与终身学习）、个人成长（自我认识与自我调控、人生规划与幸福生活）与社会性发展（沟通与合作、领导力、跨文化与国际理解、公民责任与社会参与）。刘坚教授等还对各素养在不同国际组织或地区的分布状况进行了分析,从中发现:沟通与合作、创造性与问题解决、信息素养、自我认识与自我调控、批判性思维、学会学习与终身学习、公民责任与社会参与等七大素养,为各国际组织和经济体高度重视;同时,财商素养、环境素养、人生规划与幸福生活以及领导力等素养也开始受到关注。[①]

解决问题的能力,越来越成为被关注的能力。因此,培养孩子解决问题的能力,也是部分学校的目标。七中万达学校依托校园电视台、摄影社、宣传社三个学生社团开展媒介素养教育。学生利用每周星期五下午社团课时间进行媒体创作基础课程的学习。同时,学生还参与学校微博、校园活动摄影摄像、校园电视台节目创作等实践,通过体验媒体创作与传播的过程,提升媒介信息的收集、处理、评价、创作、传播等能力。目前课题组开展了"七万孩子说""校园文化创意传播""七彩杯运动会摄影作品征集"等媒介素养活动,具有非常好的示范效果。部分学生还自发成立了"媒介素养学生研讨小组",学生自己发现问题、提出问题并尝试解决问题。比如,研究小组的同学提出,某班旁边的教师办公室经常传出烟味,很多同学非常反感烟味。于是,他们设计了关于禁烟活动的调研、采访、辩论等,以小视频、海报、调研报告等形式宣传禁烟,希望通过这些活动促进问题的解决。活动最后取得了非常好的效果。孩子们的系列活动改变了部分教师在教师办公室抽烟的习惯。学校也准备制定相关的制度禁止教师或者工作人员在公共场所抽烟。

此外,参加社团的媒体创作活动还有助于部分学生在高考专业选择时认清自己的兴趣和特长。部分学生在专业填报时选择了媒体专业。

八、小结

从对各校教师访谈以及实际的媒介素养教育活动来看,各校的媒介素养教育的目标多元。教师在开展媒介素养教育之前,厘清目标,确立正确的目标,对课堂设计及对课后的评估有直接影响。

[①] 刘坚、魏锐、刘晟等:《〈面向未来:21世纪核心素养教育的全球经验〉研究设计》,《华东师范大学学报》(教育科学版)2016年第3期,第17—21页。

第三节　媒介素养教育涉及的主体

在中小学进行的媒介素养教育，直接涉及的主体包括教师、学生和家长。本节将主要对田野调研中这三者的情况进行分析。

一、教师：一边教一边学

金牛区试点学校参与媒介素养教育课题的教师主要是信息技术教师、语文老师、德育主任、分管德育的副校长等。不过，绝大多数学校的媒介素养教育是由信息技术老师在负责。不少教师将媒介素养教育和信息技术画了等号。这二者有相关的地方，但是，其实区别很大。媒介素养教育更重要的是要培养一种价值观。可以说，媒介素养教育是一种价值观教育，而不仅仅是技术教育。这也是它和教育技术即信息技术的区别。信息技术更偏技术，而对媒介素养教育来说，技术并不是最重要的。这是在设计评估指标时需要注意的问题。

斯坦福大学的PeterWorth指出，已有很多证据显示，媒介素养教育和其他学科融合在一起后能起到很好的效果。[1] 但是，在调研中却发现，教师们抱怨媒介素养教育的学科渗透初看起来是很容易的事情，但实践中却很难操作。在田野调研中，我收集了各校的课题申报书，超过一半的课题打算从学科渗透的角度做媒介素养教育研究。不少课题申报负责人也承认，在申报课题时，本来是考虑到如果媒介素养教育和学科融合，应该会工作量不大，也不会打乱学校或者教师已有的教学计划。但是，在实际操作中，老师们发现事情没有这么简单。比如，媒介素养教育强调学生参与，这也符合当今中小学教学改革的要求。但是，在学科渗透中要践行这一教育理念时，却面临着时间的冲突。一方面，教师要完成本学科的任务，另一方面，要将媒介素养教育融入其中。有些话题稍微一展开，教学时间就不好

---

[1] Peter Worth, Donald F. Roberts. "Evaluating the effectiveness of school-based media literacy curricula", http://ldt.stanford.edu/~pworth/papers/papers_evaluating.htm.

把控。课程渗透的方式要求教师在已有的教学内容的基础上,重新设计或者补充教学内容。同时,也需要教师对学科中能够和媒介素养融合的知识具有敏感性。比如广告、电视剧中存在的性别不平等、刻板印象等等。

目前,试点学校开展的媒介素养教育中,相对比较容易进行的是以主题班会或者以活动形式开展的媒介素养教育。这一类媒介素养教育有一定的活动时间,主题也比较确定。而媒介素养教育融入学科,可能会打乱教师已经使用了很多年的教案,需要重新进行教学设计。这无疑增加了他们的负担。如果要进行教案重新设计,则需要较长的时间准备。另外,不少教师过于注重如何在课堂上渗透媒介素养教育,反而导致教学效果不好,其实没有必要在每一堂课上都进行渗透。比如,语文课在单元结束后的综合性学习中进行一堂和课堂内容相关的媒介素养教育课是可取的。如果每节课都要进行媒介素养教育的融入,至少在课题研究阶段,对教师们来说,是一个非常大的负担。"为了融入而融入",成为媒介素养教育融入学科的一个问题。如何融入,在哪些地方可以融入,是需要进行探索的。

二、儿童:媒介已经融入生活

媒介在当今时代已经成为生活的重要组成部分,对儿童而言,各种媒介在他们的生活中并不陌生。现在的儿童,在进入学校之前,已对电视、手机和网络等媒介有了一定程度的接触。为此,要了解儿童的媒介素养状况,非常有必要对他们的媒介使用等状况进行了解。2015 年 2 月,成都市媒介素养教育课题组对金牛区所属中小学(含职业中学)学生的媒介素养进行了问卷调查。[①]

调查发现,金牛区中小学生的上网率较高,达到 87.3%;随着网络越来越普及,儿童接触互联网的年龄越来越提前,数据显示,高中生初次触网年龄平均为 10.5 岁,而小学低年级的初次触网年龄平均仅为 5.7 岁。这和我从 2006 年至 2015 年在老家 D 镇观察到的结果一致,2006 年左右,上

---

① 《成都市基于互联网背景下的媒介素养教育研究与实践》课题组:《金牛区中小学生媒介素养调查统计报告》,2015 年 3 月。

网的小学生还较少，但是到2015年左右，绝大多数孩子在学龄前已接触过网络。另外，和网络相比，报纸、杂志和广播等传统媒介逐渐边缘化，学生的经常使用率不足三成。从使用目的来看，影音娱乐、辅助学习和社交聊天居于中小学生上网目的的前三位，其中娱乐居于首位。且随着近年智能手机的普及，手机使用在中小学生中也越来越普遍。该调查显示，中小学生的手机拥有率为73.8%，手机上网率为44.7%。初中以上学生超过六成使用手机上网，手机上网成为普遍现象。另外，网络成为中小学生发表观点的重要场所，超过四成（40.5%）的学生在微博、贴吧、论坛或网站的新闻跟帖区发表过意见或评论。随着年龄增加，中小学生网络公共参与的程度增强，高中生公共参与的比例达到了68.5%。微博和百度贴吧是中小学生公共参与的主要平台，论坛使用较少。超过七成的学生表示在网上遭遇过不良信息。遭遇的不良信息中，虚假广告推销、谣言和色情信息居于前三位。和教科书、电视新闻和课外书等传统媒介相比，中小学生认为最不可信的是网络自媒体。可见，学生具备一定的信息鉴别能力，有对来自不同渠道的信息进行基本辨别的意识。在上网的利弊比较中，18.3%的学生表示互联网对自己的学习和生活总体上"利大于弊"，高于认为"弊大于利"的比例（11.9%）。中小学生最认同网络的社交功能，不过，他们对于网络使用所占用的时间比较矛盾，一方面认同网络可以获得大量信息，另一方面也对网络占用大量时间表达了忧虑。

除了课题组进行的儿童媒介素养问卷调查，研究者在田野调研中，也和孩子们进行了深度访谈和焦点小组访谈。在凤凰小学和10个孩子进行了焦点组访谈。10个孩子家里都有电脑，父母都有智能手机，孩子也有手机。仅有一个孩子表示自己的手机是老人机，不能上网。孩子们提供的数据显示，他们每周上网的时间分别为半个小时到4个小时不等。其中一个孩子说，他在放假时间里可以一直玩电脑，因为父母早晨六点多出门，晚上要七点才能回家，其他时间都是他一个人在家。① 访谈显示，大多数孩子的媒介使用没有大人陪伴。我还在七中万达和8个高中生进行了访谈，孩子们家

---

① 凤凰小学学生访谈，2015年10月27日。

中都有电脑，个人也有手机。但是，只有2个孩子的父母允许他们比较自由地使用电脑和手机，其他孩子表示自己的电脑和手机使用被父母严格限制。①

访谈中，我还和金牛实验中学的18个七年级孩子一起讨论他们喜欢讨论什么样的媒介主题。孩子们提出了自己比较感兴趣的话题：比如怎样正确使用电脑，游戏的坏处，电脑使用的利弊，如何正确看待广告，电脑的使用时间应该多长，如何辨别网上信息的真实和虚假，如果控制不住上网时间怎么办等。② 可以看出，这些问题都是和孩子们日常生活相关的问题。

三、家庭：父母的媒介素养对孩子的影响

一个孩子出生后，整个社会系统都能够为其发展提供重要支持，比如学校、媒体、社会机构能够为儿童的社会化提供重要支持。不过，在儿童进入幼儿园或者接受正规教育之前，家庭对儿童社会化的影响要早于其他机构，对儿童的社会性、情绪和智力的发展极为重要。换言之，家庭是儿童社会化的重要场所。北京师范大学未成年人网络素养研究中心在2017年、2020年和2021年做了三次大规模大数据样本测量，探索家庭因素对孩子网络素养的影响。调研显示，父母在青少年的网络印象管理、网络价值和认知行为方面的影响力明显不足。

在田野点的12所试点学校包括了城市儿童学校和流动儿童学校。之所以把城市儿童学校和流动儿童学校做区分，主要是考虑到家庭经济环境不同的儿童，其媒介接触可能具有一定的差异。城市儿童的父母大多数都有比较稳定的职业，基本上能够在媒介使用方面给予孩子更多的陪伴和支持。而流动儿童的父母工作可能不稳定，工作时间也较长。家长在教育子女正确利用媒介特别是网络方面，存在着很大困难。媒介素养教育也要考虑实际情况。对于农村地区，尤其是对于偏远落后的农村地区而言，媒介素养教育如果一味强调新媒介的使用，将非常不现实。

而在家庭条件较好的城市儿童中，其父母的职业较稳定，有更多的时

---

① 万达七中学生访谈，2015年10月29日。
② 金牛实验中学学生访谈，2015年10月26日。

间陪伴孩子。比如，石笋街小学的学生基本都是城市学生，学校的硬件设施很不错，家长参与了很多学校的教学活动。比如学校的"故事爸爸""故事妈妈"等都是由家长来做志愿者。2015年9月，孩子们看了抗日战争胜利70周年的阅兵式后，对武器开始感兴趣，有家长就提议，可以给孩子们讲讲武器的发展。这个活动以讲座的形式开展，已经进行了好几次，孩子们都非常感兴趣。

从家庭的角度，城市儿童相较农村儿童能够获得家长更多的支持。所以，目前在成都市进行的媒介素养教育试点中，应该更多考虑到学生家庭情况等。从媒介素养评估指标的制定来说，应该考虑到不同家庭社会经济条件对儿童媒介素养的影响。因为不同经济条件的家庭的儿童，其媒介接触会有很大差距。如果仅仅将"是否接触网络""是否去电影院观影"等作为其媒介素养的组成，是不公平的。因此，如果将媒介接触纳入儿童的媒介素养组成，就需要考虑不同经济条件对儿童媒介接触的影响。

国内外有诸多研究显示，青少年的媒介使用状况和父母的教养方式有一定的关系。[1] 网络成瘾的学生父母的教养方式表现出更少的情感温暖、理解，更多的拒绝否认和惩罚严厉，这可能是导致学生网络成瘾倾向的重要原因。研究结果发现，亲子、同伴、师生关系与初中生的网络成瘾行为均存在显著负相关。越是具有良好的亲子、同伴、师生关系的初中生，越不容易出现网络成瘾行为。[2] 有研究专门关注了忽视型的家庭教养方式和青少年网瘾的关系，研究指出，父母拒绝和较低水平的亲子依恋显著正向预测了青少年的网络成瘾，被忽视的青少年通过网络游戏来满足基本心理需求进而发展为网络游戏成瘾。[3]

---

[1] 席震芳、张晓阳：《初中生网络成瘾倾向与家庭教养方式的关系》《中国学校卫生》2005年第2期，第153-155页。

[2] 刘志华、罗丽雯：《初中生网络成瘾的社会因素：人际关系的相关研究》《电化教育研究》2010年第8期，第111-115页。

[3] 林悦、刘勤学、余思等：《父母忽视与青少年网络游戏成瘾的关系：希望的中介作用和性别的调节作用》，《心理发展与教育》2021年第1期，第109-119页。

四、小结

从媒介素养教育涉及的主体教师、学生和家长来看,教师对媒介素养教育的了解也处于起步阶段,尤其是有关媒介素养教育的学术基础,教师还可能需要进行更多的学习。在教师培训时,应该有计划增加对社会性别、儿童权利等知识的培训。而从学生的角度来说,媒介素养教育有助于他们对信息进行理智的判断和使用。从家长的角度而言,提高自身的媒介素养,不仅仅是个人的需要,对家庭教育而言,也是利好的。

第四节 在地实践中的媒介素养评估

目前,大多数学校并没有将开展媒介素养教育后的学生媒介素养纳入考核。关于如何对学生的媒介素养进行评估,在田野点的媒介素养试点校中,有部分学校进行了大胆的尝试。

一、评什么:评估维度和指标的确定

教育部 2014 年发布《关于加强和改进普通高中学生综合素质评价的意见》,提出从思想品德、学业水平、身心健康、艺术修养、社会实践五个维度量化学生的综合素质,转变以考试成绩为唯一标准评价学生的做法,为高校招生录取提供重要参考。[1] 根据教育部所发的文件,各地在学生综合素质评估方面纷纷进行了改革。如广东省将从 2018 年秋季入学的普通高中一年级学生开始实施新版普通高中学业水平考试和学生综合素质评价办法。广东将对高中学生建立规范的《普通高中学生综合素质档案》,评估的维度从教育部提出的五个维度来进行考量。其中,思想品德的考察重点是学生参与党团班活动、有关社团活动、公益劳动和志愿服务等活动的次数、持续时间,如为孤寡老人、留守儿童和残疾人等弱势群体提供无偿帮助,到

---

[1] 中华人民共和国教育部:《教育部关于加强和改进普通高中学生综合素质评价的意见》,2014 年 12 月 10 日,http://www.moe.edu.cn/publicfiles/business/htmlfiles/moe/s4559/201412/181667.html。

福利院、医院和社会救助机构等公共场所、社会组织做无偿服务，为赛会保障和环境保护等活动做志愿者。学业水平的考查重点是高中学业水平考试成绩、选修课程内容和学习成绩、研究性学习与创新能力和成果等，特别是具有优势的学科学习情况。身心健康的考查重点是《国家学生体质健康标准》测试主要结果、体育运动特长项目、参加体育运动的效果、应对困难和挫折的表现等。艺术素养主要考查学生对艺术的审美感受、理解、鉴赏和表现的能力。重点是在音乐、舞蹈、戏剧、戏曲、影视、绘画、书法、播音和主持等方面表现出来的兴趣特长，参加艺术活动的成果等。社会实践要求记录学生实习实践、生产劳动、职业体验、勤工俭学、军训、参观学习和社会调查等活动的经历。重点记录学生参加实践活动的次数、持续时间，形成的作品和调查报告等。根据规定，综合素质评价主要由学生个人重要或典型活动的写实记录、收集审核的事实证明材料、学生自我陈述和教师评语等项目组成。如典型事实材料、重要活动记录、调查报告、研究报告、作品照片、证书和录音录像等都可以作为证据。为了避免学生的记录作假，这些记录还需要进行公示审核，特别是准备用于招生使用且不涉及个人隐私的活动记录和事实材料必须于每学期末在教室、公示栏、校园网等显著位置公示。[1]

对学生媒介素养的评估，到底评什么？这是在各校媒介素养评估实践中遇到的一个难题。难度至少在于两点，第一，各校的媒介素养教育目标并不清晰，目标也不一，目标的差异导致评估维度的确定有难度。第二，各校实施了基于不同学科融合的媒介素养教育和基于主题活动的媒介素养教育，因此，教学内容差异也导致很难确定统一的维度。

在具体媒介素养教育实践中，部分学校在评估方面进行了探索。七中万达学校的李玲老师在任教的信息技术课中，采取小组任务的方式，制定了课程作品的评分标准。从作品主题（2分和3分）、创造性（5分和3分）、艺术性（5分）、技术性（5分）、小组风采（3分和4分）五个维度

---

[1] 王倩：《综评将成广东高考录取重要参考 考试科目新增语数外》，金羊网，http://news.ycwb.com/2016-09/07/content_ 22967452.htm.

对学生的小组任务进行评分，并为不同的维度赋予了不同的权重。在李玲老师提供的一份小组活动记录单中包括：组员姓名、分工情况（预计）、分工情况实际（作品完成后填写）、小组内分数评定、作品主题、作品创意点、作品说明（创作/作品思想、创作过程、参考资源、所使用的软件等等）。在李玲老师的评估表中，小组互评和教师对小组进行评估两种方式都能用上。罗会杰老师提供了校园电视台的节目评选标准，按节目类型进行评选，分为校园新闻类、校园专题类、校园综艺类、校园微电影类、影视教学类、校园主持人类等。校园新闻类要求"视角独特、选题新、内容真实，有同期声和字幕，有新闻价值和时效性；表现方式现场性和影视特点突出"。校园专题类要求"主题鲜明、有新意；提倡以小见大，挖掘深刻，有深度、有思辨性和正确的导向性；结构新颖，资源丰富，具有较强的可视性、说服力和感染力"。校园微电影类要求"主题源于校园生活，积极、健康，传递正能量；故事情节有趣，演员表演生动、逼真；影视技术与手法运用娴熟，具有较强的可视性和艺术感染力"。校园综艺类要求"主题积极健康有导向性；表演者以师生为主体；形式生动、活泼、有趣，具有较强的参与性、可视性和感染力"。影视教学类要求"改编与再创作要忠实原著；艺术性要为教学性服务；编导作用明显，表演生动、真实、感人；尽可能根据分镜头脚本拍摄；多机位摄制，后期制作精良"。校园主持人要求"语言功底（普通话标准、语音清晰、有感染力）深厚；主持状态（化妆、服饰得体符合节目定位，具有较强的现场掌控能力）自然；主持效果（有凝聚力、吸引力、感染力）良好"。校园栏目类要求"栏目设置新颖；栏目内容有吸引力；栏目制作与播出过程参与性、互动性强；栏目构成要素齐全（有整套包装，包括栏目片头、栏目角标、人名条、同期声字幕、片尾标版等），具有贴近性、导向性、互动性、可视性"。[①] 校园电视台的评估标准和正规电视台参选的标准比较接近。不过，媒介素养教育并不是要培养专业人才，这样的节目评选标准更多是参考了专业标准。

二、如何评：评估方式的确定

---

① 罗会杰提供的七中万达学校校园电视台评估标准。

儿童媒介素养评估

如何评,即评估方式的确定,也是媒介素养评估中的重要环节。目前,中小学教师的教学任务普遍繁重。[1] 在媒介素养教育试点校中,部分学校是将媒介素养教育和信息技术课融合。大多数信息技术课的教师要上十来个班的课,以平均每个班45个孩子来算,一个教师的评估工作量可能接近500个孩子。在这种教学情况下,如果要求教师对每个孩子进行评估,确实大大加重了教师的负担,很难完成媒介素养评估工作。有教师坦言:"这任务基本没法完成。"[2]

访谈中,学生提出,希望媒介素养评估不以纸笔测试的形式进行,更希望教师能给予每个孩子评语。七中万达的蒋莹老师说:"评估工作的部分可以由孩子们来完成。"这涉及媒介素养的自我报告评估方式。

田野调查中,试点学校中的金牛实验中学在学生评估方面做得比较好。学校制定了一个校本的评价方式,叫"学生综合素质发展性评价",以档案袋评价的方式来评定学生的综合素质。学生刚进校就会有一个成长档案袋,其参加的所有活动都会有一个过程性评价,通过平时的积分在最后获得一个总分。最后的总分会和学生的评优、对外交流等挂钩。金牛实验中学不断在开创新的评价方式。比如,传统的三好学生等评价方式因为有名额限制,每个班能评优的学生极少。有部分学生在学习成绩上确实和三好学生没法比较,但是,他们也有自己值得被肯定的地方。为此,学校创建了"六星少年"评价标准,包括:文明之星、阅读之星、学习之星、艺术之星、劳动之星、体育之星、美德之星。金牛实验中学的娄校长说:"多一条评价标准,就多一个优生。"金牛实验中学的学生综合素质评估可以借鉴到媒介素养评估中来。

除了学校进行的系统评价,还有一些老师在进行自己的探索。凤凰小学的李老师在川教版小学四年级上册信息技术课中融入媒介素养教育,在进行一堂关于利用"橡皮擦"处理图片的课程设计中,确定将学生的自我

---

[1] "北京大学-香港理工大学新生代农民工课题组"和"中国社会科学院新闻与传播研究所媒介传播与青少年发展研究中心":《乡村教师调研报告》,2015年8月。
[2] 七中万达蒋莹访谈,2015年10月14日。

评价、同学评价和教师评价作为评估方式。七中万达的蒋莹老师说，她有一种评估方式，就是让学生自己准备一个小本，学生所属的小组也有一个小本。老师会在每个同学的小本第一页不时记录学生的课堂和作业表现，期末时，她会根据学生小本前面的评语来给每个学生打分。

这些正在探索中的评估方式，涉及前文所论述的档案袋评估、自我报告评估、小组互评和教师对小组整体评估等方式的应用。

三、小结

如何判断学生在媒介素养教育中学到了知识？什么样的标准可以用来衡量学生的学习效果？这些都有待在理论和实践层面继续探讨。媒介素养教育多元，媒介素养的评估维度和评估方式也不应该是单一的。媒介素养教育在不断发展的同时，评估维度和评估方式也会不断得到发展。

第七章 本土媒介素养评估建构

媒介素养教育作为一门学校课程时，教育者必须思考：这门课希望学生学到什么知识或技能？又如何知道学生通过学习达到了预期目标？回答第一个问题，需要确定媒介素养教育的目标。回答第二个问题，需要对学生的学习效果（学生学习后的媒介素养）进行评估；通过评估，教师可以调整教学，以帮助学生更有针对性地提高。而到底评估什么，这又要回到第一个问题，即首先必须从描述媒介素养教育的目标开始。[1] 上一章已对成都市的媒介素养教育实践进行了详细介绍，本章试图在国内外媒介素养教育目标的基础之上，结合田野地点的实践情况，建构适合本土的儿童媒介素养评估指标和方式。

第一节 媒介素养教育的目标

何为媒介素养？这看起来是一个简单的问题，却并不容易回答。因为

---

[1] Hans Martens. "Evaluating Media Literacy Education: Concepts, Theories and Future Directions", Journal of Media Literacy Education, vol. 2, 2010, p. 1.

媒介在不断发展，媒介素养的定义也在不断发展。① 正如美国学者瑞尼·霍布斯说："媒介素养是一个有着一千个名字的孩子。"媒介素养定义的不确定，直接导致媒介素养教育目标的不确定。媒介素养教育目标的不同很大程度上受不同的社会、文化、经济、历史和技术的影响。②

帕特里夏·奥德赫德（Patricia Aufderheide）为第一届美国媒介素养全国领袖会议（National Leadership Conference on Media Literacy）撰写的报告中，强调媒介素养教育的基本目标是培养公民和媒介保持一种批判的自主（critical autonomy）的关系。③ 有研究者认为，媒介素养包括消费者对各种娱乐和广告信息进行处理的能力。④ 在众多的目标中，批判能力一直是媒介素养的核心。有研究者将媒介素养和个体赋权联系起来，指出，批判的思维能力能够为个体赋权。在批判的基础上，个体可以对大众媒介传递的信息作出正确的判断和决定。大卫·帕金翰从文化研究的视角提出，媒介素养教育的目的，在于发展批判的理解与主动参与的能力，使得年轻人能够以媒体消费者的身份，有能力诠释媒体内容，并且在充分了解以后作出明智的判断。同时，也能够成为媒体的创作者。⑤

除了批判能力，参与能力和传播能力也是媒介素养的核心。比如，在拉丁美洲的媒介素养教育中，就强调参与式传播的能力，即强调个体积极参与媒介制作过程和创办"小型媒介"。⑥ 瑞尼·霍布斯（1997）认为媒介素养能够培养公众对媒介信息的批判分析能力。同时，她还指出，媒介素

---

① Art Silverblatt, *The Praeger Handbook of Media Literacy*, California：ABC-CLIO, 2013, p.100-101.

② Mami Komaya, "Media Literacy and Media Education", Handbook of Children and the Media, SAGE, 2001, p.682.

③ Patricia Aufderheide, Media Literacy A Report of The National Leadership Conference on Media Literacy, Washington DC：Aspen Institute, 1993, p.6-10.

④ Mami Komaya, "Media Literacy and Media Education", Handbook of Children and the Media, SAGE, 2001, p.682.

⑤ [英]大卫·帕金翰：《媒体教育素养学习与现代文化》，林子斌译，巨流图书有限公司2006年版，第5页。

⑥ 联合国教科文组织编：《世界交流报告》，新华社新闻研究所外国新闻研究室译，中国华侨出版社1992年版，第470页。

养还要培养传递信息的能力。2007年，UNESCO界定媒介素养教育应包括的3个主要目标，即人人都有接触各种媒介的机会；培养公民对媒介信息的批判性思维；鼓励个体参与各种媒介制作、利用媒介表达意愿和参与媒介互动。① 欧盟（EU）也将媒介素养分为三种必要能力：第一，近用能力（包括接近和使用媒介的权利，分为物理上接近媒介和媒介内容以及合理使用媒介的能力）；第二，分析和评估（如批判性思维和个体自主性）能力；第三，传播能力。② UNESCO 2010年提出媒介与信息素养概念，对其定义为：媒介与信息素养是一种能力的集合，即公民以一种批判、符合伦理、有效的方式近用、获取、理解、评估和使用以及以各种格式和工具分享信息和媒介内容，达到参与和从事与个人、专业和社会有关的活动的目的。③

中国大陆（内地）媒介素养教育目标的提出要回溯到1997年。最早在1997年，卜卫在《论媒介教育的意义、内容和方法》中提到媒介素养教育的四项目标，包括：建立对信息批判的反应模式；发展关于大众媒介的思想，帮助青少年形成对媒介性质和功能的正确认识；提高对负面信息的醒觉能力；培养建设性地使用大众传媒的能力。后来，随着网络媒体的发展，"提高青少年创造和传播信息的能力"作为第五项目标被提出。这五项目标其实是对美国、加拿大和英国的媒介素养教育目标的一个简单概括，"还缺乏对媒介素养教育学的深入思考"。卜卫后来在《我国媒体素养教育研究综述及反思》一文中，对此前的研究进行了反思。她强调媒介素养教育的目标应该从"灌输式"发展到"赋权式"，媒介素养教育不是培养简单的批判技能，而是建立人的批判自主权。因此，媒介素养教育的目标还应该包含发展个体对媒体批判性自主权（个体层面），以及提高个体发声的能力（社

---

① 卢锋编著：《家庭媒介素养教育研究》，清华大学出版社2014年版，第125-126页。

② Study on the current trends and approaches to media literacy in Europe, p. 18-19. http://ec.europa.eu/culture/library/studies/literacy-trends-report_en.pdf.

③ UNESCO, Global Media and Information Literacy Assessment Framework: Country Readiness and Competencies, 2013. http://unesdoc.unesco.org/images/0022/002246/224655e.pdf.

会层面),其最终目的是"有利于发展一个更为民主的社会"。① 中国大陆(内地)学者对《论媒介教育的意义、内容和方法》一文中提出的媒介素养教育的四项目标引用较多,但大多数研究忽略了卜卫后来对媒介素养教育的反思。

吴翠珍认为,媒体素养是为了让学生真正见识媒体,并对媒体如何依附于经济、政治、社会与文化的状况,加以抽丝剥茧;同时学生应该对大众媒体文化具备正确的学习态度,从不同的观点收集资讯、寻找证据借以思辨,以及借着多元媒体制作技能,产制讯息为自己和公共发声。② 她指出,媒体素养教育的终极目标,是促成个人的"释放"与"赋权"。③

从以上看,媒介素养教育的目标并未统一。不过,大多数研究都有一种共识,即媒介素养是一种技能的获得,主要涉及的技能是技术能力、批判观看能力和传播能力。对媒介素养教育目标的分析有利于本研究确定媒介素养的评估维度。

综合各位学者和机构对媒介素养教育目标的分析以及在田野中的访谈,本研究认为媒介素养教育是为了培养一种多面向的能力,其中媒介近用(包括媒介接触和媒介使用)是媒介素养获得的基础,在此基础上,个体习得批判能力、参与式传播的能力。这些能力有利于个体将媒介和信息作为自己发声的工具,从而促进个体和社区发展。在本研究中,将媒介近用能力、批判能力、参与式传播能力作为媒介素养的三个主要维度。

第二节 开发媒介素养教育指标

根据国内外的研究和实践,结合田野观察,本研究从媒介素养的核心能力中概括出三个维度以评估儿童的媒介素养,分别是媒介近用能力、批

---

① 卜卫:《我国媒体素养教育研究综述及反思》,王怡红、胡翼青主编《中国传播学30年》,中国大百科全书出版社2010年版,第508—524页。
② 吴翠珍、陈世敏:《媒介素养教育》,巨流图书股份有限公司2007年版,第225页。
③ 吴翠珍、陈世敏:《媒介素养教育》,巨流图书股份有限公司2007年版,第249页。

判能力和参与式传播能力。

下面,将对构成儿童媒介近用能力、批判能力和参与式传播能力的指标进行详细阐述。

一、儿童媒介近用能力评估指标

在第二章中,将"媒介近用"定义为个体有能力接触和使用多种媒介(包括传统媒介和草根媒介)满足自己的信息需要。儿童的媒介接触和使用能力很大程度受限于媒介的易得性、社会制度的管制、个体能力的差异以及身体状况。[①]

首先来谈儿童的媒介接触。Sonia Livingstone 和 Nancy Thumim 将媒介接触作为发展媒介素养的首要挑战。[②] 本研究对儿童接触媒介主要从三个方面来考察,第一,儿童平时能够接触到哪些媒介;第二,他们喜欢用什么类型的媒介;第三,他们对所使用媒介的依赖程度。对这三个方面的考察可以看出媒介在儿童生活中所扮演的角色。尽管在 EAVI 进行的欧盟 27 国媒介素养评估中,媒介接触和媒介政策、媒介教育、媒介工业、公民社会一起作为影响媒介素养的环境要素纳入对国家层面媒介素养的考量,而不作为衡量个体媒介素养高低的指标,但是,必须明确一点,个体接触的媒介平台多寡、信息来源丰富与否,和个体的媒介接触具有关联性。在本研究中,了解儿童的媒介接触,即了解媒介在儿童的生活中所处的位置,是进行媒介素养教育的出发点。对学生的媒介接触状况的调查,可作为教师教学设计中"学习者分析"的重要环节。在此基础上,教师才能因地制宜地设计适合本校或者本班学生的媒介素养教育课程。同时,才可能设计出适合本地儿童的、具有针对性的评估方案。比如,对部分农村儿童,其在校和在家均不具备接触互联网等新媒介的情况下,如果媒介素养评估中要求儿童利用新媒介进行创作,这样的评估指标就不具有可行性。

---

① Study on the current trends and approaches to media literacy in Europe, p. 12. http://ec.europa.eu/culture/library/studies/literacy-trends-report_ en. pdf.

② Livingstone, S. & Thumim, N. "Assessing the media literacy of uk adults: a review of the academic literature", http://www.ofcom.org.uk/static/archive/bsc/pdfs/research/litass.pdf.

媒介素养教育中,对学生媒介接触的了解包括了解学生日常接触的各种媒介。随着技术的发展,新媒介越来越成为人们主要的信息来源。在访谈中了解到,即使在流动儿童学校和农村留守儿童学校,孩子们接触新媒介的比例也不低。在浙江长坑小学,一个50人左右的班级,约80%的农村孩子家中有电脑,100%的农村孩子家中有手机。成都的流动儿童学校凤凰小学的10名六年级儿童均表示家中有智能手机,8名学生家里拥有电脑。

在本研究中,特别考量到儿童对草根媒介的接触和使用。比如,考量到儿童对手抄报、黑板报、戏剧、歌谣等的接触。一些农村儿童可能没有机会接触互联网,但是,在其日常生活中,能接触到传统戏曲。在媒介素养教育的媒介文本分析中,教师可以对戏曲内容等进行分析。比如,长坑小学所处的缙云县有婺剧文化传统,在学校进行的媒介素养教育中,学生通过采访、创作等,对传统戏曲文化有了更深入的了解。

另外,儿童对媒介的使用能力可以作为衡量其媒介近用能力的另一方面。媒介使用能力包括儿童是否能够使用多种媒介满足自己的信息需要,是否具备一定的技术对所需要的信息进行检索、筛选和保存,以备未来使用。在互联网时代,个体是否能够使用多种媒介满足自己的信息需要,是在现代社会生活中需具备的一项重要能力。因此,具备一定的媒介使用能力,是媒介素养的基础。

结合 UNESCO 和 EAVI 的媒介素养评估维度,本研究确定的媒介近用能力包含如下指标:

儿童媒介素养之近用能力指标

维度	指标	评估方式
媒介接触	1. 能够接触和使用广播、电视、报纸等传统媒介。 2. 能够接触和使用草根媒介,包括手抄报、黑板报、戏剧、歌谣、QQ空间、微信等。	采用口头访谈或者问卷方式,以了解学生日常的媒介接触和使用状况,包括使用哪些媒介、媒介使用频率、媒介对其影响等。

续表

媒介使用	1. 能够明确自己对信息的需要。 2. 能够对所需要的信息进行检索、筛选、保存。 3. 能够使用多种媒介（包括传统媒介和草根媒介）。	方式一： 采用问卷或者量表，以评估学生的媒介使用能力。 方式二： 采用自评方式，评估个体是否通过各种媒介解决过问题，比如邮件、电话、微信、微博、政府政务网站等媒介。

二、儿童媒介批判能力的评估指标

  Elizabeth Thoman1993 年在《媒介素养的核心原则是追问》一文中阐述了关于媒介素养的五个核心点，即所有的信息都是建构的；媒介信息的建构遵循一定的规则；不同的人对相同的媒介信息有不同的反应；媒介被利益驱动；媒介中嵌入了价值和观点。针对媒介素养的这五个核心点，Elizabeth Thoman 提出几个问题，即谁制造了这一信息？其使用了什么样的技术来吸引我的注意力？不同的人在理解这一信息时与我的理解有何不同？这一信息体现了什么样的价值观、生活方式等？这一信息又遗漏了什么样的价值观、生活方式等？他们为什么要发出这一信息？[1] Thoman 基于巴西教育家 Paolo Freire 的理念阐述了"行动学习模式（Action Learning Model）"，将其概括为"四步赋权过程"，即意识、分析、反思和行动。通过这个过程，个体和团体"才可能形成建设性的行动观点，其行动才可能会引起个体在媒介选择上和收视习惯上的改变，甚至可能会努力促使本地层面、国家层面和全球层面的改变"[2]。

  另外，吴翠珍曾建议教师在进行媒介素养教育时，不论由哪个领域或议题融入，都要让学生反思自己的媒体行为，可以将"反思媒体行为"作为教学的切入点。吴翠珍认为，反思个人的媒体行为可以从以下观念和行

---

[1] 陈国明：《美国的媒介（素养）教育》，赵晶晶编译《欧美传播与非欧美传播中心的建立》，浙江大学出版社 2009 年版，第 234—235 页。
[2] Tessa Jolls, Carolyn Wilson. "The Core Concepts: Fundamental to Media Literacy Yesterday, Today and Tomorrow", *Journal of Media Literacy Education*, vol.6, 2004, p.73.

为入手：认知个体使用媒体的目的，包括媒体使用动机和偏好；认知使用媒体对个体日常生活的影响，包括对生活作息、学习、身体健康和家庭关系的影响；妥善安排观看时间，包括了解个体使用媒体的时长、时段，评估个体使用媒体的适当时长和时段；认知个体对媒体的影响，包括个体的媒体使用习惯如何影响媒体的内容和安排，以及个体通过什么渠道和媒体进行互动和沟通。①

根据 Thoman 提出的媒介素养五个核心点和根据五个核心点提出的问题，"四步赋权过程"（意识、分析、反思和行动）以及吴翠珍提出的"反思媒体行为"，本研究将媒介素养的批判能力分为六个维度。分别是"所有媒介信息都是建构的""媒介信息建构的规则""不同个体解读信息存在差异""媒介信息中显露或隐藏的价值观""媒介被利益所驱动""使用者行为"。前五个维度可以归纳到意识、分析、反思层面，最后一个"使用者行为"则主要从行动层面考评学生的媒介使用行为。

"所有媒介信息都是建构的"要求学生能够理解"媒介再现"，知道媒介内容并不是事实的全部，要求学生能够识别媒介信息中存在的年龄、性别、种族、职业等刻板印象。这一条指标强调了学生对媒介信息中存在的刻板印象的认知，主要原因在于，媒介信息强化了各种潜在的不良刻板印象。② 尤其是对年龄、性别、种族和职业等的刻板印象，有可能对儿童的发展不利。比如，电视节目中存在的"以瘦为美"的导向，可能会让青少年陷入疯狂的"节食减肥"中。同时，这一指标的设立，也在于试图促使学校等机构意识到媒介传递的刻板印象可能对儿童的影响。比如，针对中职学生的媒介素养教育可以从"职业刻板印象"入手，让学生对各种职业有更多了解和认识，而不仅仅是从电视电影中看到各种职业形象。通过这种方式，可以促使学生对自己的职业发展有更清楚的认识，将来才可能会有更理智的选择。

---

① 吴翠珍、陈世敏：《媒介素养教育》，巨流图书股份有限公司 2007 年版，第 94—95 页。
② ［美］David R. Shaffer、Katherine kipp：《发展心理学》，邹泓等译，中国轻工业出版社 2013 年版，第 560 页。

"所有媒介信息都是建构"的还要求学生"能够了解新闻是如何生产出来的"。这一指标要求学生能够理解新闻也是建构出来的。新闻虽然反映了事实，但是，记者的记录不可能事无巨细呈现所有的事实。而且，作为个体的人，记者也具有自己的价值立场。可以从"新闻价值"（时效性、重要性、趣味性、接近性等）的角度，要求学生理解新闻的本质。学生还需要了解，记者作为"把关人"的角色。"把关人"是 Kurt Lewin 在研究群体中信息流通渠道时提出的一个概念。50 年代，怀特将这个概念应用于新闻研究，提出了新闻传播的"把关"过程模式。怀特认为，新闻媒介的报道活动不是也不可能是"有闻必录"，而是对众多的新闻素材进行取舍选择和加工的过程，在这个过程中，传播媒介形成一道关口，通过这个关口传达给受众的新闻或信息只是少数。"把关人"既可以指个人，如信源、记者、编辑等，也可以指媒介组织。在传统媒体时代，"把关人"的角色多由记者、编辑承担，只有这些少数的大众媒介内部人员掌握着信息传播的权力，决定哪些信息能够进入大众的视野，大众媒介的外部人员基本无法参与信息的把关。在这个处处都是"麦克风"的时代，"把关人"的角色趋向多元化。除了传统媒体，一些新的社交平台，在一定程度上，也扮演了"把关人"的角色。传播过程越来越体现出双向性、互动性，专业的传媒组织不再是传播话语权的垄断者。

"媒介信息建构的规则"要求学生能够知道媒介信息传播中不同的处理方式会带来不同效果（如标题、镜头角度、声音等如何影响信息的传递）。调研中，有学生反馈，在网络上看到恐怖图片或者看了恐怖电影后，不敢一个人睡觉。媒介素养教育中，应该让学生知道，不同主题的电影、电视剧等，是如何通过镜头、音乐、灯光等来表达主题。而报纸、杂志的排版、标题、字号大小、配图等，也是需要和主题配合的。对这些媒介信息建构规则的了解，有利于学生更理智地看待不同的媒介类型和其传递的信息。

"不同个体解读信息存在差异"要求学生能够知道不同的年龄、性别、家庭背景、国籍、立场等会导致个体对信息的解读存在差异。信息传递的过程，并不是单向的传达，而是双向互动，循环往复的过程。如果将信息传递的过程概括为编码—解码—编码的过程，那任何一个环节，都会影响信息的传递。学生的年龄、性别、家庭等，都会影响信息的编码和解码。而对这一点的认识，可以让个体理解，即使同一信息也可能会得到不同的理解。而要达到更好的沟通，必须要认知对方理解信息的情境。

"媒介信息中显露或隐藏的价值观"要求学生能够分析媒介信息隐含的价值观。价值观可能显性或者隐性在媒介内容中，学生需要具备辨别价值观的能力。尤其是信息时代，技术的发展带来更多的机遇和挑战，比如，算法技术的发展，既是机遇，也是挑战。说它是机遇，是因为它能够推荐基于个人需要的更个性化的信息。但是也可以说它是极大的挑战，比如面临算法推荐带来的"信息茧房"的问题。美国哈佛大学教授凯斯·桑斯坦在《信息乌托邦：众人如何生产知识》中提出了"信息茧房"（Information Cocoons）这一概念。他以"个人日报"来形容互联网用户在大量的网络信息中，依照个人喜好选择自己感兴趣的信息，并对其他内容无视甚至排斥，进而长期形成"信息茧房"。桑斯坦认为，由于"信息茧房"效应的存在，人们只会关注自己感兴趣的信息或与自己看法相似的人群，听取符合自己观点的意见，形成"回音室效应"（Echo Chambers）。在这样的传播模式下，个人用户接收信息的形式形成闭环，并在循环过程中不断受到"正反馈"激励，导致用户误将"私域"（某圈层）的事物和观点等同于"公域"（全社会）的事物与观点，进而同圈层以外的意见与观点形成对冲时，感到迷惑茫然或走向认知上的极端和表达上的极化。[①]

"媒介被利益所驱动"要求学生了解媒体的运行，包括外在环境（如商业、政治等）对媒体内容的影响。近年来，随着微信、微博、短视频等新媒体的日益活跃，社会大众接收到的信息越来越多元化。这些信息来源于不同的媒体，而媒体本身有不同的目标。目标会驱动媒体的行为，会决定他们传递和不传递哪些信息，以及如何进行传递。在当前形势下，经济利益也是驱动媒介的重要因素。经济利益的驱使，可能会损害公众的利益。在市场经济的作用下，媒体的营收压力迫使媒体可能会为了流量而丧失新

---

① [美]凯斯·R.桑斯坦：《信息乌托邦：众人如何生产知识》，毕竞悦译，法律出版社2008年版，第7-8页。

闻伦理。尤其是随着自媒体的出现，纷繁复杂的海量信息在自媒体空间大量涌现。一方面，自媒体拓展了公众的表达空间，丰富了信息来源。另一方面，部分自媒体只收集信息而不亲自核实，缺少专业化或组织化的内容把关机制，难以保证报道的真实性，从而造成信息乱象。

"使用者行为"要求学生能够反思自己的媒介使用行为（包括媒介使用时间和内容）；能够有网络安全意识；能够知道如何利用媒介资源来促进学习；能够不随便转发不确定的信息，并且通过各种渠道求证；能够懂得与媒介信息有关的法律和法规（如学生应该了解版权知识，不剽窃别人的作品，如要使用，要使用正确的格式注明出处）。在田野访谈中有老师指出，目前家长和学校对学生的媒介使用行为态度是："家长怕孩子在家玩电脑，学校怕孩子在学校玩手机。"现在家校对学生的网络使用管理存在两方面的管理难度，其一是时间的控制，其二是内容的控制。在目前没有更好的管理学生媒介使用方式的时候，家长和学校只能采取简单粗暴的方式，那就是"禁止使用"。因此，将"使用者行为"纳入儿童媒介素养的组成，有利于促进儿童对自身媒介使用时间和内容的反思，有利于儿童养成良好的媒介使用习惯。

儿童媒介素养之批判能力指标

维度	指标	评估方式
所有媒介信息都是建构的	1. 能够识别媒介信息中存在的年龄、性别、种族、职业等刻板印象。 2. 能够了解新闻是如何生产出来的。	方式一：教师提供一组含刻板印象的媒介信息，如广告、电视剧片段等，要求学生能够找出其中存在的刻板印象。 方式二：要求学生通过采访，写一则消息。
媒介信息建构的规则	能够知道媒介信息传播中不同的处理方式会带来不同效果（如标题、镜头角度、声音等如何影响信息的传递）。	采用参与媒介制作的方式，要求学生阐述标题、镜头角度、声音等如何影响信息传递。
不同个体解读信息存在差异	能够知道不同的年龄、性别、家庭背景、国籍、立场等会导致个体对信息的解读存在差异。	学生采用参与媒介制作的方式，对目标受众进行分析，针对不同的传播对象，采取不同的传播策略。

续表

维度	指标	评估方式
媒介信息中显露或隐藏的价值观	能够分析媒介信息隐含的价值观。	教师提供一系列的媒介产品，要求学生阐述其背后可能隐藏的价值观。如公益广告所传递的价值观等。
媒介被利益所驱动	了解媒体的运行，包括外在环境（如商业、政治等）对媒体内容的影响。	小论文：讨论"小鲜肉"明星对电视剧收视率的影响。
使用者行为	1. 能够反思自己的媒介使用行为（包括媒介使用时间和内容）。 2. 能够有网络安全意识。 3. 能够知道如何利用媒介资源来促进学习。 4. 能够不随便转发不确定的信息，并且通过各种渠道求证。 5. 能够懂得与媒介信息有关的法律和法规（如学生应该了解版权知识，不剽窃别人的作品，如要使用，要使用正确的格式注明出处）。	方式一：可采取自我报告评估方式，要求学生对个体的媒介使用行为作出反思，并制定个人媒介使用计划表。 方式二：采用量表评估的方式，要求学生能够认识在网络世界中传播、发送和分享个人信息的影响和风险，不在网络等媒介上公开个人信息和隐私等。 方式四：要求学生分析自己的学习状况，并且能够知道如何获取自己所需要的学习信息。 方式四：采用实践报告的形式，要求学生对某则"流传甚广"的流言进行多方求证。 方式五：采用小论文的形式，要求学生使用正确格式注明参考文献。

三、儿童参与式传播能力的评估指标

EAVI《媒介素养水平的评估标准研究报告（2010）》中，将传播能力作为个体媒介素养的组成部分。在整个媒介素养的金字塔结构中，传播能力作为个体的社会能力处于金字塔的顶端。可见，传播能力被视为媒介素养的重要组成部分。[1] 此处，传播能力包括个体利用媒介进行传播的能力，也包括个体参与社会生活的能力，比如个体参与能够建立社会关系等公共领域的活动，并且进行媒介内容的产制。[2] UNESCO 定义的媒介与信息素养

---

[1] EAVI, Study on Assessment Criteria for Media Literacy Levels, Final Report, edit by Paolo Celot, Brussel, 2009, p.7-8.

[2] EAVI, Study on Assessment Criteria for Media Literacy Levels, Final Report, edit by Paolo Celot, Brussel, 2009, p.34.

将创造能力作为个体媒介素养的评估维度之一，其不仅包括个体利用媒介创造和传播信息的能力，还包括个体作为公民积极地参与社会公共活动的能力。

由上可知，EAVI 和 UNESCO 的媒介素养不仅强调个体媒介内容产制的能力，同时也强调个体能够利用媒介参与公共领域的活动。本研究提出将"参与式传播能力"作为个体媒介素养的组成部分，即在媒介素养教育的过程中，强调个体的参与能力和传播能力的培养，从而培养学生具备利用媒介解决问题的能力。

在本研究中，儿童参与式传播即儿童能够利用适合他们的传播媒介发声。此处的"适合的传播媒介"除了儿童可能利用到的传统媒介如报纸、电视等，还包括黑板报、自编歌谣、QQ 空间、网络短视频、微信等"自媒介"，他们可通过适合自身的传播渠道和方式参与传播。江冠明研究中国台湾原住民的社区传播时曾指出，原住民社区传播的发展策略必须考虑到原住民使用媒介的可能性等。[①] 同样，儿童参与传播也要考虑其可利用媒介的可能性。由此，需要考虑到以下四点。首先是传播技术的简易性，即所使用的媒介技术，能够让任何人都可以轻易地学会操作，由此，每个人才有可能参与其中，成为传播者；其次，设备的经济性，即设备价格便宜，每个人都能够拥有简易的设备，传播的硬件基础不受昂贵的专业设备的限制；第三，制作的方便，即媒介作品可以随时制作随时传播，可以不受专业的媒体后期制作设备和技术的限制；第四，在地传播的机动性，即可以不受播放时间的限制等。[②] 这些因素会极大地影响儿童的参与和传播。在调研中，有老师提出，"手抄报这种媒介形式太老旧了"，但并不是"老旧的媒介"就不能用来进行媒介素养教育。如果我们的目的在于让儿童发声，让儿童参与，那么，任何有利于儿童参与的形式都可以利用。形式不是重要的，最重要的是让儿童参与，让儿童发声。

参与式传播能力除了让儿童参与媒介内容生产，还能够帮助儿童建立

---

① 江冠明：《原住民社区节目发展研究》，电视文化研究委员会 1996 年版，第 1—5 页。
② 江冠明：《原住民社区节目发展研究》，电视文化研究委员会 1996 年版，第 1—5 页。

社会关系。有研究者指出，参与媒介可以增加留守儿童的社会资本，比如，留守儿童可以通过媒介与其他能够为他提供帮助的人联系。[1] 从这个角度来说，媒介对留守儿童的作用不仅仅是娱乐的工具，或者对他们表示关爱的工具。同时，它也是儿童发出自己声音的工具，是帮助儿童树立自主性的工具。[2]

参与式传播作为一种方法时，是媒介素养教育的实践形式，能够促进儿童参与到影响他们生活的决策中，发挥儿童的智慧和创造力。参与式传播作为一种能力时，它又是媒介素养教育的目的，能够让儿童通过参与和传播促进个体发展以及社会的进步。媒介素养教育不仅仅是教会儿童批判地对待媒介信息，还要求儿童能够通过"适当的传播行动和媒体平台，建立民主论坛与平等对话机制，以唤醒社群意识之觉醒，进而改变现状，增进所属社群福祉。同时透过在地知识价值的创造，促进社群自我发展和成果共同分享"[3]。

结合国内外媒介素养评估指标和田野调查中的发现，本研究制定了参与式传播能力的评估指标。

---

[1] 卜卫：《关于农村留守儿童的研究和支持行动模式的分析报告》，《中国青年研究》2008年第6期，第25-30页。

[2] 卜卫：《关于农村留守儿童的研究和支持行动模式的分析报告》，《中国青年研究》2008年第6期，第25-30页。

[3] 郭良文、林素甘：《从参与式传播观点反思兰屿数位典藏建置之历程》，《新闻学研究》2010年第102期，第151-175页。儿童的社会资本此处被定义为：一种从人际网络中获得儿童个人生存、发展和被保护的社会资源。这些社会资源通过儿童可以接触的或参与的不固定的网络或正式的组织得到发展，包括：连接家庭成员、邻居、亲密朋友；连接具有不同职业背景或社会背景的人；将穷人或弱势群体和在正式机构中有权力的人联系起来等。

儿童媒介素养之参与式传播能力指标

维度	指标	评估方式
媒介内容生产的能力	1. 能够利用多种媒介制作媒介产品。 2. 能够发现问题，并将所发现的问题用媒介产品的形式表现出来。 3. 所创作的媒介产品要符合伦理原则，如不侵犯他人隐私等。	采用小组任务的方式，评估学生利用媒介进行相关议题研究以及制作媒介产品的能力。教师需要让学生完成一项媒介任务，要求如下：学生能够明确提出问题，如校园欺凌、名牌消费、浪费粮食、抽烟、性教育、家庭教育、环保等。要求学生针对问题提出解决方案，利用适合自身的传播媒介和传播途径进行传播。进行传播时，要求能够明确目标受众，使用多种传播方式（包括传统媒介和草根媒介的使用），并关注传播带来的改变。其中，所制作的媒介产品应该遵循一定的伦理，如不侵犯他人隐私等。
传播（沟通）能力	1. 能够将所制作的媒介产品通过多种渠道进行传播。 2. 所制作的媒介产品有一定的社会影响力，或者促进一定的改变（家庭、学校、社区等的改变）。 3. 完成媒介任务时，在小组合作中是否能够进行良好的沟通。 4. 媒介使用和父母有异议时，能够进行积极而理性的沟通。	方式一： 学生完成媒介内容生产的任务以后，需要进行小组互评，可采用等级量表的方式，从被评估者是否积极参与小组活动，是否积极承担所分工的任务，是否和小组其他成员积极交流，是否能够倾听他人意见并协调组员之间的冲突，是否支持小组其他成员的工作，并且能够对小组存在的问题提出解决方案等方面进行评估。 方式二： 采用家长参与评估的方式，了解个体在家庭中媒介使用状况，是否能够就媒介内容和使用时间和父母有异议的时候，保持理性的沟通。

参与式传播能力主要分为两个方面，其一是儿童的媒介内容生产能力；其二是传播（沟通）的能力。"媒介内容生产能力"包括学生能够利用多种媒介制作媒介产品；能够发现问题，并将所发现的问题用媒介产品的形式表现出来；所创作的媒介产品要符合伦理原则，如不侵犯他人隐私等。媒介内容生产能力不能仅仅强调技术能力，还要强调技术所表现的主题。如在学校的摄影社团活动中，并不仅仅是让学生掌握一些基本的拍摄技巧。其中要融入媒介素养教育，如让学生拍摄有主题内容的人物故事等。在拍摄过程中通过对人物或者事件片段的选取，让学生理解媒介信息建构的规则和媒介信息中所隐藏的拍摄者的价值观。

"传播（沟通）能力"要求学生能够将所制作的媒介产品通过多种渠道

进行传播；所制作的媒介产品有一定的社会影响力，或者促进一定的改变（家庭、学校、社区等的改变）；完成媒介任务时，在小组合作中是否能够进行良好的沟通；媒介使用和父母有异议时，能够进行积极而理性的沟通。在田野调查中了解到，七中万达学校的儿童在校的媒介参与活动众多，如摄影社团的学生自己拍摄校园的照片，将照片制作成明信片；制作"七万手环"，并将制作手环的广告片在校内进行传播。校长出访时，将学生制作的明信片作为礼物送给友好学校。这些传播活动极大提升了孩子们的参与媒介制作的能力，同时，也提升了孩子们的自信心。Y同学在访谈中提到，参加学校电视台的活动，对自己的沟通能力和团队合作能力都有提升。

第三节 儿童媒介素养的评估方式

媒介素养的维度和指标确定以后，通过何种方式进行评估，是需要讨论的问题。2013年6月，教育部颁发《关于推进中小学教育质量综合评价改革的意见》和《中小学教育质量综合评价指标框架》。两个文件都是为了"扭转单纯以学生学业考试成绩和学校升学率评价中小学教育质量的倾向，促进学生全面发展、健康成长"。从国家层面来说，对新的教育评估方式的倡导，有利于社会各个层面对教育评估有新的认识。2020年10月，中共中央、国务院印发《深化新时代教育评价改革总体方案》。总体方案明确，坚持把立德树人成效作为根本标准，坚决克服重智育轻德育、重分数轻素质等片面办学行为，促进学生身心健康、全面发展。

一、评估方式的哲学基础：以人为中心

传统的评价方法主要通过标准化考试的方式对学生的单一知识和技能作出测量，很难测量出学生参加的"主题性的、综合性的、探究性的、复杂的和有趣的学习经验"。这种标准化考试能够非常方便地测量学生所获得的部分知识，但是很难测量学生的批判性思维能力和解决问题的能力。这种评估方式能够在一定程度上测量学生个体的学习成果，但是却忽视了如

何测试学生在团队中的表现。这种评估方式有时候并不能准确让学生认识到自己在学习方面可能存在的问题，不利于学生今后学习的改进。[①] 因此，多种评估方式的综合使用，有利于对学生进行更周全的评估，有利于学生认识到个体学习的不足从而促进个体的发展。

另外，对教育主管部门来说，监测教育质量可以帮助教育行政部门了解本国或本地区的教育质量现状，为相关的教育决策提供科学参考。20世纪80年代以后，教育评估的指导思想发生变化，即教育评价从"以决策为中心"转向"以人为中心"。[②] "以人为中心"的教学评估思想意味着选择的评估方式应该更全面地衡量学生个体的综合能力，而不是片面对学生进行评价。

二、媒介素养评估的基本问题：确定评估方式

上一节在参考 UNESCO 和 EAVI 的媒介素养评估标准的基础上，已确定媒介素养的评估维度和评估指标，即分别从媒介近用能力、批判能力和参与式传播能力三个维度来对儿童的媒介素养进行评估。实质上，本研究中提出的评估维度亦为媒介素养教育的目标之一。媒介素养教育目标的确定，有利于教师确定要评价的内容，而评价的内容又直接决定了选择何种评估方式。

在开展评估之前，有三个问题需要思考，一是采用常模参照测验还是采用标准参照测验；二是运用选择反应的评价方法还是建构反应的评价方法；三是设计多项选择题、简答题，还是表现性测验题。[③] 这三个问题的确定，将直接决定采用何种方式评估媒介素养。

常模参照测验和标准参照测验两种评价方式是从完全不同的视角来解释学生的测验成绩。常模参照测验是指某个学生的表现与先前参加过相同测验的其他学生的表现之间存在的差别。先前参加过测验的考生被称为常

---

① 陈霞：《在教学中运用真实性评价的理论与方法》，《全球教育展望》2002年第4期，第41页。

② 张勇、姚春艳：《中小学教育质量综合评价改革面临的难题》，《湖北教育（综合资讯）》2015年第1期。

③ [美] 詹姆斯·波帕姆：《教师课堂教学评价指南》（第5版），王本陆、赵婧等译，重庆大学出版社2010年版，第111页。

模。也就是说，通过参考常模的成绩，来判断此次参加考试的考生在考试中的表现。而标准参照测验主要是考查课程目标在何种程度上为学生所掌握。标准参照测验与其他学生的表现无关，仅仅评价学生对所测内容的实际掌握情况。① 从某种程度来说，媒介素养评估更适合于标准参照测验，这种评测方式可以让教师了解到学生究竟掌握了哪些知识和技能，而不是去了解学生和其他人存在的差别。

在具体的评估方式上，教师需要确定是让学生做出选择性反应还是建构性反应。所谓选择性反应即学生从教师提供的答案中选择正确的答案，包括选择题和正误判断题。而建构性反应指的是学生必须独立解决问题，如通过作文、手工、口头演讲、角色扮演等方式来进行测试。总体来说，选择性反应的测试在设计上要比建构性反应的设计要难，但是评分较建构性反应更容易。在媒介素养的评价方式中，教师可以根据教学目标，综合利用两种评估策略。评估的主要目的是让教师掌握学生的学习情况，尽可能对学生进行客观评价。②

选择性反应和建构性反应可以在媒介素养评估中综合使用，不过，在具体的评价中，存在多种题目类型，如判断题、选择题、匹配题、简答题、主观题、观察方法、表现性评价、档案袋评价等。具体选择何种题型，同样需要根据具体教学内容或者教学目标而定。在最近几年，档案袋评价和表现性评价在教学测量领域中被广泛提倡。③ 接下来，将会详细论述档案袋评价方式在媒介素养评估中如何运用。

三、媒介素养的评估方式

在英国 GCSE 的认证考试中，学生需要完成不同单元的不同任务，最后

---

① ［美］詹姆斯·波帕姆：《教师课堂教学评价指南》（第5版），王本陆、赵婧等译，重庆大学出版社2010年版，第112页。
② ［美］詹姆斯·波帕姆：《教师课堂教学评价指南》（第5版），王本陆、赵婧等译，重庆大学出版社2010年版，第114页。
③ ［美］詹姆斯·波帕姆：《教师课堂教学评价指南》（第5版），王本陆、赵婧等译，重庆大学出版社2010年版，第115页。

取得一个总分。评估主要采取等级量表的方式，按照不同的任务定出相应的等级标准。① 加拿大的媒介素养评估方式也采用量表形式。美国的媒介素养评估方式主要以量表评价为学生的作品提供反馈，同时学生也运用评价单与其他同学互评。澳大利亚的评估方式由教师掌控，强调对学生能力的累积性评价。UNESCO 和 EAVI 都强调采用评估量表进行评估。中国台湾采用的评价方式多为学习单评价、口头表达、实际操作、团体讨论。《香港学生信息素养的架构》中建议采用形成性及发展性评价的方式对学生进行评估。

中国大陆（内地）没有系统的构建媒介素养的评估方式，但也有不少学者在研究中提及媒介素养的评估方式。荣建华指出，对学生的评价，不能用一个尺度而要用多元的尺度去衡量，要努力发现每个学生的优点和发展的可能性。② 具体的评估方式方面，张学波提倡使用档案袋评价、评价量规、反思表等对学生的媒介素养进行评估。③ 秦永芳则提出测试法、调查评估法、模拟情景评估法、模糊综合评判法等评估方法。④ 除了传统的试卷考评模式，杨光辉还从媒介内容生产的角度提出，可通过让学生制作视听产品、利用电脑完成各种报告、小组合作完成媒介产品以及主题陈述的方式对学生的媒介素养进行评估。⑤ 况瑞娟提出，在媒介素养的融合课程进行评价时，既要考查学校原有学科课程目标的达成情况，又要考查媒介素养教育的目标达成情况。她结合在一线教学中实施媒介素养教育融合课程的具体情况，指出为学生建立档案袋，保存作品，并对作品进行比较和分析，以此评价学生媒介素养教育目标的达成情况。同时，她也指出，课程评价仍然面临很多困难，如何将课程评价与教学结合，尽量不增加教师实施评

---

① GCSE Specification: Media Studies and Media Studies (Double Award) for Exam June 2014 Onwards, for Certicication June 2014 Onwards, http://www.aqa.org.uk.

② 荣建华:《中国媒介素养教育论》，中国社会科学出版社 2011 年版，第 201-206 页。

③ 张学波:《媒体素养教育的课程发展取向研究》，华南师范大学 2005 年博士学位论文，第 209-211 页。

④ 秦永芳:《青少年媒介素养教育研究》，广西人民出版社 2008 年版，第 252-259 页。

⑤ 杨光辉:《走进传媒——如何开展媒介教育》，蔡帼芬、张开、刘笑盈主编《媒介素养》，中国传媒大学出版社 2005 年版，第 73 页。

价的工作量、提高评价的效果等都是亟须解决的问题。[1]

以上评估方式对本研究确立儿童媒介素养评估方式具有重要借鉴意义。从评估方式来看，媒介素养评估更适合采用形成性评价的方式对学生的学习效果评估。

媒介素养作为一种能力，它的获得需要一个过程。因此，媒介素养的评估应该反映学生在不同阶段的学习情况。也就是说，媒介素养的评估应该是对学生的动态评估，要着眼于学生的整个学习过程。评估者可将学生完成的作业、日常的媒介使用行为、自我评价、同伴小组评价以及教师的观察等综合起来以获取学生的学习情况。[2] 总的来说，媒介素养评估不再强调评估的甄别功能，而是强调通过学习促进学生个体的发展。根据这个原则，本研究认为，媒介素养的评估可以选择如下的几种评估方式。

以下将论述和媒介素养相关的主要评估方式。

（一）档案袋评估

档案袋评估可以说是一种评估方式，也可以说是一种评估哲学。档案袋中所收集的材料，并不是学生一次的学习成果，而是在整个学习过程中的成果。可以说，采取其他评估方式取得的分数或者成果，都可以放到档案袋中积累起来，以作为媒介素养教育课程结束后的一个成绩总汇。在一个主题的课程结束以后，或者一个任务完成以后进行测试。教师可以将这些评测结果作为学生的日常表现，收集到档案袋中，到学期课程结束时，将学生一个学期的成绩加起来作为学生在媒介素养教育课上的成绩。这样的评估方式，更看重学生平时的表现，而不是学生一两次测试的结果。所以说，档案袋评估方式也体现着一种重视过程性学习的评估哲学。可以说，使用档案袋评价的方式评估学生在接受媒介素养教育过程中的成果，能够

---

[1] 况瑞娟、薛宝卫：《媒介素养教育和品德与社会的融合课初探——以融合课〈辉煌的电影艺术〉为例》，《中国教师》2011年第18期，第28-31页。

[2] ［加］Margaret Hunsberger、Jim Paul、Matthew Hiebert 等：《以学生为中心的教学与评价策略》，裴娣娜译，中央广播电视大学出版社2007年版，第187页。

对学生的学习总体情况有比较好的概括。[1]

档案袋评估的一个关键是，确定何种作品样本入选档案袋。此外，档案袋评估存在的一大问题是耗时，需要花费教师不少时间来浏览学生的档案袋。如果要想进行大规模的评估，档案袋评估可能是教师的一大负担。[2]

（二）儿童参与构建的评价量表

评价量表是一种评价工具，描述的是对某项任务的具体期望。评价量表将任务分成多个组成部分，并对每个部分合格或不合格的表现进行了详细描述，可用于评价多种任务，包括研究论文、书评、讨论、实验报告、档案、小组活动、口头陈述等。评价量表主要包含四个部分：任务描述、某类评价标尺（成就水平，可采取"等级"的形式）、评价的维度（任务所涉及技能/知识的分解）和对每个表现水平构成要素的描述（具体反馈）。[3]

媒介素养评估中的量表可以采取学生参与的方式确定。教师确定评估任务以后，量表可以由教师和学生共同构建。刘易斯、伯格霍夫和菲尼研究了"通过协商编制的评价量表"对学生学习动机的影响。研究者发现，通过协商编制的评价量表能让学生在所分配的任务中获得更强的参与感，他们所撰写的论文表现出高度的专业素养和创造力。丹奈尔·D.史蒂文斯和安东尼娅·J.利维提出让学生参与评价量表的建构，其中有两种方法值得在本研究中采用。第一种方法叫"反馈模型"。在确定最终的评价量表前，可以通过学生的反馈对评价量表进行修改。为了得到学生的反馈，将学生分成小组来讨论评价量表。参与评价量表的建构能够使学生的强项被突出，从而有助于提高他们的学习效果，同时也可能促进他们积极参与表达。"反馈模型"也可以由教师确定最高和最低的标准，中间的表现标准可以由学

---

[1] http://www.learn-line.nrw.de/angebote/portfoliomk/medio/portfolio/index.htm?available in German.

[2] ［美］詹姆斯·波帕姆：《教师课堂教学评价指南》（第5版），王本陆、赵婧等译，重庆大学出版社2010年版，第203-204页。

[3] ［美］丹奈尔·D.史蒂文斯（Dannelle D. Stevens）、安东尼娅·J.利维（Antonia J. Levi），《评价量表：快捷有效的教学评价工具》（第2版），陈定刚译，华南理工大学出版社2014年版，第3-5页。

生来参与设定。第二种方法被称为"便利贴模型"。这种创建评价量表的方式不仅让学生参与对评估维度的描述,同时也允许学生创建维度。如在本研究中确定了媒介近用能力、批判能力和参与式传播能力三个维度来评估儿童的媒介素养。教师可以给学生发放便利贴,每张便利贴上写上一个该项任务的最高标准,然后,在黑板上将这些便利贴贴出来,再和学生一起讨论来完善评估量表。① 从儿童参与的角度来看,这种儿童参与构建评估量表的方式是值得推崇的。量表构建出来以后,即可根据相关主题进行评估。这样不仅让每个学生能够参与到评估中,同时可以加深学生对所完成的媒介素养教育课程任务、目标以及相应的评估标准的理解。

(三) 自我报告评估

鉴于学生的媒介接触在很大程度上是在课外进行,因此,采取自我报告评估的方式可以更好了解学生的媒介接触情况,尤其是学生在家里的媒介接触使用状况。自我报告最重要的是促进学生对自己的媒介使用行为进行反思。自我报告可以通过访谈、日记、量表和问卷调查等多种方式进行。

(四) 小组互评

媒介素养教育课程中,有不少需要小组合作完成的任务。因此,媒介素养评估也可以采用小组成员之间互评的方式。"小组互评"可以帮助学生更加积极地参与到小组任务中,并对自身参与小组活动的情况进行反思。② 比如学生是否懂得自己在小组中的任务;是否能够积极参与到任务中;是否在任务完成的过程中和同伴进行过交流;是否能够倾听别人的意见;是否能够支持小组其他成员的工作;是否能够对小组存在的问题提出解决方案等。"小组互评"可采取匿名的方式进行。

---

① [美] 丹奈尔·D. 史蒂文斯(Dannelle D. Stevens)、安东尼娅·J. 利维(Antonia J. Levi),《评价量表:快捷有效的教学评价工具》(第2版),陈定刚译,华南理工大学出版社2014年版,第44-49页。

② [加] MargaretHunsberger、Jim Paul、Matthew Hiebert:《以学生为中心的教学与评价策略》,裴娣娜译,中央广播电视大学出版社2007年版,第173页。

（五）教师对小组整体评估

在小组合作完成任务中，为减轻教师负担，可采用教师对小组评估的方式。如果一个班级45人左右，分成9个小组的话，教师仅需要对这9个小组的任务完成情况进行评分即可。"小组互评"和"教师对小组整体评估"两种评估方式取得的分数可以加起来作为个体在小组合作完成任务中的成绩。

媒介素养的评估必定是多种评估方式的综合。因此，在不同的课程以及评估内容中，可以根据实际情况综合选择评估方式。①

第四节 师生参与媒介素养评估标准的讨论

第三节已在田野调研基础上，初步确立儿童媒介素养评估指标和评估方式。这一节，我和参与媒介素养教育的试点学校师生就评估维度的具体指标和评估方式进行了讨论。

本研究采取网络焦点访谈和个人访谈的方式，同教师学生一起讨论每一个评估指标以及相应的评估方式。特别要指出的是，本研究没有针对不同年级制定分段评估指标，因此，部分维度提出的评估指标可能更适合初中及其以上的学生。分段指标的制定将会在未来的研究中继续探讨。

一、媒介素养评估指标的讨论

（一）指标建构的原则

媒介素养指标的制定遵循教育指标建构的原则。教育指标制定的主要原则有：问题原则，指标要以问题为中心，要为问题和解决问题服务；可能原则，指标要具有可采集性；简约原则，指标要易于操作使用；集合原则，指标必须是一个整体，必须发挥集合的作用；演化原则，指标需要不

---

① ［加］Margaret Hunsberger、Jim Paul、Matthew Hiebert：《以学生为中心的教学与评价策略》，裴娣娜译，中央广播电视大学出版社2007年版，第133页。

断演化、进步和发展。① 中国台湾张嘉伦参考众多的指标制定原则，将指标的适切性、清晰性和独特性作为媒介素养指标制定的原则。② 其中，适切性是指，媒介素养的指标要能够反映"媒体素养教育之重要知识、技能、情意"，"安排有适当的组织层次"，能够"考量学生的先备知识、发展能力、成熟因素"，能"适切考量实施时间（教学节数）、资源"；同时，"还要与真实世界做适当结合"。清晰性是指，指标的"用字遣词要清楚明确"，"能以动作为开头"，"能让教师清楚掌握"，"能明确写出学习行为表现"，"能安排教学计划或单元名称"，"能清楚进行评量"，"指标的合并合乎逻辑"，"能避免有专业术语（专有名词）"，"格式有一致性"，"每个指标只包含一个一般性的学习成果"，"每个指标是独立不重复的"。独特性是指，"以描写预期学生的学习表现为主（非教师的教学活动或教师表现）"，"着重学生的学习结果（非学生的学习历程）"，"能避免特定内容，可以运用在不同的教学单元上"。③ 张学波指出指标建构应以促进学生发展为目的；应是真实的、重视实践能力的情境化评价；重视被评者在评价中的地位和作用；评价标准多元化，关注学生个体差异；重视过程评价，关注学习发展的动态历程；评价方法多元化，量化评价与质性评价相结合。

结合上述，将从指标的方向性、问题原则、可行性（包括进行教学的可能性和进行评估的可能性）三个方面对指标进行讨论。

（二）媒介素养评估指标的讨论

从教育哲学上来说，评估从维度的确立到各维度下指标的确定，都体现着一定的价值导向；从技术上来说，评估是否简便、有效，直接关系到

---

① 高书国：《教育指标体系——大数据时代的战略工具》，北京师范大学出版社2015年版，第264-265页。

② 吴翠珍、陈世敏：《国民中小学媒体素养教育融入各领域议题（永定结案报告）》，2007年，第300-305页。

③ 吴翠珍、陈世敏：《国民中小学媒体素养教育融入各领域议题（永定结案报告）》，2007年，第300-305页。

指标是否能在实践中被采用。① 因此，指标的确定必须考虑价值导向和可操作性。接下来，将从指标的方向性、问题原则、可行性三个方面对媒介素养的核心能力（媒介近用能力、批判能力和参与式传播能力）进行讨论。

在媒介素养的评估指标初步制定出来后，我和试点学校的师生一起进行了讨论。参与讨论的有友谊小学的2位教师，七中万达的5位教师和10位学生，凤凰小学的6位教师和8位学生。

1. 指标的方向性：教育的方向

媒介素养的评估指标要能体现教育的方向，也要能够对教师的教学起到指导的作用。为此，我就指标可能涉及的媒介主题与试点校的师生们进行了讨论。

首先，评估指标中暗含的主题已经为教师搭建了教学内容的主题框架，为教学主题设计提供了方向。具体到每一堂课讲什么内容，则由每个老师根据实际情况安排。比如，"所有媒介信息都是建构的""媒介信息建构的规则""不同个体解读信息存在差异""媒介信息中显露或隐藏的价值观""媒介被利益所驱动""使用者行为"六个维度均对主题内容的设计有所引导。学生对"游戏是怎么制作出来的""如何辨别网络新闻的真假""演员在电视剧电影中是如何飞起来的""明星是如何被打造出来的""电视真人秀节目是如何制作出来的""如果控制不住上网的时间怎么办""电视中的暴力和校园暴力的关系，如何解决校园暴力问题"等主题比较感兴趣。

从学生偏爱的主题来看，流行文化对其影响很大。对孩子们来说，流行文化是他们生活的重要组成部分。但在传统的课堂上，流行文化并没有得到充分讨论。在媒介素养教育中，如果从"保护主义"取向的媒介素养教育出发，就容易忽视流行文化对儿童的重要性。2016年《中国社交媒体影响报告》称，"90后"成社交媒体最大用户群，当红青少年偶像组合TFBOYS是被"90后"提及最多的明星。在媒介素养教育中，可以将孩子们感兴趣的明星作为话题讨论，一方面可以激发孩子们的兴趣，另一方面，也可以引导孩子们正确看待追星现象等。

---

① 卜卫、周海宏、刘晓红：《社会科学成果价值评估》，社会科学文献出版社1999年版，第37页。

从教育实践中，可以看出在课堂上公开讨论流行文化的益处，即可能会促使学生的行为发生改变。成都市三十三中的 C 老师是音乐老师，在一堂音乐课上，他和孩子们一起讨论流行音乐。有很多孩子都非常喜欢 TFBOYS。C 老师提到和其中一个成员是远房亲戚。班上有个女生是这个组合的粉丝，听到 C 老师提到这点时，特别激动，一直嚷着让 C 老师帮她要签名。C 老师在课堂上和孩子们分享了他所知道的这个远房亲戚家的孩子日常生活中的一些情况，最后得出的结论是：这个孩子和这些课堂上讨论流行文化的孩子一样，也是普通的中学生，他也有自己的苦恼，也需要应对学习和生活中的问题。同时，因为公众人物的身份，他还注定要付出比普通人更多的努力。在课堂上，孩子们也参与讨论了明星是如何被包装出来的这个话题。这节课结束后，C 老师问那个想要签名的女生："你还要签名吗？"女生回答："算啦，不要啦！"① 从这个案例中，我们可以看出，媒介素养教育可以促使孩子们更理智地思考和行动。

而教师方面则希望学生能够具备一定的媒介技术能力，如"希望学生能够学会网络的基本操作能力""会制作 Flash 动画和会 Photoshop"等。这可能和访谈的大多数老师是信息技术老师有关。参加焦点小组访谈的 13 位老师中，有 5 位是信息技术老师。同时，教师还"希望学生能够辨析网络的正负面影响""能够选择合适的信息工具促进学习""具有信息安全意识""具备沟通能力等"。

从学生和教师对媒介素养教育主题的不同期待，可以看出二者对待媒介素养教育主题的兴趣有不一致的地方。

在研究者看来，媒介素养评估指标要能够体现教育的方向性，教学要体现"以学生为中心"的原则。媒介素养教育主题的生成可以采取"调查生成主题"的方式，通过在学生中进行调研，从而确定教学主题。

2. 指标的问题原则：以解决问题为导向

媒介素养的评估指标，应该以问题为中心，以解决学生身边的问题为目的。比如，当前普遍存在的校园欺凌现象、物质主义、盲目追星等，不

---

① C 电话访谈，2016 年 12 月。

仅对学校和家长来说是很棘手的问题,对学生而言,也困扰着他们的成长。在指标设计中,有部分指标,如"能够反思自己的媒介使用行为(包括媒介使用时间和内容)";"能够有网络安全意识";"能够知道如何利用媒介资源来促进学习";"能够不随便转发不确定的信息,并且通过各种渠道求证"等,这些指标都是为了能够应对现实中学生面临的问题而设计。

在成都市的媒介素养教育试点校中,有不少学校是希望通过媒介素养教育来解决学生因媒介使用引发的负面影响问题。比如,成都市第二十中实施《建构文明规范的校园通讯网络空间》的研究课题,试图解决教师在教学实践中遇到的网络和手机对学生造成负面影响的问题。某些学校曾发生过有学生在贴吧对其他同学进行不负责任的谩骂和诋毁,而使矛盾进一步加剧,最终学校、家长、警方都介入调解,才使问题得到解决。

田野点一些学校试行媒介素养教育的出发点虽然是出于保护主义的立场,但并没有采取"一刀切"的方式,而是组织学生、家长进行多次反复讨论应该如何管理手机。通过三方的数次讨论,最后达成共识,形成《学生手机管理办法》。这个经过学生、家长和老师参与讨论试行的管理办法,和以前由学校制定实施的各项校园规定有区别。第二十中学校德育处反馈,实施了一年《学生手机管理办法》后,过去学校德育管理工作中存在的老大难问题,如手机作弊、课堂手机违规使用和家长控诉孩子回家过度玩手机等问题,有了明显改善。

如下表所示:

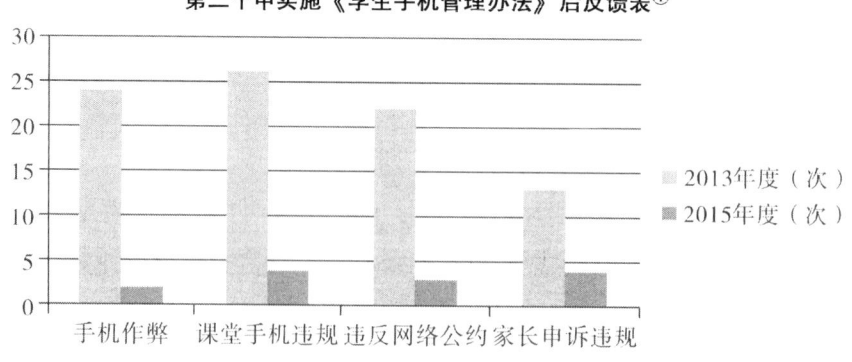

第二十中实施《学生手机管理办法》后反馈表[①]

① 成都市第二十中:《建构文明规范的校园通讯网络空间》课题阶段报告。

3. 指标的可行性：教学和评估的可能性

从评估的角度出发，指标能否在实践中应用，体现着指标的可行性程度。目前，在成都的媒介素养教育，尤其是课程融合中，几乎所有的学校都只是在一两个科目中选择了一两个老师的课堂试点。人北实验小学的张老师指出："目前课程渗透和整合只限于一两节课，还没有全面开展。要让媒介素养教育得到大家的认可并尝试推广，就必须让大家看到学生受益明显，可操作性强才能吸引更多的教师参与到媒介素养教育中来。"此处的"可操作性强"除了媒介素养教育课程的可操作性，还包括对学生媒介素养评估的可操作性。

媒介内容生产的维度中，指标是否具有可行性，需要考虑到学生的媒介接触情况。比如，在一个班里，如果大多数孩子在课后几乎没有机会接触电脑和手机，教师就不应该布置需要利用电脑或者手机才能完成的任务。也就是说，教师需要根据孩子的日常媒介接触来设计教学和评估。媒介批判能力维度有一项指标为"能够识别媒介信息中存在的年龄、性别、种族、职业等刻板印象"，以检测学生是否具备识别媒介中存在的刻板印象的能力。对这项指标的检测，则要求教师能够给学生提供一则存在刻板印象的广告或者海报或者电视剧视频等，要求其能找出其中存在的刻板印象。此项指标是否可行首先取决于教师能否找到合适的素材作为评估的材料。由上可知，评估指标是否具有可行性，还与评估方式和评估材料的选择有关。

因此，指标和评估方式如何结合，还需要继续进行探讨。总之，要注意评估指标的设计要尽量适合所有学生。

二、媒介素养评估方式的讨论

日常各学科的评测，基本都是以具体的分数来衡量学生，其实，很难通过"89分"和"90分"来衡量学生到底有没有掌握某个知识点。因此，某些科目如历史、政治、语文、音乐等很难用量化的形式来评测的科目，以具体的某次考试的分数来评价学生并不太妥当。媒介素养教育的实践中，学生希望以等级量表、评语、口头评语等方式来评估自己在媒介素养教育课上的成果。学生尤其希望以评语的方式对自己的学习效果进行评价，其中包括老师和同学的评语。另外，他们还希望老师平时能够以口头评语的方式对自己进行评估。由此可见，给学生及时的反馈对学生来说很重要。学生们指出更喜爱评语评估方式的原因在于，评语能够让自己更清楚学习上的不足，让自己认识到需要改进的方面。这样的评估方式能够让自己取长补短，不断改进。同时，还有学生明确提出，希望老师和同学给予的评语是"较为深入"的，而不是肤浅表面的"套话"。也有部分学生提出，希望通过问卷进行评估。

在媒介素养的评估方式讨论中，教师们更希望采取学生自评的方式进行。"使用者行为"中一项指标要求儿童"能够反思自己的媒介使用行为（包括媒介使用时间和内容）"。评估方式建议采取自我报告评估方式，要求学生对个体的媒介使用行为作出反思，并制定个人媒介使用计划表。但有教师指出，学生自我报告的结果不太可信。又有教师提出，可邀请家长参与对自己的孩子在家的媒介使用状况进行评估。后亦有教师指出，家长参与评估的话有可能会存在偏袒。该指标的设立意图让学生能够更好地安排自己的媒介使用时间。除了希望能够促进学生行为的改变，更希望学生能够对自己的媒介行为进行反思。从目前的评估方式来看，该指标在可行性方面可能存在不足。

针对学生提出希望以评语的方式进行评估，有老师认为，如果要采用评语的方式对每个学生进行评估，"几乎不可能"。如前所述，在成都，大多数学校兼任媒介素养教育课程的老师是信息技术课老师，信息技术课虽已被纳入国家课程，但是，因为其并不纳入高考，所以，在很多学生、家长甚至老师看来，这门学科就是一门"豆芽科"（不重要的、边缘的科目）。每个信息技术课教师的教学任务都非常繁重，七中万达的一位信息技术课老师一个学期要上10个班的课，每个班大概有45人。这样的学生人数，如果采用给每一个学生写评语的方式进行评估，是不现实的。

教师们提出，可以利用档案袋的方式，将学生在学习过程中的材料收集起来，以在一个学习阶段结束或期末时对学生进行评价。平时要注意的是，要多对学生的作品进行展示。七中万达的蒋莹老师说，在她的信息技术课上，缺乏具体的评价环节。目前主要是采取记录学生参与活动的情况和任务完成的情况来对学生进行评估。她希望能够将学习过程和学习结果相结合以最终对学生进行评价。"当然，操作性要强的话，最好是学生自己能够完成评估。"李玲老师还提到，在媒介素养教育课程中，通常会采用小组合作的形式共同完成某个任务。同伴可以在小组内完成互评，老师只需要对整个小组的工作进行评估即可。这样就大大减少了老师的工作量。同时，针对学生提出的自评不可信的问题，李玲老师指出，可以将家长的意见纳入评估。比如，学生大多数的媒介使用是在家庭中完成，因此，应该将家长的意见纳入其中，以督促学生养成良好的媒介使用习惯。

三、小结

对媒介素养评估指标和媒介素养评估方式的讨论，有利于在实践中不断发展媒介素养的评估。指标的方向性能够对媒介素养教育的主题有所引领；问题原则主要是指标的设计要以解决问题为导向，不仅仅解决儿童生活中面临的问题，同时也培养儿童解决问题的能力；而指标的可行性则是从教学可能性和进行评估的可能性两方面来进行讨论。而评估方式的讨论则重点考虑了评估中的主体之一教师所反馈的情况，如果评估大大加大了教师的工作量，就很难持续。如前文所述，一个信息技术的教师需要对四五百个学生进行评估。因此，选择评估方式也需要考虑到实际，要具有可行性。

第八章 结论和讨论

第一节 媒介素养评估维度的确定

一、评估维度之一：媒介近用能力

本研究中的"媒介近用能力"包括个体的媒介接触和使用媒介的能力。儿童的媒介接触和使用能力应该考虑性别、年龄、地理环境、身体状况等因素的影响。儿童接触媒介主要从以下三个方面来考察，第一，儿童平时能够接触到哪些媒介；第二，他们喜欢用什么类型的媒介；第三，他们对所使用媒介的依赖程度。

媒介接触多寡虽然不能直接等同于个体的媒介素养高低，但不可否认，个体接触的媒介平台越多、信息资源越丰富，其传播实践亦相应受到影响。本研究中把儿童的媒介使用能力确定为儿童利用多种媒介满足自己信息的需要，具备一定的技术对信息进行检索、筛选和保存等。

本研究确定了儿童媒介素养之近用能力指标如下：

儿童媒介素养之近用能力指标

维度	指标	评估方式
媒介接触	1. 能够接触和使用广播、电视、报纸等传统媒介。 2. 能够接触和使用草根媒介，包括手抄报、黑板报、戏剧、歌谣、QQ空间、微信等。	采用口头访谈或者问卷方式，以了解学生日常的媒介接触和使用状况，包括使用哪些媒介、媒介使用频率、媒介对其影响等。
媒介使用	1. 能够明确自己对信息的需要。 2. 能够对所需要的信息进行检索、筛选、保存。 3. 能够使用多种媒介（包括传统媒介和草根媒介）。	方式一： 采用问卷或者量表，以评估学生的媒介使用能力。 方式二： 采用自评方式，评估个体是否通过各种媒介解决过问题，比如邮件、电话、微信、微博、政府政务网站等媒介。

二、评估维度之二：媒介批判能力

培养批判能力，是当今教育的主要目标之一。在媒介素养教育中，通过对儿童批判能力的培养，可使得个体在面对各种信息时作出理性思考、决策和行动。

本研究将批判能力作为儿童媒介素养的核心能力之一，包括了解"所有媒介信息都是建构的""媒介信息建构的规则""不同个体解读信息存在差异""媒介信息中显露或隐藏的价值观""媒介被利益所驱动""使用者行为"。

其具体指标如下：

儿童媒介素养之批判能力指标

维度	指标	评估方式
所有媒介信息都是建构的	1. 能够识别媒介信息中存在的年龄、性别、种族、职业等刻板印象。 2. 能够了解新闻是如何生产出来的。	方式一：教师提供一组含刻板印象的媒介信息，如广告、电视剧片段等，要求学生能够找出其中存在的刻板印象。 方式二：要求学生通过采访，写一则消息。

续表

维度	指标	评估方式
媒介信息建构的规则	能够知道媒介信息传播中不同的处理方式会带来不同效果（如标题、镜头角度、声音等如何影响信息的传递）。	采用参与媒介制作的方式，要求学生阐述标题、镜头角度、声音等如何影响信息传递。
不同个体解读信息存在差异	能够知道不同的年龄、性别、家庭背景、国籍、立场等会导致个体对信息的解读存在差异。	学生采用参与媒介制作的方式，对目标受众进行分析，针对不同的传播对象，采取不同的传播策略。
媒介信息中显露或隐藏的价值观	能够分析媒介信息隐含的价值观。	教师提供一系列的媒介产品，要求学生阐述其背后可能隐藏的价值观。如公益广告所传递的价值观等。
媒介被利益所驱动	了解媒体的运行，包括外在环境（如商业、政治等）对媒体内容的影响。	小论文：讨论"小鲜肉"明星对电视剧收视率的影响。
使用者行为	1. 能够反思自己的媒介使用行为（包括媒介使用时间和内容）。 2. 能够有网络安全意识。 3. 能够知道如何利用媒介资源来促进学习。 4. 能够不随便转发不确定的信息，并且通过各种渠道求证。 5. 能够懂得与媒介信息有关的法律和法规（如学生应该了解版权知识，不剽窃别人的作品，如要使用，要使用正确的格式注明出处）。	方式一：可采取自我报告评估方式，要求学生对个体的媒介使用行为作出反思，并制定个人媒介使用计划表。 方式二：采用量表评估的方式，要求学生能够认识在网络世界中传播、发送和分享个人信息的影响和风险，不在网络等媒介上公开个人信息和隐私等。 方式四：要求学生分析自己的学习状况，并且能够知道如何获取自己所需要的学习信息。 方式四：采用实践报告的形式，要求学生对某则"流传甚广"的流言进行多方求证。 方式五：采用小论文的形式，要求学生使用正确格式注明参考文献。

三、评估维度之三：参与式传播能力

本研究中提出将参与式传播能力作为儿童媒介素养评估的维度之一。

参与式传播不仅兼顾了个体的传播能力，也包括了个体参与社会公共活动的能力。儿童参与式传播即儿童能够利用适合他们的传播媒介和传播渠道，对和自己利益相关的事件进行发声表达，同时能够参与公共对话或讨论公共议题。此处的"适合他们的传播媒介和传播渠道"包括传统媒介和草根媒介。考虑到指标在不同地区或者学校对不同儿童的适用性问题，此处并不特别强调技术或者新媒介的使用。

本研究将参与式传播能力分为两个方面，第一是媒介内容生产的能力，第二是传播（沟通）的能力。"媒介内容生产能力"包括能够利用多种媒介制作媒介产品；能够发现问题，并将所发现的问题用媒介产品的形式表现出来；所创作的媒介产品要符合伦理原则，如不侵犯他人隐私等。"传播（沟通）能力"包括能够将所制作的媒介产品通过多种渠道进行传播；所制作的媒介产品有一定的社会影响力，或者促进一定的改变（家庭、学校、社区等的改变）；完成媒介任务时，在小组合作中是否能够进行良好的沟通；媒介使用和父母有异议时，能够进行积极而理性的沟通。具体指标如下：

儿童媒介素养之参与式传播能力指标

维度	指标	评估方式
媒介内容生产的能力	1. 能够利用多种媒介制作媒介产品。 2. 能够发现问题，并将所发现的问题用媒介产品的形式表现出来。 3. 所创作的媒介产品要符合伦理原则，如不侵犯他人隐私等。	采用小组任务的方式，评估学生利用媒介进行相关议题研究以及制作媒介产品的能力。教师需要让学生完成一项媒介任务，要求如下： 学生能够明确提出问题，如校园欺凌、名牌消费、浪费粮食、抽烟、性教育、家庭教育、环保等。要求学生针对问题提出解决方案，利用适合自身的传播媒介和传播途径进行传播。进行传播时，要求能够明确目标受众，使用多种传播方式（包括传统媒介和草根媒介的使用），并关注传播带来的改变。其中，所制作的媒介产品应该遵循一定的伦理，如不侵犯他人隐私等。

续表

维度	指标	评估方式
传播（沟通）能力	1. 能够将所制作的媒介产品通过多种渠道进行传播。 2. 所制作的媒介产品有一定的社会影响力，或者促进一定的改变（家庭、学校、社区等的改变）。 3. 完成媒介任务时，在小组合作中是否能够进行良好的沟通。 4. 媒介使用和父母有异议时，能够进行积极而理性的沟通。	方式一： 学生完成媒介内容生产任务以后，需要进行小组互评，可采用等级量表的方式，从被评估者是否积极参与小组活动，是否积极承担所分工的任务，是否和小组其他成员积极交流，是否能够倾听他人意见并协调组员之间的冲突，是否支持小组其他成员的工作，并且能够对小组存在的问题提出解决方案等方面进行评估。 方式二： 采用家长参与评估的方式，了解个体在家庭中媒介使用状况，是否能够就媒介内容和使用时间和父母有异议的时候，保持理性的沟通。

第二节　评估形式：档案袋评估

1996年国际21世纪教育委员会向联合国教科文组织提交了报告《教育——财富蕴藏其中》，其中最核心的思想是：教育要使学习者"学会认知、学会做事、学会共处、学会生存"。这一思想很快被全球各国认可，并被称为学习的四大支柱。时代的发展对教育所培养的人的综合素质提出了新的要求。面对信息社会的知识巨量增长的挑战，教育最重要的不是灌输知识，而是教会学生学习，以便培养他们应对社会挑战的能力。

2020年10月，中共中央、国务院印发《深化新时代教育评价改革总体方案》，首次提出"四个评价"：改进结果评价，强化过程评价，探索增值评价，健全综合评价。总体方案强调过程评价，尤其强调"坚决改变用分数给学生贴标签的做法"，背后的理念就是要用评价来促进学生学习。

传统的对学生的评价，以甄别与选拔为根本目的，以标准化测验为主。标准化测验仅仅根据学生阅读和计算能力，即语言和数理逻辑智能作出片面的智力评价。标准化测验的评价方法产生于20世纪初世界各国兴起的教育测验运动，最初的形式是法国学者比奈（Binet）制定的学生智力量表，后来发展为学校中用于测量学生学业成绩的各种标准化测试题。标准化测验具有可信性，不会受时间推移的影响，适用于测量学生的读、写、算能力。然而，标准化测验通常仅测量学生学习的结果，是偏静态的，存在两方面弊端。第一，不适用于测量学生的艺术认知、自我认识及社会理解等方面能力。第二，不适用于测量学生在解决问题过程中展现的能力，如决断、想象、领导、社会理解等。标准化测验只能作为学生评价的一种方法，但不能取代其他评价方法。[1]

随着教育与研究水平的发展，教育领域开始对传统单一、线性的学生评价进行修正。评价范式的转换并非一蹴而就的，需要先进教育理念的引领。20世纪80年代由加德纳教授提出的多元智能理论及其评价观，对促进学生评价多元化具有重要启示意义。加德纳在他的多元智能理论中最突出的观点是个体智力的多元化。他认为人类的智力不是语言和数理逻辑能力就能涵盖的，仅仅用这两个方面的智力来衡量一个人存在很大的片面性。他指出个体具有八种智能，包括语言智能、数理逻辑智能、音乐智能、空间智能、身体运动智能、人际关系智能、自我认识智能、自然智能，另外个体还可能具有存在智能。个体的多种智能不是以整合的方式而是以相对独立的方式存在的，各种相对独立的智能以不同的方式和程度有机地结合在一起，使得每个人的智能结构各具特点。

"多元智能理论表明，过去的应试教育着重选拔、淘汰人，方向错了，所用的标准也错了。仅仅凭逻辑数学智能和语言智能，判定人的智力高低，以决定谁该接受高等教育，谁该从事简单劳动，人才评价、职称晋升以文凭为唯一标准，是社会人力资源的最大的浪费。对于应试教育中的不成功者，应该发挥其数理逻辑、语言以外的智能优势，进行跨学科的学习，同时开发智能弱项，以求全面发展。对于应试教育中的成功者，一样需要加强数理逻辑、语言智能以外的音乐、身体运动、空间、人际、自我认识、

---

[1] 张宪冰、朱莉、袁林：《从单一走向多元化——论学生评价方式的转换》，《当代教育科学》2011年第24期，第3页。

自然、存在智能的培育，满足时代对综合素质的要求，度过更加美好的人生。"①

加德纳教授提出的多元智能理论及评价观，为解决我国目前教育实践中存在的传统学生评价的弊端问题，实现评价由单一、线性向多元化转换提供了诸多参考。这一理论提醒我们，要重视和支持学生的个性化发展。当前的教育，越来越重视学生综合能力的培养。比如，通过综合实践活动、探究式学习等方式，可以培养学生在真实情境中解决问题的能力、团队合作的能力、领袖力等。根据教育部《关于加强和改进普通高中学生综合素质评价的意见》相关精神，综合素质评价是指以学生成长记录为基础，通过描述和记录学生在校期间的学习行为和结果、日常表现以及参与社会公益活动情况、参与综合实践活动情况等，从德、智、体、美等方面对学生素质进行分析和评价，以发现和培育学生良好个性、促进学生全面发展的过程。综合素质评价不同于以往的学生群体评价，它不用统一标准来评价所有学生，而是充分尊重学生基础不同、禀赋有异、环境有别等差异状况，主张从多个角度、多个层面对学生进行多方面评价，其针对性、适切性更强。综合素质评价强调要关注学生在教育教学活动中的个性化表现，尊重个体成长的自主性、独特性和差异性，关注个体发展的可能性，发现和发展人的天赋、优势和特长，发展学生的创新精神、实践能力，体现了发展性教育评价理念和要求。

以往的学生评价中，评价主体较为单一，学生只能被动地接受评价。综合素质评价采取以学生自我评价与他人评价相结合的方式，目的在于通过多主体评价帮助学生正确认识自我、提升自我反思与自我教育的能力，实现综合素质评价促进学生全面而有个性发展的功能。北京师范大学董奇教授指出，"发展性教育评价十分重视评价对象的主体地位，注重评价对象的自我评价和反思。从实际情况来看，只有评价对象对自己才有最全面深入的了解，最清楚自己的发展过程和心理感受，而且只有评价对象充分认

---

① 徐启建：《多元智能理论的历史与现实——访加德纳〈多元智能〉中文译者、知名教育学者沈致隆》，《中国教育报》2004年5月20日。

识到他人评价意见的合理性,接受和内化了他人的评价意见,才能使评价真正发挥其促进成长的作用。发展性评价还注重评价过程中的多主体参与和协商。因为仅靠自我评价或者仅靠他人评价,都有其局限性。只有把多主体的意见综合起来,在沟通和协商的基础上达成评价意见,才能取得最佳的评价效果。"①

对学生媒介素养的评估,"不是为了证明,而是为了改进","教育评价的功能应该由甄别转向注重诊断、激励和发展"。② 鉴于儿童媒介素养的形成是一个过程,应该采用形成性评价的理念对其媒介素养进行评估。形成性评价是对学生学习过程中的表现、成绩以及所反映出的情感态度等方面的发展做出的多元即时评价。它注重教学过程,注重对教学的即时反馈,使教与学在不断的"评价—反馈—改进"中趋于完善。形成性评价的方法多种多样,既有传统的量化评价,又有质性评定和价值判断。一般地,按评价主体的不同,分为学生自我评价、学生互评、教师评价;按照评价工具的不同,分为课堂行为观察、记录、练习测验、考试、作品展示演示、访谈、评价量规、问卷调查、网上评价等;按照评价的时机,又可分为即时性形成性评价和延时性形成性评价。

媒介素养教育非常强调学生在"做中学",因此,要注意收集学生日常的表现和成果,所以,档案袋评估成为一种非常切合媒介素养评估的方式。

档案袋评价是形成性评价的一种,又译作成长记录袋评价、档案评价、卷宗评价等。从历史渊源来看,它最早应用于学生评价,体现了"学习是个过程,学习评价也应有过程评价"思想。③ 档案袋英文单词为 portfolio,有"代表作"的意思,最初是一些艺术家为了向他人展示自己的作品,把自己具有代表性的作品汇集起来。20 世纪 90 年代早期,教育领域开始用档

---

① 董奇、赵德成:《发展性教育评价的理论与实践》,《中国教育学刊》2003 年第 8 期第 18-21 页。
② 董奇、赵德成:《发展性教育评价的理论与实践》,《中国教育学刊》2003 年第 8 期第 18-21 页。
③ 马海涛:《美国教学档案袋评价述评》,《比较教育研究》2004 年第 1 期,第 78-82 页。

案袋评价学生，用于向家长汇报学生的学习进展情况。[1]

档案实际是经过挑选的学生的作品集，能够反映学生的学习进步（成长性档案），或能够展示学生在学习过程中的最佳表现（展示性档案）。一般情况下，在教学的过程中，成长型档案最后将会作为展示性档案。档案袋评估可以提供评估日常表现的各种证据，包括各种类型的独立学习样本，如研究报告等，也包括日常教学过程中的评分量表、测试分数等。同时还包括学生的自我评估、同伴评估和教师评估。使用档案袋评估学习成果的优点在于学生在不同阶段取得的进步可以被清楚展示；在档案袋中放置学生的最佳成果能够对学习产生积极影响；将学生现今作品和过去作品做对比产生的动力，比与同伴的作品做对比所产生的动力大；挑选最佳学习成果的过程有利于提高学生自我评估能力和反思能力等。

在档案内容的选择和维护方面，学生应该起到主导的作用。学生应该参与到档案袋内容的选择。这可以让学生反思如下问题："为什么这些内容被选择？说明了什么？从中可以学到什么？怎么做可以提高技能水平？"通过对这些问题的思考，可以让个体对学习过程有深刻反思，从而更好地促进学习。在这个过程中，教师主要起指导作用。通过档案袋评价的方式，可以收集学生日常学习过程中的表现、所取得的成绩以及所反映出的情感、态度、策略等方面的情况。比起纸笔测试，档案袋评估更适宜于对儿童媒介素养的评估。但确实在具体执行中，存在很多挑战。比如，档案袋并不是简单地将学生的学习成果收集起来，老师需要帮助学生挑选学习成果、为学生的成果提供反馈意见等。这些工作都需要耗费大量的精力，因此实施起来具有一定难度。[2]

当前，学生可以通过数字平台上传视频、照片等。因此，可以将学生在媒介素养教育过程中的成长数据上传到综合素质评价平台上，以此一定程度上减轻学生、老师负担。

---

[1] 江彬、邱立中：《科学认识档案袋评价》，《上海教育科研》2003 第 11 期，第 37-39 页。

[2] [美]诺曼·E.格伦隆德，C.基思·沃著：《学业成就评测》，杨涛、边玉芳译，教育科学出版社 2011 年版，第 181-182 页。

第三节　媒介素养评估：现实可能和条件限制

理论上，教师通过对学生学习效果的评估，可以更有效地调整教学活动，以帮助学生更有针对性地提高和进步。但是在实际中，教什么、评什么以及如何评一直困扰着一线实施媒介素养教育的教师。在成都市的媒介素养教育实践中，教育部门的行政支持，学校、家庭、学生的需要，已培训的师资等是媒介素养教育在成都可以推行的原因。这些因素促进了对媒介素养进行评估的可能。

一、自上而下：教育行政部门的支持

2014 年，教育部发布《关于加强和改进普通高中学生综合素质评价的意见》，要求 2015 年起，"各省（区、市）要提出高中学生综合素质评价的基本要求，制定具体办法"。[1] 这对于媒介素养评估的发展而言，也是有利条件。将媒介素养评估和高考综合素质评价改革结合起来，这可能是将来媒介素养评估的研究方向之一。

另外，成都市的媒介素养教育实践由市教育局推动，本质上来说，这是一项自上而下的行政课题。自上而下的媒介素养教育存在的问题是，教师们在繁重的教学任务之外，还需要承担诸多额外的科研任务（某学校的一位教师同时承担着七八项科研任务）。这对他们来说，无疑是一大压力。当然，从另外一个角度而言，这种自上而下的推动，在不同类型的学校进行试点，可以在很短的时间内形成合力，较容易产生显著成果。

各校均组建有课题组完成本校申请的小课题，前期在课题的约束下，会对部分教师的媒介素养教育创新探索有所限制。在后期探索中，应该让各校在完成课题的同时，允许试点学校的教师进行创新，探索最适合本校的媒介素养教育方式，最大限度探索媒介素养教育的可能。这样，教师们

---

[1] 秦春华、林莉：《高考改革与综合素质评价》，《中国大学教学》2015 年第 7 期，第 35 页。

既能完成课题研究，又能不囿于研究的限制，充分发挥出教师们在一线实施教学时可能有的创造性。在调研访谈中，不少教师提到："有时候有一些新的点子，思考了一下，觉得和自己学校承担的课题关系不是特别大，就放弃了深入的思考和探索。"其实，这些教师的想法不仅和课题有关，而且是特别有创意的想法。因此，从媒介素养教育创新探索来说，应该允许教师们大胆进行媒介素养教育的探索。

二、自下而上：学校、家长及学生的需要

自下而上来看，媒介素养教育还是学校、家长以及学生的需要。调研中了解到，从学校管理角度来说，部分学生的媒介使用已经开始让学校头疼。为了禁止学生在校期间使用手机，很多学校规定返校时必须把手机交到班主任老师处，到周末放假的时候才能领回。但是，道高一尺魔高一丈，有老师反映，有学生准备了两个一模一样的手机，交一个给老师保管，自己留一个自用。对学校老师，管理学生的媒介使用是一个头痛的问题，很多学校干脆采取一刀切的手段，禁止学生带手机到校。这还仅仅是学生的媒介使用行为方面的问题。而从家长方面来说，其媒介素养也需要提升。田野调查中了解到，有学校即希望通过媒介素养教育能够提升家长的媒介素养，如友谊小学的课题为《利用"双微"（微博、微信）平台提升家长媒介素养的研究》。家长的媒介素养对孩子有着一定的影响，因此，家长也需要接受媒介素养教育。而从学生个体来说，该如何在芜杂的媒介信息中选择适合自己的，这是一种需要培养的能力。从学校、家长和学生个体来说，媒介素养教育有了实施的必要。而实行媒介素养教育后，个体尤其是学生的学习成果如何评估，这就有了对媒介素养进行评估的必要。

三、教师：需要更多培训和支持

成都市金牛区媒介素养教育课题组已经通过专家讲座、课题组共同学习、小组学习、网络分享、自行学习以及参观其他地区的媒介素养教育示范校等方式，对教师进行了一定程度的培训。这些培训让教师们对媒介素

养教育的基本概念有了一定的认识。但从访谈和观察中了解到，教师们对一些和媒介素养教育有关的议题敏感性较弱，比如社会性别、儿童权利等。为提高教师对媒介素养教育核心理念的理解，以及对媒介素养议题的敏感度，有必要开发教师媒介素养教育系统培训课程，有针对性地、系统性地对教师进行培训。目前，成都市已经在编写媒介素养教育的教师培训资料，还将教师的教学设计（《教学设计与实录》）和课堂实录（《学科渗透教学指导》）进行选编，这些前期的探索，对未来的媒介素养教育教师的培训将会起到一定的作用。

另外，媒介素养教育提倡在教学的过程中，"教师和学生之间相互承认各自主体的平等和独立，通过对话，互相教与学"[①]。对于传统的灌输式教育来说，媒介素养教育挑战了教育中的权力关系。对教师而言，需要转变其作为"灌输者"角色的观念；对学生而言，也需要从传统的"填鸭式"接受教育中转变。强调参与的媒介素养教育，其实质是一种通过对话进行的互相教与学的教育方式。这种教育方式，对已习惯于传统教育方式的师生来说，是一种挑战。

另外，各校教师的教学、科研任务都比较重，应该采取一定的措施以激励教师对媒介素养教育的积极性。

第四节 研究不足和进一步的建议

一、研究不足

美国学者霍布斯（Hobbs，1998）曾归纳了"媒介素养运动中的七大争论"，包括媒介素养教育是否应该以保护儿童青少年远离负面媒介内容的影响为目标？媒介生产是否应该成为媒介素养教育的一个基本特色？媒介素养教育是否应该聚焦流行文化文本？媒介素养教育是否应该具备一种更加明确的政治和意识形态议程？媒介素养教育是否应该进入 12 年制的中小学

---

① ［巴西］保罗·弗莱雷：《被压迫者教育学》，顾建新、赵友华、何曙荣译，华东师范大学出版社 2014 年版，第 44 页。

教育系统中？媒介素养教育是否应该作为独立的课程教授，还是应该融合现行课程中？媒介素养教育运动是否能接受媒介机构的财政资助？霍布斯提出的这7个关于媒介素养教育的问题仍然在实践中不同程度地困惑着研究者和实践者。对这7个问题的回答，也涉及媒介素养教育的主题，以及根据主题而定的评估。

在媒介素养评估指标和方式的研究中，由于我本人研究能力所限，这项研究仍然存在着种种不足与遗憾。

首先，成都市媒介素养教育课题组有自己的研究进度和计划，我的研究计划不能太影响各试点学校的研究计划，因此，只能以在实际中能采集到的数据来作分析。目前制定出来的指标和方式，还有待在教学中进行进一步的检验。

其次，鉴于儿童的年龄特点等，应该根据不同的课程标准制定出分段的评估指标以及相应的评估方式。但囿于时间精力，这个目标将留待进一步研究来完成。

最后，研究中应该更进一步纳入儿童来参与研究。在研究的初步设计中，我希望能够将儿童纳入进来参与对指标的设计。但是在田野中，才发现，"儿童参与"遇到很多的困难。仅就儿童参与的时间而言，这也是个巨大的问题。在田野访谈中，访谈往往只能安排在中午课间、下午课后的一段有限时间里，以至于很多访谈被局限在四十到五十分钟。这样只能反复多次地进行访谈。孩子在校的活动都在学校的各种制度和时间的安排之下，因此，希望儿童能够在校内参与研究，是个很大的问题。在未来的研究中，如何协调这个矛盾，是一个需要继续探讨的问题。

二、未来的研究方向

媒介素养教育还有不少值得继续探索的方向，就媒介素养的评估而言，还需要在实践的基础上，进一步发展和完善评估指标和方式。在实践中，也需要注意一些问题，比如媒介素养的评估应不以增加学生和老师的负担为前提。北京师范大学教授顾明远曾经指出中国教育领域的几大悖论，其中之一即为"教育部门一方面规定减少学生的考试,另一方面又布置各种测评,虽说是抽样的,但学校班班要准备,结果反而增加了学生的负担"①。此外,还有一些可能的研究方向需要说明。

(一)媒介素养教育和评估如何融入学科

成都的媒介素养教育分为学科课程、活动课程(班会活动、社团活动等)两种形式。活动课程因为有专门的课堂活动时间,相对而言,时间和主题比较好把握。老师们普遍反映在学科渗透中存在问题。其一是学科教学任务与媒介素养教育融入的程度问题;其二是课堂时间的分配问题;其三是哪些内容可以融入学科以及应该如何融入。这些问题还需要继续探索。

在目前情况下,媒介素养教育与学科融合是将来推广媒介素养教育的一个趋势。与学科融合,可以减少对目前学校课程量的冲击。学科融入更有利于媒介素养教育走进课堂。目前田野点各试点校的媒介素养教育主要在语文、信息技术、品德课等课程融入。访谈中,不少教师觉得,媒介素养教育融入学科变成"为融入而融入"。因此,媒介素养教育与本学科融入的点等,还需要教师们继续探索。同时,教师们还需要继续学习,以提升对该学科中可进行媒介素养教育融入的敏感度。

另外,从评估的角度,媒介素养教育融入学科以后,媒介素养的评估就要和该学科的评估结合起来。因此,媒介素养评估和学科评估如何结合,也需要继续进行探索。

(二)儿童参与媒介素养教育和媒介素养评估

媒介素养教育中,儿童不仅仅是接受教育的对象,同时,在课程内容设置、活动开展、课程评估等方面,也应该是参与者。七中万达学校的社团制作的《七万孩子说》系列短片从儿童参与媒介创作的角度,探讨了儿童利用媒介发声的可能。第一期短短 7 分钟的视频,孩子们在其中表达了他们想对父母说的话,他们渴望自由、沟通、支持,渴望父母关心他们的内

---

① 顾明远:《教育领域里的悖论》,《教书育人》,2016 年第 20 期。

心世界，渴望父母不要只是关注分数等。被采访的孩子们希望这样的表达可以让自己的心声被倾听；而参与拍摄和后期制作的孩子们在媒介制作的过程中，体会到信息的采集、筛选、剪辑等对主题表达的影响。七中万达学校和金牛实验中学还开展了"让儿童参与研究"的活动。在设计课程内容时，提前让参与课题的学生在同学中间做小调研，了解同学们的需要和他们关心的议题。根据同学们关心的议题设计出来的课程非常受欢迎。如七中万达学校成立"媒介素养学生研讨小组"，学生通过媒体发现问题、提出问题并尝试揭示现象甚至解决问题。这些都是非常好的媒介素养教育活动。让儿童能够发声，能够利用媒介来进行表达，这就是媒介素养教育。

媒介素养教育需要儿童的参与，同样，媒介素养评估也需要儿童的参与。如在第七章论述评估方式时，提到教师可以和学生一起协商编制评估量表。这不仅可以让学生在参与的过程中提升表达能力，同时能让学生更清楚评估的目标，更清楚需要完成的任务。儿童参与媒介素养的评估还需要进行更多的探索。

（三）媒介素养评估和高考综合素质评价改革的结合

2014年9月，国务院颁布《关于深化考试招生制度改革的实施意见》，明确将综合素质评价作为"学生毕业和升学的重要参考"。同年12月，教育部发布《关于加强和改进普通高中学生综合素质评价的意见》，要求2015年起，"各省（区、市）要提出高中学生综合素质评价的基本要求，制定具体办法"。[1] 虽然这些文件和媒介素养教育没有直接关联，但是媒介素养评估可以和高考综合素质评价改革结合起来。

在访谈中，一位教师提到，在学校各科教育中，没有纳入中考高考的科目，在学校、家长、学生三处都得不到重视。考试的指挥棒不进行改变，这些科目在学校中的边缘地位就不可能得到改善。

本研究主要是在参考国内外已有的媒介素养评估的基础上，结合在田野地点的调研，经过和教师、儿童、家长讨论，发展中国大陆（内地）本

---

[1] 秦春华、林莉：《高考改革与综合素质评价》，《中国大学教学》2015年第7期，第35页。

土的媒介素养评估指标和评估方式。发展评估指标和评估方式主要是为了指引媒介素养教育教什么和如何教以及如何评估的方向。媒介素养本身就是一个不断发展的概念，本研究中确立的指标和评估方式也亦需要不断地发展。如何使用这些评估指标和评估方式，这也值得进一步研究。

（四）其他的研究方向

随着媒介素养定义的扩展，未来的研究中，可能需要推进媒介素养教育的主题研究；在师范院校开设媒介素养教育课程，作为师范生必备的师范技能训练；建设媒介素养教育资源库等。同时，由于技术、政策的变化等，媒介素养教育的实践实证研究还需要进一步关注社会现实状况，关注在线教育、教育公平、核心素养、终身教育等和人的发展相关的议题，让媒介素养教育的实践实证研究能够为社会发展和人的发展作出贡献。媒介素养教育的研究和实践都非常需要契合时代的需要。从世界各国的实践中吸取经验教训，在本土实践的基础上，发展具有中国大陆（内地）本土特色的媒介素养教育是当前的重要任务。

参考文献

[1] 卜卫:《大众媒介对儿童的影响》,新华出版社 2002 年版。

[2] 卜卫:《我国媒体素养教育研究综述及反思》,王怡红、胡翼青主编《中国传播学 30 年》,中国大百科全书出版社 2010 年版。

[3] 卜卫、任娟:《超越"数字鸿沟":发展具有社会包容性的数字素养教育》,《新闻与写作》2020 年第 10 期。

[4] 卜卫、张祺主编:《消除家庭暴力与媒介倡导:研究、见证与实践》,中国社会科学出版社 2011 年版。

[5] 卜卫、周海宏、刘晓红:《社会科学成果价值评估》,社会科学文献出版社 1999 年版。

[6] 卜卫:《大众媒介对儿童的影响》,新华出版社 2001 年版。

[7] 卜卫:《关于媒介素养教育作为性别平等倡导战略的研究》,《妇女研究论丛》2011 年第 3 期。

[8] 卜卫:《关于农村留守儿童的研究和支持行动模式的分析报告》,《中国青年研究》2008 年第 6 期。

[9] 卜卫:《论媒介教育的意义、方法和内容》,《现代传播》1997 年第 1 期。

[10] 卜卫:《探讨儿童参与的理念》,未发表。

[11] 卜卫:《怎样认识儿童的媒介参与》,《父母必读》1994 年第 1 期。

[12] 卜卫:"传播与社会发展"课程之"媒介素养教育"专题课堂笔记,2015 年 12 月 17 日。

[13] 陈钢:《超越保护主义:网络虚拟社会儿童保护的新理念》,《中国社会科学报》2012 年 3 月 2 日。

[14] 陈国明:《媒体教育》,鲁曙明、洪浚浩主编《传播学》,中国人民大学出版社 2007 年版。

参考文献

[15] 陈国明：《美国的媒介（素养）教育》，赵晶晶编译《欧美传播与非欧美传播中心的建立》，浙江大学出版社2009年版。

[16] 陈霞：《在教学中运用真实性评价的理论与方法》，《全球教育展望》2002年第4期。

[17] 程悦：《基于扎根理论的中老年人健康信息识别与利用影响因素探究》，《新媒体研究》2019年第5期。

[18] 邓宗圣：《媒体、教育与社会——媒介近用与媒体素养教育论文集》，巨流图书公司2010年版。

[19] 董奇、赵德成：《发展性教育评价的理论与实践》，《中国教育学刊》2003年第8期。

[20] 方晓义、刘璐、邓林园，等：《青少年网络成瘾的预防与干预研究》，《心理发展与教育》2015年第1期。

[21] 高书国：《教育指标体系——大数据时代的战略工具》，北京师范大学出版社2015年版。

[22] 顾明远：《教育领域里的悖论》，《中国教育报》2016年1月26日。

[23] 郭良文、林素甘：《从参与式传播观点反思兰屿数位典藏建置之历程》，《新闻学研究》2010年第102期。

[24] 韩鸿：《参与和赋权：中国乡村社区建设中的参与式影像研究》，《国际新闻界》2011年第6期。

[25] 胡婳澈：《城市老年人微信使用的"灰色数字鸿沟"和家庭代际交流研究》，暨南大学2019年硕士学位论文。

[26] 黄爱民主编：《中学生媒介素养读本》，中国广播影视出版社2017年版。

[27] 江彬、邱立中：《科学认识档案袋评价》，《上海教育科研》2003年第11期。

[28] 江冠明：《原住民社区节目发展研究》，电视文化研究委员会1996年版。

[29] 况瑞娟、薛宝卫：《媒介素养教育和品德与社会的融合课初探——以融合课〈辉煌的电影艺术〉为例》，《中国教师》2011年第18期。

[30] 雷禹：《健康传播视域下新媒介使用对医患行为影响的实证研究》，上海大学 2019 年博士学位论文。

[31] 李勇、凌菁、王靓：《家庭对青少年媒介素养教育的影响因素研究——以安徽省桐城市中学生及父母调查为例》，《传播力研究》2019 年第 3 期。

[32] 李月莲：《媒介素养研究的发展动向》，洪浚浩主编《传播学新趋势》，清华大学出版社 2014 年版。

[33] 联合国教科文组织编：《世界交流报告》，新华社新闻研究所外国新闻研究室译，中国华侨出版社 1992 年版。

[34] 廖峰：《城市农民工子女媒介素养状况实证研究——以浙江省为例》，《丽水学院学报》，2013 年第 35 卷第 4 期。

[35] 林火灿等：《留守儿童与流动儿童的媒介素养差异比较——对京皖两所中学农民工子女的实证研究》，陆晔主编《中国传播学评论——第三辑 媒介素养专辑》，复旦大学出版社 2008 年版。

[36] 林悦、刘勤学、余思等：《父母忽视与青少年网络游戏成瘾的关系：希望的中介作用和性别的调节作用》，《心理发展与教育》2021 年第 1 期。

[37] 刘坚、魏锐、刘晟等：《〈面向未来：21 世纪核心素养教育的全球经验〉研究设计》，《华东师范大学学报》（教育科学版）2016 年第 3 期。

[38] 刘景福、钟志贤：《基于项目的学习（PBL）模式研究》，《外国教育研究》2002 年第 11 期。

[39] 刘孝文：《信息素养评估指标体系研究》，河北大学 2005 年硕士学位论文。

[40] 刘志华、罗丽雯：《初中生网络成瘾的社会因素：人际关系的相关研究》，《电化教育研究》2010 年第 8 期。

[41] 卢锋编著：《家庭媒介素养教育研究》，清华大学出版社 2014 年版。

[42] 鲁洁：《道德教育的根本作为：引导生活的建构》，《教育研究》2010 年第 6 期。

[43] 陆晔等：《媒介素养：理念、认知、参与》，经济科学出版社 2010 年版。

[44] 马海涛：《美国教学档案袋评价述评》，《比较教育研究》2004 年第 1 期。

[45] 孟磊：《"第二媒介时代"的青少年媒介素养研究——以西安、咸阳地区中学为例》，陕西师范大学 2008 年硕士学位论文。

[46] 彭少健主编：《2010 中国媒介素养研究报告》，中国国际广播出版社 2010 年版。

[47] 秦春华、林莉：《高考改革与综合素质评价》，《中国大学教学》2015 年第 7 期。

[48] 秦永芳：《青少年媒介素养教育研究》，广西人民出版社 2008 年版。

[49] 荣建华：《中国媒介素养教育论》，中国社会科学出版社 2011 年版。

[50] 宋小卫、朱向霞：《电视与少年儿童——北京市区三至六年级小学生收视情况调查》，《新闻研究资料》1990 年第 4 期。

[51] 孙曼苹：《在地发声、媒介素养与小区行动——彰化县员林镇〈员林乡亲报〉之个案研究》，《新闻学研究》2011 年第 108 期。

[52] 王倩：《综评将成广东高考录取重要参考 考试科目新增语数外》，金羊网，http://news.ycwb.com/2016-09/07/content_ 22967452.htm。

[53] 王倩倩：《留守儿童媒介素养现状调查与提升策略分析》，山东师范大学 2013 年硕士学位论文。

[54] 王天德：《中国媒介素养教育现状研究报告》，《大学生媒介素养读本》，高等教育出版社 2016 年版。

[55] 王晓艳：《儿童媒介素养评估：基于成都金牛区媒介素养教育试验的个案研究》，中国社会科学院研究生院 2017 年博士论文。

[56] 王晓艳：《留守儿童与媒介研究综述》，彭少健主编《中国媒介素养研究年度报告 2015》，中国广播影视出版社 2016 年版。

[57] 王雪梅：《儿童权利论》，社会科学文献出版社 2005 年版。

[58] 王友缘：《新童年社会学研究兴起的背景及其进展》，《学前教育研究》2011 年第 5 期。

[59] 文贤代、丘小云主编：《中小学生媒介与信息素养》，四川少年儿童出版社 2020 年版。

[60] 吴翠珍、陈世敏：《国民中小学媒体素养教育融入各领域议题（永定结案报告）》，2007 年。

[61] 吴翠珍、陈世敏：《媒介素养教育》，巨流图书股份有限公司 2007 年版。

[62] 席震芳、张晓阳：《初中生网络成瘾倾向与家庭教养方式的关系》，《中国学校卫生》2005 年第 2 期。

[63] 香港教育统筹局：《香港资讯素养架构：资讯年代学生学会学习能力的培养》，2005 年，https://www.edb.gov.hk/.

[64] 徐启建：《多元智能理论的历史与现实——访加德纳〈多元智能〉中文译者、知名教育学者沈致隆》，《中国教育报》2004 年 5 月 20 日。

[65] 闫毅真：《中老年人互联网安全素养现状与提升策略——基于河南洛阳的研究》，广东外语外贸大学 2019 年硕士学位论文。

[66] 杨光辉：《走进传媒——如何开展媒介教育》，蔡帼芬、张开、刘笑盈主编《媒介素养》，中国传媒大学出版社 2005 年版。

[67] 杨海宇：《儿童参与的理念与实践初探》，中华全国妇女联合会儿童工作部、英国救助儿童会中国项目主编《儿童参与：东西方思维的交汇》，中国法制出版社 2004 年版。

[68] 杨晓冬、李怡静、魏然：《亲子间的手机博弈：家庭关系对青少年心理健康的影响研究》，《全球传媒学刊》2022 年第 9 卷第 3 期。

[69] 袁军：《媒介素养教育论》，中国传媒大学出版社 2010 年版。

[70] 张春炎：《他山之石：媒体素养教育是一场长征》，财团法人卓越新闻奖网站，http://www.feja.org.tw/modules/news003/article.php?storyid=55。

[71] 张嘉伦：《我国媒体素养教育能力指标》，台北教育大学 2006 年硕士学位论文。

[72] 张洁、毛东颖、徐万佳：《媒介素养教育实践研究——以北京市东城区黑芝麻胡同小学为例》，《中国广播电视学刊》2009 年第 3 期。

[73] 张开：《媒体素养教育在信息时代》，《现代传播》2003年第1期。

[74] 张荣显：《中国澳门地区媒介素养教育：信息年代的信息和传播科技素养》，陆晔等编《媒介素养：理念、认知、参与》，经济科学出版社2010年版。

[75] 张宪冰、朱莉、袁林：《从单一走向多元化——论学生评价方式的转换》，《当代教育科学》2011年第24期。

[76] 张学波：《国际媒体素养教育的课程发展》，暨南大学出版社2009年版。

[77] 张学波：《媒体素养教育的课程发展取向研究》，华南师范大学2005年博士学位论文。

[78] 张勇、姚春艳：《中小学教育质量综合评价改革面临的难题》，《湖北教育（综合资讯）》2015年第1期。

[79] 张志华：《委内瑞拉社区媒体：参与式传播的力量》，《新闻大学》2012年第5期。

[80] 郑素侠：《参与式传播在农村留守儿童媒介素养教育中的应用——基于河南省原阳县留守流动儿童学校的案例研究》，《新闻与传播研究》2014年第4期。

[81] 郑素华：《童年学：童年研究的新可能空间》，《中国儿童文化》，2013年。

[82] 朱秀凌：《家庭沟通模式，父母介入对青春期网络霸凌的风险控制研究》，《新闻大学》2021年第11期。

[83] 朱则刚：《加拿大媒体素养教育探讨》，《图书信息学刊》2005年第3卷第1期。

[84] 茱迪斯：《儿童参与：经验与回顾》，中华全国妇女联合会儿童工作部、英国和救助儿童会中国项目主编《儿童参与：东西方思维的交汇》，中国法制出版社2004年版。

[85] 佐藤学、于莉莉：《基于协同学习的教学改革——访日本教育学者佐藤学教授》，《外国中小学教育》2015年第7期。

[86] 白佳麒：《媒体素养教育融入九年一贯社会学习领域——第四阶段能力指标与课程发展刍议》，中国台湾政治大学2005年硕士学位论文。

[87] 王凌竹：《国外媒介素养教育评估思想初探》，中国传媒大学2010年硕士学位论文。

[88] [爱尔兰] Mary Roche：《读图画书，学批判性思维：3—12岁儿童思维培养书》，张丽倩译，中国轻工业出版社2020年版。

[89] [澳] 戴维·德沃斯：《社会研究中的研究设计》，郝大海等译，中国人民大学出版社2008年版。

[90] [澳] 普拉尼·利亚姆帕特唐、道格拉斯·艾子：《质性研究方法——健康及相关专业研究指南》，郑显兰等译，重庆大学出版社2009年版。

[91] [巴西] 保罗·弗莱雷：《被压迫者教育学》，顾建新、赵友华、何曙荣译，华东师范大学出版社2014年版。

[92] [法] 菲利浦·阿利埃斯（Philippe Aries）：《儿童的世纪：旧制度下的儿童和家庭生活》，沈坚、朱晓罕译，北京大学出版社2013年版。

[93] [荷兰] 丹尼斯·麦奎尔：《麦奎尔大众传播理论》（第5版），崔保国、李琨译，清华大学出版社2010年版。

[94] [加] Margaret Hunsberger、Jim Paul、Matthew Hiebert：《以学生为中心的教学与评价策略》，裴娣娜译，中央广播电视大学出版社2007年版。

[95] [美] 凯斯·R. 桑斯坦：《信息乌托邦：众人如何生产知识》，毕竞悦译，法律出版社2008年版。

[96] [美] 苏西·博斯、约翰·拉尔默：《项目式教学》，周华杰、陆颖、唐玥译，中国人民大学出版社2020年版。

[97] [美] 威廉·科萨罗：《童年社会学》，程福财等译，上海社会科学院出版社2014年版。

[98] [美] David R. Shaffer、Katherine Kipp：《发展心理学》，邹泓等译，中国轻工业出版社2013年版。

[99] [美] 戴维·谢弗：《社会性与人格发展》，陈会昌等译，人民邮电出版社2012年版。

[100] [美] 艾尔·芭比：《社会研究方法》，邱泽奇译，华夏出版社2002年版。

[101] [美] 丹奈尔·D. 史蒂文斯（Dannelle D. Stevens）、安东尼娅·J. 利维（Antonia J. Levi），《评价量表：快捷有效的教学评价工具》（第2

版），陈定刚，华南理工大学出版社2014年版。

[102] [美] 劳伦斯·纽曼：《社会研究方法——定性和定量的取向》（第5版），郝大海译，中国人民大学出版社2007年版。

[103] [美] 诺曼·E.格伦隆德、C.基思·沃：《学业成就评测》，杨涛、边玉芳译，教育科学出版社2011年版。

[104] [美] 詹姆斯·波帕姆：《教师课堂教学评价指南》（第5版），王本陆、赵婧等译，重庆大学出版社2010年版。

[105] [英] 大卫·帕金翰、宋小卫：《英国的媒介素养教育：超越保护主义》，《新闻与传播研究》2000年第2期。

[106] [英] 大卫·帕金翰：《媒体教育素养学习与现代文化》，林子斌译，巨流图书有限公司2006年版。

[107] [英] 科林·斯巴克斯：《全球化、社会发展与大众传播》，刘舸、常怡如译，社会科学文献出版社2009年版。

[108] [英] 马丁·登斯库姆：《怎样做好一项研究——小规模社会研究指南》，陶保平等译，上海教育出版社2001年版。

[109] Aufderheide, P (1993) Media literacy: A report of the national leadership conference on media literacyAspen, CO: Aspen Institute.

[110] EAVI, EAVI Media Literacy EU Policy Recommendations, Brussels, 2014.

[111] EAVI, Study on Assessment Criteria for Media Literacy Levels, Final Report, edit by Paolo Celot, Brussel, 2009.

[112] http://www.learn-line.nrw.de/angebote/portfoliomk/medio/portfolio/index.htm? available in German.

[113] Renee Hobbs, Richard Frost. "Measuring the Acquisition of Media Literacy Skills", Reading Research Quarterly, vol. 38, 2003.

[114] Study on the current trends and approaches to media literacy inEurope, p. 8-9. http://ec.europa.eu/culture/library/studies/literacy-trends-report_en.pdf.

[115] Tessa Jolls, The Global Media Literacy Imperative, http://www.rus-

ameeduforum. com/content/en/?&iid=18.

[116] Art Silverblatt, Ellen M. Enright Eliceiri, Dictionary of Media Literacy, Greenwood Publishing Group, 1997.

[117] Art Silverblatt, *The Praeger Handbook of Media Literacy*, California: ABC-CLIO, 2013.

[118] Chris M. Worsnop. Media Literacy Through CriticalThinking, NW Center for Excellence in Media Literacy, 2004, p. 44-59. http://depts. washington. edu/nwmedia/sections/nw _ center/curriculum _ docs/teach _ combine. pdf.

[119] Curriculum Development Council and Hong Kong Examinations and Assessment Authority (2007).

[120] EAVI, EAVI Media Literacy EU Policy Recommendations, Brussels, 2014.

[121] GCSE Specification: Media Studies and Media Studies (Double Award) for Exam June 2014 Onwards, for Certicication June 2014 Onwards, http://www. aqa. org. uk.

[122] Hans Martens. "Evaluating Media Literacy Education: Concepts, Theories and Future Directions", Journal of Media Literacy Education, vol. 2, 2010.

[123] Hobbs R: The seven great debates in the media literacy movement, Journal of Communication, 2006, 48 (1).

[124] http://www. frankwbaker. com/mlc/state-standards-texas/.

[125] http://www. medialit. org/reading-room/aspen-institute-report-national-leadership-conference-media-literacy.

[126] Jan Servaes. Participatory communication (research) for social change: old and new challenges, Journal of International Communication, 2001.

[127] JanisBoyd. "Myths, Misconceptions, Problems and Issues in Arts Education", https://www. qcaa. qld. edu. au/downloads/publications/research_ qscc_ arts_ boyd. pdf.

[128] KellnerDouglas, Jeff Share. "Critical Media Literacy is not an Option", Learning Inquiry, vol. 1, 2007.

[129] Livingstone, S. & Thumim, N. "Assessing the media literacy of uk adults: a review of the academic literature", http://www.ofcom.org.uk/static/archive/bsc/pdfs/research/litass.pdf.

[130] MamiKomaya, " Media Literacy and Media Education", Handbook of Children and the Media, SAGE, 2001.

[131] NigelThomas. "Towards a Theory of Children's Participation", International Journal of Children's Rights, Vol. 15, 2007, p. 200.

[132] Ontario Ministry of Education, A Guide to Effective LiteracyInstruction, Grades 4 to 6, Volume Seven - Media Literacy, Toronto: Queen's Printer, 2008.

[133] Paolo Celot, Pérez-Tornero JoséManuel, Study on assessment criteria for media literacy levels, Final report, 2010, p. 35. http://ec.europa.eu/culture/library/studies/literacy-criteria-report_en.pdf.

[134] Patricia Aufderheide, Media Literacy A Report of The National Leadership Conference on Media Literacy, Washington DC: Aspen Institute, 1993.

[135] Peter Worth, Donald F. Roberts. "Evaluating the effectiveness of school-based media literacy curricula", http://ldt.stanford.edu/~pworth/papers/papers_evaluating.htm.

[136] Robert Huesca, Tracing the History of Participatory Communication Approaches to Development: A CriticalAppraisal. Communication for Development and Social Change, New Delhi: Sage Publications, 2008.

[137] RobertaF. Hammet, Intermediality, Hypermedia, and Critical Media Literacy, Intermediality_ the Teachers' Handbook of Critical Media Literacy, Edited by Ladislaus M. Semali.

[138] RobynQuin, "Media Education in Western Australia", Teaching the Media: International Perspectives, 2013.

[139] Study on the current trends and approaches to media literacy inEurope, p.

12. http://ec. europa. eu/culture/library/studies/literacy-trends-report_en. pdf.

[140] Tessa Jolls, Carolyn Wilson. "The Core Concepts: Fundamental to Media Literacy Yesterday, Today and Tomorrow", Journal of Media Literacy Education, vol. 6, 2004.

[141] Tornero, J. M. P, Current Trends on Media Literacy in Europe. Approaches-Existing and Possible-to Media Literacy, 2006.

[142] UNESCO, Global Media and Information Literacy Assessment Framework: Country Readiness and Competencies, 2013. http://unesdoc. unesco. org/images/0022/002246/224655e. pdf.

[143] Wardbarnes, A. K., Media Literacy in the United States: A Close Look at Texas, 2010.

[144] Ward-Barnes, Ava Katherine, Media Literacy in the United States: A Close Look at Texas, 2010.

[145] WilliamG. Christ, Assessing Media Education, A Resource Handbook for Educators and Administrators, 2006.

[146] Wilson Carolyn, Barry Duncan. "Implementing mandates in media education: the Ontario experience." Comunicar, vol. (16), 2009.

[147] Art Silverblatt, The Praeger Handbook of MediaLiteracy, California: ABC-CLIO, 2013.

[148] T. Kirwan, J. Learmonth, M. Sayer, R. Williams, Mapping media literacy, London: British Film Institute, Broadcasting Standards Commission, Independent Television Commission, 2003.

附录一

四川省成都金牛区媒介与信息素养教育经验报告

王晓艳、卜卫[*]

摘要： 四川成都金牛区自2014年开始，在中小学进行媒介与信息素养教育的研究和实践，形成了一定的规模和影响力。金牛区在实践中定义了"中小学生的媒介与信息素养教育"，提出媒介素养包含的"七种能力"；发展出媒介与信息素养教育落地中小学的三种路径。同时，将实践与研究相结合，在科研和实践方面实现成果双丰收。本报告总结了金牛区的经验，包括"教育行政部门自上而下的推动与自下而上实践相结合"；用融合课程和社团活动推进在中小学的实践；用项目式学习的方式激发学生的兴趣；通过课题参与促进对教师进行培训；重视学生的参与等。报告提出四个建议，包括拓展媒介与信息素养教育的主题，可将媒介与信息素养教育的对象从学生拓展至家长和老师，创新教学方式，探索相关课程的推广策略。

关键词： 媒介与信息素养教育　融合课程　项目式学习　中小学教育

---

[*] 王晓艳，四川师范大学四川文化教育高等研究院讲师，研究领域为儿童媒介素养教育、校园欺凌预防等；卜卫，浙江传媒学院特聘教授、中国社会科学院大学特聘教授、中国社会科学院新闻与传播研究所研究员，研究方向为传播与社会发展。

一、项目缘起

金牛区媒介与信息素养教育项目始于成都市教育部门开始关注互联网对中小学的影响。项目从 2014 年开始,持续至 2021 年结题,至今仍在影响当地不少学校的课程或者课外活动。经过 7 年的行动研究,在研究和实践融合的基础上,金牛区的媒介与信息素养教育形成了一定的规模和影响力,参与项目的学校开发了具备各自特色的媒介与信息素养教育课程或者活动。

项目第一阶段为 2014 年底至 2017 年 11 月,由成都市教育局牵头,组建了由大学、区教育局、区教研机构、中小学、媒体等多方合作的研究团队,团队进行了《基于互联网背景下中小学生媒介与信息素养教育的研究与实践》的研究,有 16 所学校以不同子课题的形式参与了这项研究。

项目第二阶段为 2017 年 12 月至 2019 年 12 月,由金牛区教育局、区教科院成立课题研究组,"丘小云名师工作室"承担课题《区域中小学媒介与信息素养课程研究》,课题组在前期研究的基础上,进一步推进媒介与信息素养教育课程化的研究。此阶段金牛区有 9 所学校加入课题。

项目第三阶段是 2019 年 12 月开始的媒介与信息素养教育成果再推广阶段。由金牛区教育局牵头,在全区中小学分阶段推广项目成果。[①]

二、研究方法

本研究主要采用的方法是访谈,包括焦点组访谈和个人深度访谈以及座谈会。研究者于 2020 年 10 月、2021 年 4 月和 5 月,以及 2021 年 10 月前往成都市金牛区进行调研。

2020 年 10 月金牛区教育局专门组织了座谈会,调研团队和金牛区教育局领导、项目负责人、项目学校老师等举办了专题论坛,并参观调研了沙湾路小学、成都市第二十中学校。2021 年 4 月又专门和金牛区媒介素养教育课题组进行了专题讨论,进一步挖掘金牛区媒介素养教育实践的经验,

---

① 文贤代、丘小云主编:《中小学生媒介与信息素养》,四川少年儿童出版社 2020 年版,第 170~171 页。

并且在此基础上进一步设计和完善调研大纲。2021年5月，调研团队参加金牛区教育局主办的"促进中小学媒介与信息素养发展的融合课程"成果推广会，关注金牛区在媒介素养教育推广扩散方面做出的努力。

2021年10月主要调研了成都市金牛区沙湾路小学、成都七中万达学校。在沙湾路小学进行了2组焦点组访谈，调研了该校5年级学生12人；在七中万达学校进行了3组焦点组访谈，调研了该校初二学生和高三学生共12人，并分别对两校的课题和社团负责老师进行了深度访谈。

本报告中部分资料还包括2015年9—10月在成都市金牛区部分学校进行调研时收集的信息，其中包括对项目负责人金牛区教育科学研究院的研究员丘小云老师的访谈。

三、项目成果

经过两轮课题研究和实践，以及成果再推广阶段的梳理总结，金牛区的媒介与信息素养教育项目有以下成果：

（一）提出媒介素养包含的"七种能力"和"多多媒素"

"媒介与信息素养"的定义一直随着媒介和素养的发展而发展。金牛区课题组界定了"中小学生媒介与信息素养"的定义，即青少年"在理性、自觉、自律、自主的基础上，能够对媒介与信息进行选择、解读、思辨、欣赏、利用、制作、传播，应用数字资源进行学习、生活、成长"的能力，在学习过程中能够获得核心价值观、媒介与信息知识、相关的学科知识。这个定义强调了青少年"理性、自律地使用媒介"，同时强调了"选择、解读、思辨、欣赏、利用、制作、传播"7种能力为媒介与信息素养的核心能力。[①] 这7种能力具体如下：

[①] 文贤代、丘小云主编：《中小学生媒介与信息素养》，四川少年儿童出版社2020年版，第182—184页。

成都市金牛区中小学生媒介与信息素养"七种能力"构成[1]

1	选择能力特指在网络环境中,学生能够对获取的信息做出研判和取舍,使其能符合自身需要,从而达到趋利避害的目的。
2	解读能力特指学生能够依据自身知识背景、认知能力、实践经验等,对获取到的媒介信息进行分析、理解。
3	思辨能力特指学生能够对接收到的信息进行独立思考,而不是人云亦云。
4	欣赏能力特指学生能够通过思辨的过程,对媒介信息去伪存真、去芜存菁,以愉悦的心情感受优质信息的"美点",达成独特的审美体验的过程。
5	利用能力特指学生能够借助各种形式的媒介和信息(包括文字、声音、图形图像、大数据,以及计算机、电视、网络平台等硬件软件环境),拓展学科学习中的时间和空间,实现学科融合,实现学习与生活交融的能力。
6	制作能力特指学生能够创作媒介作品,并且在媒介作品中围绕某个主题表达个人意见和观点。
7	传播能力特指学生能够利用多种媒体平台传递信息。

在定义的基础上,课题组提出了"多多媒素"。课题组在实践中赋予媒介与信息素养教育这样的作用,即认为其可以用来帮助个体应对互联网时代信息过载、个体过于依赖网络等社会性问题。事实上,批判性思维是媒介素养的重要组成部分。为了平衡互联网带来的机遇和风险,具备一个批判性的视角是非常重要的。

同时,课题组归纳出金牛区的媒介与信息素养教育实践的特点:通过"多方合作、多元文化、多种路径、多个角度、多种策略"。通过这5个"多"促进学生个体核心素养的"多维发展"。[2]

成都市金牛区媒介与信息素养教育实践特点

多方合作	指教育行政部门、媒体、大学、教育研究机构、中小学校、家长等多方合作,合作进行中小学媒介与信息素养教育。
多元文化	指在媒介与信息素养教育内容中,既弘扬中国主流文化,特别是弘扬社会主义核心价值观,也接纳并尊重其他国家与民族文化。

---

[1] 文贤代、丘小云主编:《中小学生媒介与信息素养》,四川少年儿童出版社2020年版,第182-184页。

[2] 文贤代、丘小云主编:《中小学生媒介与信息素养》,四川少年儿童出版社2020年版,第173页。

多种路径	指通过学科教学融合、社团活动融合、专题校本课程等路径实施媒介与信息素养教育。
多个角度	指从教育学、传播学、信息学、社会学等多个学科的角度开展学习与研究。
多种策略	指通过价值引领、核心观念、思辨阅读、优化选择、赏析归纳、合作共生等策略推进课程。

(二) 发展出媒介与信息素养教育落地中小学的三种路径

中小学的课程设置有严格的国家计划，面对中小学的课程安排非常紧凑的现状，金牛区课题组采取融合策略将媒介与信息素养教育的内容渗透到不同学科和活动中，为此探索了三个可操作的融合策略。

1. 开发媒介与信息素养教育和学科结合的融合课程

在实践中，不少学校将媒介与信息素养教育的相关知识与一些相关度高的学科（如信息技术、道德和法治、语文、历史等）融合，开发出媒介与信息素养教育的融合课程。在信息技术课程和网络安全相关的内容中，突破了单纯教授防电脑病毒技能的限制，开始关注网络中人与人的交流，关注网络为人类带来的利弊，关注学生的独立思维；在语文的阅读教学中，选择不同媒体对同一事件的报道作为阅读材料，让学生在阅读的过程中，发现不同主题记录事实的差异，了解媒介信息被构造的本质。

在成都市沙湾路小学，数学课程和媒介与信息素养教育融合，学校课题组研发了"偏爱实证"主题的课程，如在疫情期间，学校通过向学生发放问卷，调查学生对新冠疫情的了解程度和困惑，然后由学生提出问题，并且根据问题来规划相应的解决方案。在整个学习过程中，老师为学生提供必要的帮助。在基于疫情的项目式学习中，设置与数学学科融合的"钟爱思辨小达人"板块，主要目标是培养学生面对媒介信息时具备一定的批判性思维；在疫情中，各种信息纷繁芜杂，要学会辨别真假信息，甄选有用的信息，要通过权威的渠道，通过多方查证等方式来判断信息源的可靠性。朋友圈流传"双黄连口服液可以预防新型冠状病毒"，导致民众连夜抢购双黄连口服液；流传"疫情下市场上的米面粮油会涨价，快囤粮食"，引发公众囤了大量的米面粮油。学生通过网络调研、实地调研等，通过数据证明了这些信息都是谣言。①

在七中万达学校的"道德与法治"课程中，苏颖老师和学生共同探讨了伴随新冠疫情而来的信息疫情。在现实生活中，青少年学生因媒介素养不足深受谣言的困扰，谣言也为政府的疫情防控和公众的身心健康带来了极大的危害。在此基础上，苏颖老师的这堂课强调了对学生的批判性思维的培养。通过回顾整个战疫历程，让学生了解什么是"信息疫情"，明确提高媒介素养的意义，掌握抵御谣言的方法。访谈中，苏老师提到："从信息源头入手，关注官方渠道、权威平台可以确保获得更加科学的信息；从信息本身入手，对信息可以用已有的知识和常识进行分析。这些方法都能够帮助我们对信息真实性做出一个基本的判断。还要关注信息的三要素：时间、地点、人物，如果一个事件中，这些信息都很模糊，是'我朋友说''我二舅他大姑说'等，真实性就存疑。"②

从沙湾路小学到七中万达学校，可以看到成都金牛区在媒介与信息素养教育中强调和现实生活情境的结合，将社会变成学生学习的重要课堂。

2. 开发专题校本课程

开发校本课程是教育改革中的重要举措。一些项目学校将本校特色和媒介与信息素养教育融合，在此基础上开发校本课程。如部分学校将社会主义核心价值观和媒介知识融合，在媒介实践的基础上开设了专门的媒介与信息素养教学课程；部分学校开设数字媒体制作班，鼓励学生进行动画创作。

成都市第二十中学校开发了"大同讲堂"的校本课程，每月一个主题，包括媒介与科技、媒介与政治、媒介与艺术等。第二十中学校的黄爱民老师在和学生讨论如何利用新媒介进行史料佐证的时候，会引导学生思考：如何鉴别网络史料？网络信息的作者是谁，官方还是自媒体？什么平台推送的？推送的信息是否完整？可能隐含了什么目的？对这个史料有没有其

---

① 2020年10月对成都市沙湾路小学唐燕校长的访谈，以及2021年10月对沙湾路小学吴洪芳老师的访谈。

② 2021年10月对成都七中万达学校苏颖老师的访谈。

他不同的看法？这样的学习内容和学习方式，学生很感兴趣，同时在潜移默化引导了学生的价值观。①

第二十中学校还开展了校园手机网络管理的专题活动。手机、网络进入学生的生活，确实带来了积极的影响，比如老师可以通过录制微课视频，尝试翻转课堂的教学，使得学生自主学习，提高课堂的教学效果；学生也可以通过上网查询资料，学到课本、课堂以外的很多知识。但是同时，媒介带来的负面影响也是明显的，比如部分学生沉迷网络、热衷追星，会利用手机作弊，在课堂滥用手机等，这些已经成为社会问题困扰着学生、家长和老师。因此，引导学生积极利用媒介资源成为学校教育中必须面对的现实问题。成都市第二十中学校通过在学校开展专题系列活动，"刚柔并济"地对学生的手机进行弹性管理，避免一刀切，有堵有疏。学校首先通过问卷和座谈方式对学生的网络文明和校园手机现状进行了解，在全面分析的基础上，通过专家讲座、主题班会等开展媒介与信息素养教育的专题课程。然后通过学生、家长和老师多方多次讨论，在多方参与的情况下，最终制定了可操作的网络文明公约和手机管理办法。这种多方协商的方式，实际上是在培养学生作为未来公民必备的素质，同时也让学生知道，作为个体，一个人在社会中，不仅有权利，同时还有义务。②

成都市第二十中学校还编写了《中学生媒介素养读本》，这本书可以提供给中学生阅读，并为教师教学提供参考。

成都市第二十中学校的主题培训活动表③

活动主题	活动内容	主办部门
网络犯罪	开展"媒介法律知识进校园"讲座	中学德育处、四川大学法学院
手机合理使用	在社区开展"抬头看世界，拒做手机低头族"的活动	课题组

---

① 2021年4月在成都第二十中学座谈会上黄爱民老师的分享。
② 黄爱民主编：《中学生媒介素养读本》，中国广播影视出版社2017年版，第171-188页。
③ 黄爱民主编：《中学生媒介素养读本》，中国广播影视出版社2017年版，第173-174页。

续表

活动主题	活动内容	主办部门
网络安全教育	邀请电子科技大学教授开展"网络安全现实与90后的责任"的专题讲座	中学德育处、课题组
网络安全教育	法制主题教育月活动启动仪式	中学德育处
手机合理使用	"世界读书日"主题活动,倡导阅读	中学德育处、课题组
认识媒介,提升媒介素养	邀请成都大学教授开展"认识媒介"的专题讲座	中学德育处、课题组
倡导文明网络	开展社会实践活动	校团委、课题组
倡导遵守网络规范	开展"守文明,遵规范,争做阳光少年"主题活动	校团委学生会、课题组

3. 组建和媒介与信息素养教育相关的社团

社团活动相对学科课程而言,时间比较集中,便于开展一些活动。因此,部分学校组建了和媒介与信息素养教育相关的社团,或者在学校已有的社团活动中,融合媒介与信息素养教育相关的知识。七中万达学校有校园电视台、CSD宣传社、境界摄影社(宣)、七音盒广播站等和媒介相关的社团。以校园电视台为例,其制作的《七万孩子说》系列短片从学生参与媒介创作的角度,探讨了学生利用媒介发声的可能。第一期短短7分钟的视频中,孩子们表达了想对父母说的话,他们渴望自由、沟通、支持,渴望父母关心他们的内心世界,渴望父母不要只是关注分数等。被采访的学生希望这样的表达可以让自己的心声被倾听,而参与拍摄和后期制作的学生在媒介制作的过程中,也体会到信息的采集、筛选、剪辑等对主题表达的影响。[①] 摄影社的学生会把摄影作品通过网络渠道制作成明信片,然后在学校售卖,所得收入成为社团经费。宣传社负责协助进行校园微博、微信、贴吧的管理工作,设计学校的文创产品,包括学校的校服、饭卡贴、钥匙扣、冰箱贴等。七中万达学校的社团负责人邓杰友老师表示,有的孩子参

---

① 王晓艳:《儿童媒介素养评估:基于成都金牛区媒介素养教育试验的个案研究》,中国社会科学院研究生院2017年博士学位论文。

加社团以后，找到了自己的兴趣点，自己主动在网络上学习很多知识，后来还考上了传媒相关的院校，创立了自己的工作室从事视频制作方面的工作。调研中发现，不少学生因为在学校时参加电视台等社团，大学时去了中国传媒大学、北京电影学院、浙江传媒大学等。①

现在，七中万达学校把摄影社、校园电视台、宣传社合并组成"传媒社"。学校邀请专业老师对学生进行培训，通过开展专题课让学生掌握媒介创作相关基础知识，并通过真实的活动促进学生的创作动力，让学生完成真实任务，在实践中提升媒介素养。同时，学校和社团在实践中也与时俱进，比如校园电视台原本有一些设备可以利用，但是随着近年来互联网技术的发展，利用网络进行视频剪辑、直播的技术也越来越便捷成熟，因此社团将传统校园电视台通过闭路电视传播的方式进行了调整；比如疫情期间学生不能大规模聚集，因此让学生在教室通过直播参加升旗仪式等。②

社团活动关注身边的问题，尝试通过媒介解决问题，让遇到的问题最终变成"没问题"，这就是"没问题研究社"所做的事情。该社团开设的第一期活动是"全民禁烟"。有别于传统的禁烟宣传，社团在活动之前进行了全校调研，走访了学生和老师，了解了老师在校园吸烟的现状，随后将得到的数据和禁烟宣传做成书签，以公益品的形式发放给师生，在发放的过程中同时采访老师和学生，最后结合数据、采访视频、研讨结果等做成一段小视频在校园宣传平台上循环播放，禁烟效果明显。这个社团项目中，学生利用了问卷、公益书签、小视频等多种媒介形式进行传播，将真实问题呈现出来供师生共同探讨，从青少年的视角来看待校园的抽烟问题，促进了全校师生在禁烟问题上更大程度达成共识。这种利用媒介行动、发声，进而解决问题的能力，正是媒介与信息素养教育希望能够培养的。③

---

① 2021年10月对成都七中万达学校邓杰友老师的访谈。
② 2021年10月对成都七中万达学校邓杰友老师的访谈。
③ 2015年9—10月对成都七中万达学校蒋莹老师的访谈。

成都七中万达学校校园电视台的小记者正在进行采访

以上三种媒介与信息素养教育落地到中小学的具体路径，既部分实现了媒介与信息素养教育的目标，同时也让传统学科的教学方式有创新，丰富了学校的校本课程和社团活动。

（三）实践与研究结合，科研和实践成果双丰收

在过去7年，金牛区通过科研立项的方式推动了媒介与信息素养教育在中小学的实践。通过科研和实践，课题组培养了一批骨干教师。他们不仅能够胜任相关的教学工作，而且在科研方面也获得了颇多的成果。《基于互联网背景下中小学生媒介与信息素养教育的研究与实践》结题报告获成都市社科研究成果三等奖，《促进中小学生媒介与信息素养发展的融合课程》获2021年成都市教学成果奖三等奖。课题组成员撰写的教学案例，在国家级比赛中6次获奖，如第十届全国中小学论文（课件）大赛一等奖（陈晓静）、2017中国教育系统优质课和课件全国评选二等奖（赖庆）等；在市级比赛中8次获奖，如中学语文教学优秀评比二等奖（陈晓静），成都市课堂大比武二等奖（刘琳莉）；在区级比赛中22次获奖，如金牛区2019安全教育课例评选一等奖（汪真真），金牛区"一师一优课"赛课一等奖（刘琳莉）。出版了2本媒介与信息素养教育实践的专著，分别是《中小学生媒介与信息素养》《中学生媒介素养读本》。[①]

---

① 文贤代、丘小云主编：《中小学生媒介与信息素养》，四川少年儿童出版社2020年版，第166—168页。

除了科研成果，还有不少基于学生参与的实践成果。比如沙湾路小学开展垃圾分类回收和多学科融合的项目式学习，在语文学科学习中进行剧本创作，在美术学科学习中进行分镜头设计、角色设计、场景设计等，在劳动学科学习中进行道具创作，在信息技术学科学习中进行后期剪辑，在数学学科中设计项目资金筹集方案。孩子们在老师的支持下，自己当小导演，把对垃圾分类的理解制作为定格动画短片，作品在"第十四届 56 个月亮西部大学生动漫节"上获得儿童组一等奖，在"第六届浙江省青少年定格动画创作大赛"上获得三等奖，在儿童影像艺术节"花园秘境"放映厅播放。[①] 学校和老师尽力寻找各种机会让学生的作品能够得到展示的机会，"当时想的就是看哪里有比赛都去投稿试试，包括当时也看了国际比赛，因为时间错过了就没有参加"。[②] 可以说，沙湾路小学的媒介与信息素养教育"不是防御性的，而是建设性的，以孩子为中心，与现实生活密切联系"。[③] 同时，这种跨学科的学习，也促进了学生对不同学科之间知识联系的理解。

四、媒介与信息素养教育的成都经验

金牛区中小学生媒介与信息素养教育在过去 7 年的实践中，产生了诸多可供借鉴的经验。

（一）教育行政部门自上而下推动与自下而上实践相结合

金牛区的媒介与信息素养教育实践最开始是由成都市教育局推动，随后由金牛区教育局持续支持课题的推进，在人力物力方面给予支持。本质上来说，这是一项自上而下的行政课题。这种自上而下的推动，结合自下而上各个学校不同的需求，在不同类型、不同特色的学校进行媒介与信息素养教育的试点，可以在较短的时间内形成合力，容易获得显著成果。

项目开启之时，以市级课题的方式立项，各参研学校组建课题组完成

---

① 2020 年 10 月在金牛区教育局座谈会上唐燕校长的分享。
② 2021 年 5 月对成都市沙湾路小学唐燕校长的访谈。
③ 2020 年 10 月在金牛区教育局座谈会上卜卫的发言。

本校申请的子课题。这些子课题大多结合本校特色,关注学校想要探究的问题。允许试点学校的教师进行创新,探索最适合本校的媒介与信息素养教育方式,最大限度探索在中小学进行媒介与信息素养教育的可能。媒介素养教育的实践在全世界各地因为经济、政治、文化等因素的不同,教育目标也有所不同,这让媒介与信息素养教育的实践非常多元。金牛区媒介与信息素养教育实践既得到自上而下的行政支持,又与自下而上的需求结合,这样教师们既能完成课题研究,又能不囿于研究的限制,充分发挥出教师们在一线实施教学时的创造性。[1]

金牛区在课题"自下而上"推进的过程中,通过多次调研发现中小学媒介与信息素养教育中存在的问题,根据问题进行相应的研究和实践,以推进课题实践的科学性。2015年,课题组委托成都大学新闻与传播学院谭筱玲教授进行了全区中小学生媒介与信息素养教育调研。调研发现以下问题:手机上网引发手机依赖等负面情绪和心理问题;多数中小学生在网上遭遇过不良信息;中小学生被网络媒介时间主导,媒介能力不足;中小学生急需网络价值引领。[2] 基于以上问题,不同学校申报的子课题侧重有所不同,比如成都市第二十中学校注重在课程和活动中培养学生使用媒介的自律能力,和学生签订"手机管理承诺书",强调权利和义务的平衡,培养未来社会的公民应有的契约意识和自律能力。[3]

课题1.0阶段金牛区中小学生媒介与信息素养教育试点学校课题申报情况[4]

学校	形式	题目
金牛区教育研究培训中心	学科	中小学信息技术学科渗透媒介与信息素养教育的实践研究

---

[1] 王晓艳:《儿童媒介素养评估:基于成都金牛区媒介素养教育试验的个案研究》,中国社会科学院研究生院2017年博士学位论文。

[2] 文贤代、丘小云主编:《中小学生媒介与信息素养》,四川少年儿童出版社2020年版,第168页。

[3] 王晓艳:《儿童媒介素养评估:基于成都金牛区媒介素养教育试验的个案研究》,中国社会科学院研究生院2017年博士学位论文。

[4] 王晓艳:《儿童媒介素养评估:基于成都金牛区媒介素养教育试验的个案研究》,中国社会科学院研究生院2017年博士学位论文。

续表

学校	形式	题目
成都七中万达学校	社团	依托学生社团开展的中学生数字媒体制作能力培养模式研究
成都市第二十中学校	主题	基于互联网背景下高中生媒介与信息素养教育的德育实践研究
成都市洞子口职业高级中学校	职业教育	"三核"驱动中职学校媒介与信息素养教育的实践研究
成都金牛实验中学校	课程	基于互联网背景下初中学生媒介与信息素养教育校本课程开发与应用
成都二十中花照学校	学科	新建初中家校联动提升学生媒介素养策略的研究
成都第三十三中学校	课程	初中阶段媒介素养学科渗透的研究
成都市沙河源小学校	学科	小学生媒介与信息素养教育在"生活·生命与安全"课程中渗透的实践研究
成都友谊小学校	主题	利用"双微"（微博、微信）平台提升家长媒介素养的研究
成都人北实验小学校	课程	小学学科渗透媒介安全素养教育研究
成都凤凰小学校	学科	以进城务工者子女为主的学校学科渗透媒介与信息素养教育的方法研究
成都天回小学校	班会	小学中段专题班会课学生媒介素养培养的实践研究
成都石笋街小学校	环境	智慧教室环境下学科渗透式培养小学生媒介素养的方法研究

随着课题的推进，在2018年的调研中，课题组发现：大部分中小学校没有开展媒介与信息素养教育的意识；教师缺乏实施媒介与信息素养教育的意识和能力；部分参与课题的学校缺乏系统、科学性的课程；缺乏在现行中小学体系内实施媒介与信息素养教育的可行途径。[1] 这些问题的发现，对后续课题的实施有重大影响。课题在解决媒介与信息素养教育落地实施中的具体问题的时候，进一步发现了在媒介与信息素养教育实践中的学生、家长和老师的需要，进一步推进了媒介与信息素养教育的本土化。

---

[1] 文贤代、丘小云主编：《中小学生媒介与信息素养》，四川少年儿童出版社2020年版，第169页。

（二）用融合课程和社团活动解决课程时间问题，探索媒介与信息素养教育在中小学的最佳形式

当前世界各国进行的媒介与信息素养教育实践中，既有单独的媒介与信息素养教育课程，也有和其他学科如社会、健康、语言艺术等融合的课程，还有基于项目的媒介与信息素养教育活动。美国学者瑞尼·霍布斯曾归纳了"媒介素养运动中的七大争论"，其中提出：媒介与信息素养教育是否应该进入12年制的中小学教育系统中？媒介与信息素养教育是应该作为独立的课程教授，还是应该融合进现行课程中？[1]

金牛区的媒介与信息素养教育实践回答了霍布斯提出的问题。金牛区在实践中发现，结合当前媒介素养在中小学生学习、生活中的重要性，通过融合课程的方式推进媒介与信息素养教育在中小学的普及是非常有效的途径之一。

当今世界，知识高度分化而又高度综合，跨越学科边界，进行跨学科的研究和学习是教育改革和创新的趋势。跨学科和融合学科能够有效减少因为分科造成的学科知识的分裂，实现多个学科的融合，有利于培养具备问题解决能力的个体。金牛区将媒介与信息素养教育和语文课、数学课、道德与法治课、信息技术课以及社团活动等进行融合，一方面解决了课程时间问题，另一方面，在教学内容和教学手段上进行的创新，也激发了学生学习的兴趣。在调研中，沙湾路小学的学生表示，数学知识和媒介与信息素养教育的融合，以及用项目式学习的方式推进任务，激发了他们对数学学习的兴趣。[2]

（三）项目式学习（PBL）有利于激发学生兴趣，培养学生解决问题的能力

金牛区的部分学校以项目式学习的方式推进媒介与信息素养教育，取

---

[1] Hobbs R. The seven great debates in the media literacy movement. Journal of Communication, 2006, 48 (1), 16-32.

[2] 2021年10月对成都市沙湾路小学五年级学生的访谈。

得了非常大的成果。"基于项目的学习"（Project-based learning，简称PBL）是世界上广泛采用的一种探究性学习方式。这种学习方式会创设和生活紧密联系的问题情境，然后学生围绕问题来探究解决方案。[1] 高质量的项目式学习有6项衡量标准：第一，学生能够深入地学习，批判性地思考，在学习的过程中追求卓越和成长；第二，学生做的项目是有意义的，与他们的文化、生活和未来密切相关；第三，学生的作品会被公开展示、讨论和评判；第四，学生进行线下或线上的写作，并（或）接受成人的指导；第五，学生使用项目管理流程推动项目从启动到完成；第六，学生在整个项目期间反思自身的工作和学习。[2] 沙湾路小学的项目式学习中，课程主题的设定聚焦学生最感兴趣的话题，鼓励学生参与，组成课题小组，通过合作促进学生对问题的认识，也提升了学生解决问题的能力。

学习方式的转变，提升了学生对课程的认可度和参与度，提升了学生学习的兴趣以及激发了他们的自信。比如沙湾路小学的数学老师吴洪芳老师在访谈中提到："部分学生在小组合作中'划水'（偷懒），其实也可能和他们各自的能力有关系，有的孩子可能就是不擅长某个方面，此时需要去发现孩子在某方面的特长。比如，某个女生数学不是太擅长，但是她擅长画画，所以，在小组合作中，她也是很受欢迎的对象，被各个小组争抢。逐渐地，这个孩子在学习中越来越有自信，眼睛看起来都有光了。"[3] 在对学生的访谈中，这一点得到了印证。在问到"课程中最喜欢的部分和最不喜欢的部分"时，孩子们异口同声地说："没有最不喜欢的部分，都喜欢。"他们提到，数学学科的项目式学习融入和生活关系紧密的话题，提升了他们对数学的学习兴趣，他们很喜欢通过小组合作的方式进行学习。吴老师用这样的方式进行教学，让他们对数学越来越感兴趣，觉得数学课学起来"很轻松，很好玩"。同时，每次团队合作都需要"当小老师"进行汇报展

---

[1] 刘景福、钟志贤：《基于项目的学习（PBL）模式研究》，《外国教育研究》2002年第11期，第18-22页。

[2] ［美］苏西·博斯、约翰·拉尔默：《项目式教学——为学生创造沉浸式学习体验》，周华杰、陆颖、唐玥译，中国人民大学出版社2020年版，第55-57页。

[3] 2021年10月对成都市沙湾路小学吴洪芳老师的访谈。

示，同学们表示："这种方式非常锻炼自己的胆量，能够提升自己的表达能力。"①

项目式学习中，看似老师在项目真正实施的时候没有做太多事情，但是，"事实上，老师在孩子们讨论之前，已经预设了他们可能会提到的一些问题。因此，项目式学习对老师的要求是非常高的。"②

（四）通过课题参与达到培训教师的目的

媒介与信息素养教育实践中，教师对媒介与信息素养教育的认知非常重要。中国社科院新闻与传播研究所的卜卫教授早在1997年对媒介与信息素养教育进行介绍时，就指出中国实施媒介与信息素养教育的路径。③

在这个媒介与信息素养教育实施的路径中，培养大量师资是非常重要的一环。金牛区在调研中，也发现教师缺乏实施媒介与信息素养教育的意识和能力，因此，对教师的培训至关重要。课题负责人丘小云老师说，在课题之初，完全是摸着石头过河。但是，其后课题组通过"走出去，请进来"、线上线下等方式加强了对媒介与信息素养教育的学习。课题组先后组织教师到广州市少年宫、浙江省缙云县长坑小学参观当地的媒介与信息素养教育，同时还通过邀请专家讲座、共享学习资料、个体学习、课题小组自行学习、课题组共同学习等方式加强老师对媒介与信息素养教育的学习。④ 课题2.0阶段，丘小云名师工作室组织的媒介素养课程高级研修小组的老师还对后参与课题的学校老师进行培训，以"传帮带"的方式达到培训教师的目的。⑤

---

① 2021年10月对成都市沙湾路小学五年级学生的访谈。
② 2021年10月对成都市沙湾路小学唐燕校长的访谈。
③ 卜卫：《论媒介教育的意义、内容和方法》，《现代传播》1997年第1期，第29-33页。
④ 2015年9-10月王晓艳在成都对金牛区教育科学研究院研究员丘小云老师的访谈。
⑤ 2020年10月金牛区教育局座谈会上丘小云老师的分享。

1.研究国民媒介接触行为、媒介需要及媒介观念

2.进行可行性研究，提出媒介教育政策

3.进行媒介教育实验，发展媒介教育内容，确定媒介教育方法和途径，总结经验

4.培养大量师资

5.制定相应的法规、规定或政策，开展大规模的媒介教育

中国社会科学院卜卫教授1997年提出的媒介素养教育实施路径

（五）重视学生对课程的参与以及传播能力的提高

新媒体时代，媒介参与的门槛大大降低，学生参与的机会也越来越多。金牛区媒介与信息素养教育实践中，特别强调学生的参与，重视学生对课程的参与以及传播能力的提高。各个学校开展的媒介与信息素养教育社团、媒介与信息素养教育课程的选题、课程中学生以小组的方式参与问题的解决等，都具有赋权的意义。

金牛区媒介与信息素养教育实践中，学生参与体现在两方面，一方面是引导学生积极参与到课程的建设中，在课程设计前，邀请学生进行调研，了解同学们关注的议题，以及他们对课程的需要。"拼多多中的砍一刀真的有用吗？""0元拿手机真的可能吗？""如何才能让长辈避免遭遇电信诈骗？"这些议题都是孩子们感兴趣的话题，也和他们的生活息息相关。金牛区的媒介与信息素养教育中，学生不仅仅是被教育的对象，他们在课程主题设置、活动开展等方面也积极参与。换言之，学生也成了课程的建构者。

另一方面，金牛区的媒介与信息素养教育实践注重学生传播能力的培养，不是让学生被动地接受媒介信息，而是鼓励学生主动利用媒介进行表达，培养他们解决问题的能力。比如在沙湾路小学的项目式学习"关于如何辨别信息"中，学生把相关内容做成抖音作品或小报进行传播；"辨别疫情期间的信息真假"中，学生学会制作思维导图；"偏爱实证思维"中，培养学生的计算思维，让孩子们通过数据发现信息背后的真相，如推断"喝双黄连是否有效果"等。

在参与的过程中，学生学会面对真实的世界，学会批判性看待信息，甚至学会对世界有更大的关注，拓宽世界视野。在沙湾路小学的项目式学习中，学生调研"双减政策"的影响，分小组列出自己感兴趣的研究问题，然后各组按照计划来完成自己小组的任务。其中有一项要求学生通过采访外国小朋友来了解其他国家学生的学习情况，这给了孩子们一个机会去探索一个更大的世界。学生还通过采访家长、老师、同学等了解不同群体对"双减"的观点。在调研的基础上，孩子们还通过拍摄小视频（采访或角色扮演）表达和传递观点。[①]

五、建议

金牛区媒介与信息素养教育在过去 7 年的研究和实践中，探索了一条促进教师和学生媒介与信息素养发展的路径，将媒介与信息素养教育和学科课程、社团活动、校本课程等融合，促进了媒介与信息素养教育在中小学的落地实施，完成了一系列具有实效的活动和课程案例，编写了一套中小学媒介与信息素养教育融合课程的教师读本，有效推进了媒介与信息素养教育的本土化。

当然，不管是从实践还是研究，媒介与信息素养教育还有不少值得继续探索的方向。

（一）拓展媒介与信息素养教育主题

根据课程目标，媒介与信息素养教育的主题还可以拓展，比如可以加入社会主义核心价值观相关的主题。在调研中，孩子们表示，他们跟着父母看了《觉醒年代》，特别喜欢。[②] 还可加入《2030 年可持续发展议程》中的主题，如可持续性发展、环境保护、人权、男女平等、尊重多元文化等。同时，学生也有自己的流行文化，还可有"流行文化进课堂"的活动，以

---

① 2020 年 10 月金牛区教育局座谈会上卜卫的发言。
② 2021 年 10 月对成都市沙湾路小学五年级学生的访谈。

促使课程内容和学生的生活更贴近,这也是尊重学生及其文化的表现。①

另外,以往的媒介与信息素养教育强调媒介生态或大众媒介运行机制、政治经济和文化及商业化对媒介的影响,但现在我们还需要关注新技术的发展带来的新挑战以及新问题,比如算法推荐、数字安全、隐私保护等,一方面需要引导学生对这些新主题有所思考;另一方面也需要在实践中引导学生具备保护自己的能力。②

针对不同学生的需要,还需要关注职业相关的素养。联合国教科文组织对数字素养(这里的数字素养涵盖了计算机素养、信息素养、ICT 素养和媒介素养等)的定义是"通过数字技术安全适当地获得、管理、理解、整合、沟通、评价和创造信息的能力,以有利于就业、体面工作和创业"。这个定义中提到的素养不仅包括设备和软件操作、信息和数据素养、数字安全等,还包括沟通与协作、创造数字内容(开发、整合并重新阐述数字内容,版权,编程等)、问题解决(发现需求和技术响应,创造性地使用数据技术,发现数字素养鸿沟,计算思维),以及职业相关的素养(操作或解释和利用某一特定领域的数据、信息和内容等)。③ 尤其对一些中职学生,媒介与信息素养教育中与职业相关的素养也可以成为课程主题的组成部分。

(二) 媒介与信息素养教育的对象需要从学生拓展到家长、老师

家庭是学生使用媒介的重要场所,因此,家庭事实上是对学生进行媒介与信息素养教育的关键场所。给家长普及媒介与信息素养教育的常识,以引导家长更好地理解媒介在学生发展中的作用,具有非常重要的意义。开展家庭媒介与信息素养教育,提升家长对媒介的认识,一方面可以形成媒介与信息素养教育的良好生态,另一方面也有利于促进家长家庭教育理念的更新,让家长可以获得更好的理念以支持孩子在信息化时代的发展。比如,学生在家的手机、网络、游戏到底该如何使用?父母应该如何从对

---

① 2020 年 10 月金牛区教育局座谈会上卜卫的发言。
② 2020 年 10 月金牛区教育局座谈会上卜卫的发言。
③ 卜卫、任娟:《超越"数字鸿沟":发展具有社会包容性的数字素养教育》,《新闻与写作》2020 年第 10 期,第 30-38 页。

孩子的媒介使用焦虑中解脱出来？父母应该如何引导孩子的媒介使用？这些都是当前家长需要面对的问题，也是媒介与信息素养教育面临的现实问题。在调研中，学生提出家长需要提升媒介素养，比如"如何才能让爷爷奶奶识别电信诈骗？如何才能让家人不转发'蜂蜜不能和黄瓜同食'的消息？"① 对这些问题的思考，说明学生已经将媒介素养中的批判性思维和生活紧密联系。金牛区第二十中学校已设立家长开放日，尝试在家长中普及媒介与信息素养教育。② 未来还可以在家庭的媒介与信息素养教育方面有进一步的探索。

同时，未来还需要为教师提供更多高质量的培训及其他支持，以提升教师对媒介与信息素养教育融合到不同学科的敏感度。从金牛区媒介与信息素养教育实践来看，课题组通过讲座、调研、参观等多种方式对教师进行了培训，让教师对一些基本概念有了一定的认识。但同时，还需要增加如社会性别、儿童权利等方面的培训。

此外，媒介与信息素养教育资源库的建设等也会方便教师推进媒介与信息素养教育，有利于教师更好地利用资源促进教学。

（三）媒介与信息素养教育可以和创新的教学方式结合

媒介与信息素养教育和其他学科的融合说明其实施形式可以是多样的，一方面可以和日常的学科教学、社团活动等融合；另一方面，媒介与信息素养教育的实施也可以和一些创新的教学方式结合，比如基于问题或基于任务的学习，能够让媒介与信息素养教育的议题和真实生活相关，激发学生的兴趣，培养学生解决问题的能力。

（四）探索媒介与信息素养教育课程的推广策略

行政的支持在教育创新推广过程中的重要性毋庸置疑，换言之，教育创新需要机制的支持才更具有可持续性。日本教育创新学者佐藤学说："如

---

① 2021年10月对成都市沙湾路小学五年级学生的访谈。
② 2020年10月成都市第二十中学校座谈会上黄爱民老师的分享。

果不是由学校内部开始进行变革的话,改革是很难渗透到教育一线的。但如没有外部支持,学校改革也同样是无法持续下去的。我将这种内与外的关系称为'学校改革的内与外辩证法'。我们既需要从内到外的改革,又需要从上至下的改革,要共同推进。"[1] 行政和科研推动是金牛区在媒介与信息素养教育方面推进教育创新扩散的策略之一,行政和科研是手段而不是目的,通过机制的支持,在部分学校进行试点,从而为进一步的创新扩散做好准备。

此外,融合课程也是媒介与信息素养教育扩散的重要策略,这种方式既解决了课程的时间问题,又提升了学生对课程的兴趣,可谓是一举两得甚至多得。从某种意义来说,金牛区的媒介与信息素养教育除了在教学形式和主题等方面进行了探索外,融合课程的策略也为媒介与信息素养教育的推广探索了一条可行之道。

未来,我们还需要探索更多的媒介与信息素养教育的推广策略以帮助公众了解媒介与信息的本质和特性,以便他们更好地应对媒介化社会带来的挑战和机遇。

---

[1] 佐藤学、于莉莉:《基于协同学习的教学改革——访日本教育学者佐藤学教授》《外国中小学教育》2015 年第 7 期,第 1-7 页。

附录二

媒介素养教育在中小学的创新扩散策略研究
——以成都金牛媒介素养教育项目为例

摘要：新的知识要惠及更多人必须要扩散，因此，扩散在教育创新中具有非常重要的意义。本文以成都市金牛区的媒介素养教育项目为研究对象，通过访谈法，探究媒介素养教育在中小学的扩散策略。研究发现，成都金牛区在中小学推广媒介素养教育的主要策略如下：教育行政部门和学校主要领导成为"创新的拥护者"，自上而下的行政推动和学校自下而上的科研和实践推动相结合；通过科研促进教师培训，为媒介素养教育的推广做师资准备，促进创新的可持续性；通过融合课程、校本课程和社团活动解决媒介素养教育的课时问题，解决创新和学校已有课程和活动的兼容性；用项目式学习（PBL）激发学生兴趣，让学生的成果可见，进一步促进媒介素养教育被学校接纳。

关键词：媒介素养教育；中小学；创新扩散策略

一、问题的提出

教育创新并非易事，即使其符合社会发展需要，但是要成为学校课程的部分，也要承担巨大的推广扩散的压力。当前，教育改革必须面对传统课程不能跟上社会知识增加以及社会需要的现实。为了培养能够胜任未来挑战的人才，必须要在传统学校课程中加入新的教育内容。如查尔斯·菲德尔指出，"技术和工程、传媒、创业与经商、个人理财、健康等现代课程直接响应当前和未来需要，必须成为课程构成中的基本部分"。[①]但与此同时，学校面临减负的压力，学生学业压力大，学校课时紧张。换句话说，如何进行创新教育的推广，成为教育改革中必须探索和解决的现实问题。

成都金牛区媒介素养教育项目过去7年（2014—2021）在当地中小学落地实施媒介素养教育课程和活动，进行了一系列具有实效的研究和实践，有效推进了媒介素养教育的本土化。本研究提出以下研究问题：媒介素养教育在成都金牛区中小学推广的策略有哪些？研究以成都金牛区的媒介素养教育实践为个案，试图探索创新教育如媒介素养教育之理念、内容融入中小学的路径，以期为其他符合时代需要、学生需要的教育内容进入中小学提供参考。

二、文献综述

20世纪60年代，美国学者埃弗雷特·M.罗杰斯（Everett M. Rogers）在《创新的扩散》（*Diffusion of Innovations*）中定义的"扩散"指"创新在特定的时间段内，通过特定的渠道，在特定的社群中传播的过程"。[②]罗杰斯指出，创新的扩散是一种特殊类型的传播；同时，扩散也是一种变革。创新扩散以后，可能会带来社会体系的结构或功能的变化。[③]

在《创新的扩散》（2004年版）一书中，罗杰斯详细地论述了创新的五大认知属性，包括相对优越性、兼容性、复杂性、可实验性、可观察性。罗杰斯指出，这五个基本属性非常重要，直接影响一项创新是否会被采用。[④]

教育的扩散研究最早是由哥伦比亚大学师范学院的保罗·莫特教授进行的。莫特等人研究学校的财政拨款是否会影响学校的创新，研究结果指出，财政拨款会直接影响学校的创新精神。[⑤]还有研究者分析了美国两个州的学校行政管理人员对现代数学的扩散所起的作用，研究结果指出，人际网络中的意见领袖对现代数学的扩散具有重要作用。[⑥]

对教育创新的研究，目前仍然属于前沿的研究领域。教育创新最终的目的是实现教育的发展与改善。"教育创新"在很大程度上意味着对教育进行改革，这种改革可能是彻底的，也可能是渐进的。[⑦]目前，国内教育领域的创新扩散的研究主要集中于信息技术在基础教育、高等教育中的扩散。比如，北京师范大学张进宝博士的研究关注了教育技术的扩散。研究指出，技术在教育场域中不断应用、革新推广以及制度化，其目标不只是以教育诉求引领技术的完善与发展，更在于推动基于技术的教学变革。[⑧]在实践领域，一些教育创新成果的评价标准关注了创新是否可以被复制和推广。2018年非洲创新教育博览会案例征集要求之一，即要求创新必须能够表现出影响力，有可能在非洲广泛传播。[⑨]中国教育创新公益成果博览会根据北京师范大学刘坚教授在2015年提出的"优秀教育创新成果的SERVE模型"筛选案例，其中有一项要求即教育创新案例具有可推广性。[⑩]

相对于传统的学科教育，媒介素养教育在学校教育体系中属于创新教育。因此，从创新扩散的视角，关注媒介素养教育在中国本土扩散中的策略具有重要意义。本研究以"创新的扩散"为理论分析框架，分析成都金牛区媒介素养教育在推广过程中的策略，目的在于为媒介素养教育在其他地区、学校的推进提供参考。

三、研究设计与方法

（一）研究对象介绍

成都金牛区媒介素养教育项目从2014年开始，持续至2021年结题，至今仍在影响当地不少学校的课程或者课外活动。经过7年的行动研究，在研究和实践融合的基础上，金牛区的媒介素养教育形成了一定的规模和影响力，参与项目的学校开发了具备各自特色的媒介素养教育课程或者活动。项目第一阶段为2014年底至2017年11月，由成都市教育局牵头，组建了由大学、区教育局、区教研机构、中小学、媒体等多方合作的研究团队，有16所学校以不同子课题的形式参与研究。项目第二阶段为2017年12月至2019年12月，由金牛区教育局、区教科院成立课题研究组，"丘小云名师工作室"推进课题。此阶段金牛区有9所学校加入课题。项目第三阶段从2019年12月开始，由金牛区教育局牵头，在全区中小学分阶段推广项目成果。[⑪]

（二）研究方法和步骤

本研究主要采用的方法是访谈，包括焦点组访谈和个人深度访谈以及座谈会。利用访谈，更能够挖掘金牛区媒介素养教育推广过程中的策略。研究者于 2015 年 9—10 月、2020 年 10 月、2021 年 4 月和 5 月，以及 2021 年 10 月前往成都市金牛区进行调研。访谈对象包括成都市教育局 Q、金牛区教育局 T，以及金牛区教育科学研究院 4 位老师（其中从项目执行负责人 Y 老师处对项目有了整体了解）。

2015 年 9—10 月，研究者对成都市金牛区 12 所中学的子课题负责人以及学校参与课题的老师、学生分别进行了焦点小组访谈。2020 年 10 月金牛区教育局专门组织了座谈会，调研团队和金牛区教育局领导、项目负责人、项目学校老师等举办了专题论坛。2021 年 4 月又专门和金牛区媒介素养教育课题组进行了专题讨论，进一步挖掘金牛区媒介素养教育实践的经验。2021 年 5 月，调研团队参加金牛区教育局主办的"促进中小学媒介与信息素养发展的融合课程"成果推广会。2021 年 10 月主要调研了成都市沙湾路小学、成都七中万达学校。一共进行了 5 组共 24 人的焦点组访谈，涉及年级包括小学 5 年级、初二和高三年级。

金牛区的媒介素养教育实践本身还是一项研究，因此，本文也部分使用了收集到的项目团队的研究成果，包括项目团队和项目试点学校出版的书籍、研发的课程等。

四、研究结果

（一）教育行政部门和学校主要领导成为"创新的拥护者"

金牛区媒介素养教育最重要的推广策略是教育行政部门自上而下的推动和学校自下而上的行动的结合。项目最开始是由成都市教育局推动，以市级课题的方式立项，随后由金牛区教育局持续在人力物力方面给予支持。本质上来说，这是一项自上而下的行政课题。在得到教育行政部门的大力支持以后，参与项目试点的学校主要领导亦在学校主动推进项目，不少学校甚至由校长、副校长主抓项目的推进。从金牛区的媒介素养教育项目可以看到，作为"组织"的教育部门和学校在推进创新的过程中扮演的角色，其中教育行政部门的负责人、金牛区承担课题的负责人，以及各个学校支持项目的校长、老师等，可以说是"创新的拥护者"。罗杰斯把创新的决策模式分为三种，分别为选择性创新决策、集体式创新决策、权威决策。学校、工厂、政府组织中比较容易出现前两种决策模式，而选择性创新决策指个人接受或拒绝创新的决策，完全不受他人左右，这种决策模式更多出现在个人消费行为上。[12]

当然，这种组织内的创新的采纳通常会有赞成者，也有反对者。所以，在项目后续推进的过程中，不是通过强推的方式，而是通过科研课题立项，由愿意参与创新的学校申请子课题。项目在子课题立项之时，也选择了不同类型、不同特色（其中还包括了流动儿童学校和职业学校）的学校进行试点，这样可以在不同类型的学校探索媒介素养教育的实施，可以在较短的时间内形成合力探索媒介素养教育在不同类型学校实施的可能。项目选择了不同类型的学校进行"试点"。"试点先行"的方式，实际上也是创新推广中常用的方式。创新就要允许试错，如果一开始就大面积推行，在调适的过程中，难度较大。做试点同时也能帮助教育创新进行迭代更新。同时，项目实施的过程中，也通过校际的交流促进了一些学校对媒介素养教育的接受。因为创新在不同的情境中应用的时候，本身就具有很强的不确定性。因此，采用试点、校际交流等方式，在看到明显的成果后，能够促进媒介素养教育的扩散。

（二）通过科研促进教师培训，为师资和创新的持续性做准备

媒介素养教育实践中，教师对媒介素养教育的认知非常重要。中国社科院新闻与传播研究所的卜卫教授早在1997年就指出中国实施媒介素养教育的路径。[13]培养大量师资是非常重要的一环。

金牛区在调研中，也发现教师缺乏实施媒介素养教育的意识和能力，因此，对教师的培训至关重要。课题负责人丘小云老师说，在课题之初，完全是摸着石头过河。但是，其后课题组通过"走出去，请进来"、线上线下等方式加强了对媒介素养教育的学习。课题组先后组织教师到广州市少

年宫、浙江省缙云县长坑小学参观当地的媒介素养教育，同时还通过邀请专家讲座、共享学习资料、个体学习、课题小组自行学习、课题组共同学习等方式加强老师对媒介素养教育的学习。[14]课题2.0阶段，丘小云名师工作室组织的媒介素养课程高级研修小组的老师还对后参与课题的学校老师进行培训，以"传帮带"的方式达到培训教师的目的。[15]

1.研究国民媒介接触行为、媒介需要及媒介观念

2.进行可行性研究，提出媒介教育政策

3.进行媒介教育实验、发展媒介教育内容，确定媒介教育方法和途径，总结经验

4.培养大量师资

5.制定相应的法规、规定或政策，开展大规模的媒介教育

中国社会科学院卜卫教授1997年提出的媒介素养教育实施路径

媒介素养教育作为一种创新的教育实践，需要一线老师参与。一线老师对于媒介素养教育的认识非常重要。因此，通过课题对老师进行培训是一种在"做中学"的非常好的教育策略。同时，关于创新的持续性的研究也指出，一项创新是否能够持续下去，其中一个重要因素就是成员的参与度，以及创新被"再发明的程度"。[16]在项目推进过程中，各参研学校组建课题组完成本校申请的子课题，这些子课题大多结合参研学校的特色，关注学校想要探究的问题。允许试点学校的老师进行创新，最大限度探索在中小学进行媒介素养教育的可能，这也为后续研究和实践成果的丰富性提供了基础。项目结题的时候，不少学校都产出了丰富的科研和实践成果，参与课题的不少老师发表了论文、研发了优质课程、出版了书籍，并多次获得奖励。这也进一步激发了老师参与媒介素养教育实践的热情和动力。

另外，课题组也通过参加各种论坛、会议介绍经验，从而达到推广的目的。比如金牛区媒介素养教育项目团队的老师就多次参加"媒介素养教育高峰论坛"、北京师范大学互联网教育智能技术及应用国家工程实验室的沙龙分享等。同时，也通过举办区域性的教研活动、课例展示、送教下乡等方式，提高成果的辐射性和推广力度，从而影响学校领导层的决策和教

师的教育教学理念。[17]

（三）通过融合课程和社团活动丰富教育内容、解决课时问题，促进媒介素养教育和学校已有课程的兼容性

当今世界科学高度分化而又高度综合，进行跨学科的研究和学习是教育改革和创新的趋势。[18]同时，融合学科可以有效减少不同学科之间知识的分裂，实现多个学科的交叉融合，有利于"培养全面发展的人"这一核心素养的实现。

当前世界各国进行的媒介素养教育实践中，既有单独的媒介素养教育课程，也有和其他学科如社会、健康、语言艺术等融合的课程，还有基于项目的媒介素养教育活动。美国学者瑞尼·霍布斯曾归纳了"媒介素养运动中的七大争论"，其中提出：媒介素养教育是否应该进入12年制的中小学教育系统中？媒介素养教育是应该作为独立的课程教授，还是应该融合进现行课程中？[19]媒介素养教育进入中小学迫切要解决的问题是课时课题。课时问题涉及创新的兼容性，创新的兼容性对创新是否被采纳有非常重要的影响。"兼容性是指创新和目前的价值体系、过去的经验以及潜在采用者的需求相一致的程度。"[20]中小学的课时安排非常紧张，媒介素养教育要进入学校的话，如果安排专门的课程，必然要占据其他课程的时间，这就会导致创新很难推广。但和其他课程的融合或者采用社团课程、校本课程的方式，或者和学校的常规活动结合，就容易和学校的课程和活动兼任，让媒介素养教育易被采纳。

金牛区采取融合策略将媒介素养教育的内容渗透到不同学科和活动中，为此探索了三个可操作的融合策略，分别是和学科课程融合、开发校本课程、组建社团。和学科融合主要是与一些相关度高的学科（如信息技术、道德和法治、语文、历史等）融合，开发出媒介素养教育的融合课程。在信息技术课程和网络安全相关的内容中，突破了单纯教授防电脑病毒技能的限制，转为关注网络中人与人的交流，关注网络为人类带来的利弊，关注学生的独立思维；在语文的阅读教学中，选择不同媒体对同一事件的报道作为阅读材料，让学生在阅读的过程中，发现不同主题记录事实的差异，了解媒介信息被构造的本质。[21]

融合策略不仅解决了课时的问题，还给了学校一定的自由结合自己的需要来发展特色教育。这也进一步拓展了媒介素养教育的主题内容。在沙湾路小学的项目式学习"关于如何辨别信息"中，学生把相关内容做成抖音作品或小报进行传播；在"辨别疫情期间的信息真假"中，学生学会制作思维导图；在"偏爱实证思维"中，培养学生的计算思维，让孩子们通过数据发现信息背后的真相，如推断"喝双黄连是否有效果"等。[22]对这些问题的探索，进一步丰富了媒介素养教育主题内容的本土化，同时，也说明学生已经将媒介素养中的批判性思维和生活紧密联系。

（四）用项目式学习（PBL）激发学生兴趣，让课程在学校体系被接纳

"教育创新"的方式包括引进新的教育资源，或者引进新的教育服务方式或新的组织活动方式等，其最终目的是实现教育的发展与改善。[23]金牛区的部分学校以项目式学习的方式推进媒介素养教育，取得了非常大的成果。"基于项目的学习"（Project-based learning，简称PBL）是世界上广泛采用的一种探究性学习模式。这种学习方式会创设和生活紧密联系的问题情境，然后学生围绕问题来探究解决方案。[24]沙湾路小学的项目式学习中，课程主题的设定聚焦学生最感兴趣的话题，鼓励学生参与，组成课题小组，通过合作促进学生对问题的认识。在媒介素养教育中尝试教学方式的创新，突破了以往的一些媒介素养教育实践中灌输式的教育方法。中国社科院卜卫教授曾指出，媒介素养教育工作坊中常用参与式方法，包括"角色扮演、辩论会、情境分析、个案研究、实地采访、模拟报道、媒介监测、新闻报道评奖等"。这些方法的共同特征是通过"提问题"以及辩论的方式来发展对问题的想法和实践。[25]沙湾路小学的媒介素养教育实践和项目式学习结合，让学生发现生活中的问题，提出问题，并且通过小组合作，用手工、动画、采访、视频拍摄等多种方式提供解决方案。这些活动的参与，激发了学生对于学习的兴趣，这也使得沙湾路小学的媒介素养教育相对其他的课程具有一定的优势。这也是创新扩散理论中提到的创新的属性之一——"相对优势"。所谓相对优势，就是指"创新相比其取代的现有观念或技术优越的

程度"。内容个体接受某项创新以后，所需要支付的成本以及从中获得的收益，具体包括：经济利润、较低的初始成本、较少的不舒适感、社会地位、节省的时间和精力以及回报的及时等。[26]相对优势是预测创新是否被采用的重要指标之一。创新是否被采用，和创新的优势被感知的程度有关。沙湾路小学采取项目式的学习的成果，如学生创作的定格动画短片，在"第十四届56个月亮西部大学生动漫节"上获得儿童组一等奖，在"第六届浙江省青少年定格动画创作大赛"上获得三等奖，在儿童影像艺术节"花园秘境"放映厅播放。这些可观察到的成果，进一步促进媒介素养教育在学校体系中被接纳。

五、进一步讨论

行政的支持在教育创新推广过程中的重要性毋庸置疑，换言之，教育创新需要机制的支持才更具有可持续性。日本教育创新学者佐藤学说："如果不是由学校内部开始进行变革的话，改革是很难渗透到教育一线的。但如没有外部支持，学校改革也同样是无法持续下去的。我将这种内与外的关系称为'学校改革的内与外辩证法'。我们既需要从内到外的改革，又需要从上至下的改革，要共同推进。"[27]行政和科研推动是金牛区在媒介素养教育方面推进教育创新扩散的策略之一，行政和科研是手段而不是目的，通过机制的支持，在部分学校进行试点，从而为进一步的创新扩散做好准备。

此外，融合课程也是媒介素养教育扩散的重要策略，这种方式既解决了课程的时间问题，又提升了学生对课程的兴趣，可谓是一举两得甚至多得。从某种意义来说，金牛区的媒介素养教育除了在教学形式和主题等方面进行了探索外，融合课程的策略也为媒介素养教育的推广探索了一条可行之道。

六、未来的研究方向

罗杰斯提到，创新扩散研究中，很容易对个体进行指责，而忽视对体系的指责。对个体的指责倾向于认为个体对问题负责，而不是个体所组成的体系对此负责。㉒对媒介素养教育的扩散研究，一方面需要关注家庭是儿童媒介使用的重要场所，要对家长进行媒介素养的常识普及；另一方面，要避免陷入对个体的指责。如果只对个体进行指责会影响政策的制定。政策可能会变成对家长进行媒介素养教育，而忽视了政府、媒体、社会文化等在教育中应该起到的作用。

媒介素养教育扩散的研究中，还需要更多地思考整个社会对教育到底应该"教什么"以及"如何教"的问题。对这些问题达成一定的共识，有利于教育创新在校内外的扩散。

参考文献：

①⑱ 查尔斯·菲德尔、徐海英、盛群力：《为 21 世纪再设计课程——四维教育白皮书》，《数字教育》2017 年第 2 期。

②③④⑤⑥⑫⑯⑳㉒㉘ [美] E. M. 罗杰斯：《创新的扩散》（第五版），唐兴通、郑常青、张延臣译，第 7 页，第 8 页，第 231 页，第 63-64 页，第 64-65 页，第 429-430 页，第 66 页，第 251 页，第 243 页，第 120-122 页，电子工业出版社 2016 年版。

⑦㉓ 董丽丽、邵钰：《教育创新与创新教育的界定、测量与实现策略——对经合组织〈教育创新和创新教育：数字技术和技能的力量〉报告的解读与思考》，《中国电化教育》2017 年第 6 期。

⑧ 张进宝、毕海滨：《创新扩散视角下的教育技术应用推广机制研究》，《开放教育研究》2008 年第 5 期。

⑨ https://au.int/en/announcements/20180513/call-submissions-innovating-education-africa-expo-meeting-continental-targets.

⑩ 魏锐、刘晟等：《21 世纪核心素养教育的支持体系》，《华东师范大学学报》（教育科学版）2016 第 3 期。

⑪⑰㉑ 文贤代、丘小云主编：《中小学生媒介与信息素养》，第 165-166 页、190-194 页、178-179 页，四川少年儿童出版社 2020 年版。

⑬ 卜卫：《论媒介教育的意义、内容和方法》，《现代传播》1997 年第 7 期。

⑭ 2015 年 9-10 月王晓艳在成都对金牛区教育科学研究院研究员丘小云老师的访谈。

⑮ 2020 年 10 月金牛区教育局座谈会丘上小云老师的分享。

⑲ Hobbs R. The seven great debates in the media literacy movement. Journal of Communication, 2006, 48 (1), 16-32.

㉒ 2021年10月对成都市沙湾路小学唐燕校长的访谈。

㉔ 刘景福、钟志贤：《基于项目的学习（PBL）模式研究》，《外国教育研究》2002年第11期。

㉕ 卜卫：《关于媒介素养教育作为性别平等倡导战略的研究》，《妇女研究论丛》2011年第3期。

㉗ 佐藤学、于莉莉：《基于协同学习的教学改革——访日本教育学者佐藤学教授》，《外国中小学教育》2015年第7期。

附录三

中华人民共和国未成年人保护法

（1991年9月4日第七届全国人民代表大会常务委员会第二十一次会议通过 2006年12月29日第十届全国人民代表大会常务委员会第二十五次会议第一次修订 根据2012年10月26日第十一届全国人民代表大会常务委员会第二十九次会议《关于修改〈中华人民共和国未成年人保护法〉的决定》修正 2020年10月17日第十三届全国人民代表大会常务委员会第二十二次会议第二次修订）

第五章 网络保护

第六十四条 国家、社会、学校和家庭应当加强未成年人网络素养宣传教育，培养和提高未成年人的网络素养，增强未成年人科学、文明、安全、合理使用网络的意识和能力，保障未成年人在网络空间的合法权益。

第六十五条 国家鼓励和支持有利于未成年人健康成长的网络内容的创作与传播，鼓励和支持专门以未成年人为服务对象、适合未成年人身心健康特点的网络技术、产品、服务的研发、生产和使用。

第六十六条 网信部门及其他有关部门应当加强对未成年人网络保护工作的监督检查，依法惩处利用网络从事危害未成年人身心健康的活动，为未成年人提供安全、健康的网络环境。

第六十七条 网信部门会同公安、文化和旅游、新闻出版、电影、广播电视等部门根据保护不同年龄阶段未成年人的需要，确定可能影响未成年人身心健康网络信息的种类、范围和判断标准。

第六十八条　新闻出版、教育、卫生健康、文化和旅游、网信等部门应当定期开展预防未成年人沉迷网络的宣传教育，监督网络产品和服务提供者履行预防未成年人沉迷网络的义务，指导家庭、学校、社会组织互相配合，采取科学、合理的方式对未成年人沉迷网络进行预防和干预。

任何组织或者个人不得以侵害未成年人身心健康的方式对未成年人沉迷网络进行干预。

第六十九条　学校、社区、图书馆、文化馆、青少年宫等场所为未成年人提供的互联网上网服务设施，应当安装未成年人网络保护软件或者采取其他安全保护技术措施。

智能终端产品的制造者、销售者应当在产品上安装未成年人网络保护软件，或者以显著方式告知用户未成年人网络保护软件的安装渠道和方法。

第七十条　学校应当合理使用网络开展教学活动。未经学校允许，未成年学生不得将手机等智能终端产品带入课堂，带入学校的应当统一管理。

学校发现未成年学生沉迷网络的，应当及时告知其父母或者其他监护人，共同对未成年学生进行教育和引导，帮助其恢复正常的学习生活。

第七十一条　未成年人的父母或者其他监护人应当提高网络素养，规范自身使用网络的行为，加强对未成年人使用网络行为的引导和监督。

未成年人的父母或者其他监护人应当通过在智能终端产品上安装未成年人网络保护软件、选择适合未成年人的服务模式和管理功能等方式，避免未成年人接触危害或者可能影响其身心健康的网络信息，合理安排未成年人使用网络的时间，有效预防未成年人沉迷网络。

第七十二条　信息处理者通过网络处理未成年人个人信息的，应当遵循合法、正当和必要的原则。处理不满十四周岁未成年人个人信息的，应当征得未成年人的父母或者其他监护人同意，但法律、行政法规另有规定的除外。

未成年人、父母或者其他监护人要求信息处理者更正、删除未成年人个人信息的，信息处理者应当及时采取措施予以更正、删除，但法律、行政法规另有规定的除外。

第七十三条　网络服务提供者发现未成年人通过网络发布私密信息的，应当及时提示，并采取必要的保护措施。

第七十四条　网络产品和服务提供者不得向未成年人提供诱导其沉迷的产品和服务。

网络游戏、网络直播、网络音视频、网络社交等网络服务提供者应当针对未成年人使用其服务设置相应的时间管理、权限管理、消费管理等功能。

以未成年人为服务对象的在线教育网络产品和服务，不得插入网络游戏链接，不得推送广告等与教学无关的信息。

第七十五条　网络游戏经依法审批后方可运营。

国家建立统一的未成年人网络游戏电子身份认证系统。网络游戏服务提供者应当要求未成年人以真实身份信息注册并登录网络游戏。

网络游戏服务提供者应当按照国家有关规定和标准，对游戏产品进行分类，作出适龄提示，并采取技术措施，不得让未成年人接触不适宜的游戏或者游戏功能。

网络游戏服务提供者不得在每日二十二时至次日八时向未成年人提供网络游戏服务。

第七十六条　网络直播服务提供者不得为未满十六周岁的未成年人提供网络直播发布者账号注册服务；为年满十六周岁的未成年人提供网络直播发布者账号注册服务时，应当对其身份信息进行认证，并征得其父母或者其他监护人同意。

第七十七条　任何组织或者个人不得通过网络以文字、图片、音视频等形式，对未成年人实施侮辱、诽谤、威胁或者恶意损害形象等网络欺凌行为。

遭受网络欺凌的未成年人及其父母或者其他监护人有权通知网络服务提供者采取删除、屏蔽、断开链接等措施。网络服务提供者接到通知后，应当及时采取必要的措施制止网络欺凌行为，防止信息扩散。

第七十八条　网络产品和服务提供者应当建立便捷、合理、有效的投诉和举报渠道，公开投诉、举报方式等信息，及时受理并处理涉及未成年人的投诉、举报。

第七十九条　任何组织或者个人发现网络产品、服务含有危害未成年人身心健康的信息，有权向网络产品和服务提供者或者网信、公安等部门投诉、举报。

第八十条　网络服务提供者发现用户发布、传播可能影响未成年人身心健康的信息且未作显著提示的，应当作出提示或者通知用户予以提示；未作出提示的，不得传输相关信息。

网络服务提供者发现用户发布、传播含有危害未成年人身心健康内容的信息的，应当立即停止传输相关信息，采取删除、屏蔽、断开链接等处置措施，保存有关记录，并向网信、公安等部门报告。

网络服务提供者发现用户利用其网络服务对未成年人实施违法犯罪行为的，应当立即停止向该用户提供网络服务，保存有关记录，并向公安机关报告。

附录四

未成年人网络保护条例（征求意见稿）

[国家互联网信息办公室起草了《未成年人网络保护条例（征求意见稿）》，2022年3月公开征求意见]

第一章 总 则

第一条 为了营造健康、文明、有序的网络环境，保护未成年人身心健康，保障未成年人在网络空间的合法权益，根据《中华人民共和国未成年人保护法》《中华人民共和国网络安全法》《中华人民共和国个人信息保护法》等法律，制定本条例。

第二条 未成年人网络保护工作应当坚持最有利于未成年人的原则，以社会主义核心价值观为引领，适应未成年人身心健康发展和网络空间的规律和特点，实行社会共治。

第三条 国家网信部门负责统筹协调未成年人网络保护工作，并依据职责做好相关未成年人网络保护工作。

国家新闻出版部门和国务院教育、电信、公安、民政、文化和旅游、卫生健康、市场监督管理、广播电视等有关部门依据各自职责做好相关未成年人网络保护工作。

县级以上地方有关部门依据各自职责做好相关未成年人网络保护工作。

第四条 共产主义青年团、妇女联合会、工会、残疾人联合会、关心下一代工作委员会、青年联合会、学生联合会、少年先锋队以及其他人民团体、有关社会组织、基层群众性自治组织，应当协助有关部门做好未成年人网络保护工作，维护未成年人在网络空间的合法权益。

第五条　家庭、学校和其他教育机构应当教育引导未成年人参加有益身心健康的活动，科学、文明、安全、合理使用网络，预防和干预未成年人沉迷网络。

第六条　网络产品和服务提供者、个人信息处理者、智能终端产品制造者和销售者应当遵守法律法规规章，尊重社会公德，遵守商业道德，诚实信用，履行未成年人网络保护义务，承担社会责任。

第七条　网络产品和服务提供者、个人信息处理者、智能终端产品制造者和销售者应当接受政府和社会的监督，配合有关部门依法实施涉及未成年人网络保护工作的监督检查，建立便捷、合理、有效的投诉、举报渠道，通过显著方式公布投诉、举报途径和方法，及时受理并处理公众投诉、举报。

第八条　任何组织和个人发现违反本条例规定的，可以向网信、新闻出版、教育、电信、公安、民政、文化和旅游、卫生健康、市场监督管理、广播电视等有关部门投诉、举报。收到投诉、举报的部门应当及时依法作出处理；不属于本部门职责的，应当及时移送有权处理的部门。

第九条　网络相关行业组织应当加强行业自律，制定未成年人网络保护相关行业规范，指导会员履行未成年人网络保护义务，加强对未成年人的网络保护。

第十条　新闻媒体应当通过新闻报道、专题栏目（节目）、公益广告等方式，开展未成年人网络保护法律制度、政策措施和有关知识的宣传，对侵犯未成年人网络权益的行为进行舆论监督，引导全社会共同参与未成年人网络保护。

第十一条　国家鼓励和支持在未成年人网络保护领域加强科学研究和人才培养，开展国际交流与合作。

第十二条　对在未成年人网络保护工作中作出突出贡献的组织和个人，按照国家有关规定给予表彰和奖励。

第二章　网络素养培育

第十三条　国务院教育行政部门应当将网络素养教育纳入学校素质教

育内容，并会同国家网信部门制定未成年人网络素养测评指标。

教育行政部门应当指导、支持学校开展未成年人网络素养教育，围绕网络道德意识和行为准则、网络法治观念和行为规范、网络使用能力建设、人身财产安全保护等，培育未成年人网络安全意识、文明素养、行为习惯和防护技能。

第十四条　县级以上人民政府应当科学规划、合理布局，加强提供公益性上网服务的公共文化设施建设，改善未成年人上网条件，促进公益性上网服务合理协调发展。

县级以上地方人民政府应当通过为中小学校配备具备相应专业能力的指导教师或者政府购买服务等方式，为学生提供优质的网络素养教育课程。

第十五条　学校、社区、图书馆、文化馆、青少年宫等场所为未成年人提供互联网上网服务设施，应当通过安排专业人员和招募志愿者、教师、家长参与等方式，以及安装未成年人网络保护软件或者采取其他安全保护技术措施，为未成年人提供上网指导和安全、健康的上网环境。

第十六条　学校应当将科学、文明、安全、合理使用网络等内容纳入教育教学活动，并合理使用网络开展教学活动，建立健全学生在校期间上网的管理制度，对学生进行网络素养教育，依法规范管理未成年学生带入学校的智能终端产品，帮助学生养成良好上网习惯，培养学生网络安全意识，增强学生对网络信息的获取和分析判断能力。

第十七条　未成年人的监护人应当主动学习网络知识，提高自身网络素养，规范自身使用网络的行为，加强对未成年人使用网络行为的教育、示范、引导和监督。

第十八条　国家鼓励和支持专门以未成年人为服务对象、适应未成年人身心健康发展规律和特点的上网保护软件、智能终端产品和青少年模式、未成年人专区等网络技术、产品、服务的研发、生产和使用，鼓励加强网络无障碍环境建设和改造，促进未成年人开阔眼界、提高素质、陶冶情操、愉悦身心。

第十九条　未成年人上网保护软件、专门供未成年人使用的智能终端产品应当具有有效识别违法信息和可能影响未成年人身心健康的信息、保护未成年人个人信息权益、预防未成年人沉迷网络、便于监护人履行监护职责等功能。

国家网信部门会同国务院有关部门根据未成年人网络保护工作的需要，明确未成年人上网保护软件、专门供未成年人使用的智能终端产品的相关技术标准或者要求，指导相关行业组织对未成年人上网保护软件、专门供未成年人使用的智能终端产品的使用效果进行评估，并向社会公布评估结果。

智能终端产品制造者应当在产品出厂前安装未成年人上网保护软件，或者采用显著方式告知用户安装渠道和方法。智能终端产品销售者在产品销售前应当采用显著方式告知用户安装未成年人上网保护软件的情况以及安装渠道和方法。

未成年人的监护人应当合理使用并指导未成年人使用上网保护软件、智能终端产品等，创造良好的网络使用家庭环境。

第二十条　未成年人用户数量巨大、在未成年人群体具有显著影响力的重要互联网平台服务提供者，应当履行下列义务：

（一）在互联网平台服务的设计、研发、运营等阶段，充分考虑未成年人身心健康发展特点，定期开展未成年人网络保护影响评估；

（二）提供青少年模式或者未成年人专区等，便利未成年人获取有益身心健康的平台内产品或者服务；

（三）按照国家规定建立健全未成年人网络保护合规制度体系，成立主要由外部成员组成的独立机构，对未成年人网络保护情况进行监督；

（四）遵循公开、公平、公正的原则，制定专门的平台规则，明确平台内产品或者服务提供者未成年人网络保护的义务，并以显著方式提示未成年人用户依法享有的网络保护权利和遭受网络侵害的救济途径；

（五）对严重违反法律、行政法规侵害未成年人身心健康或者侵犯未成年人其他合法权益的平台内的产品或者服务提供者，停止提供服务；

（六）每年发布专门的未成年人网络保护社会责任报告，并通过公众评议等方式接受社会监督。

第三章　网络信息内容规范

第二十一条　国家鼓励和支持弘扬社会主义核心价值观和中华优秀传统

文化、培养未成年人家国情怀和良好品德、增强创新意识和能力、养成良好生活习惯和行为习惯、提高安全意识和技能等网络信息的制作、复制、发布、传播，营造有利于未成年人健康成长的清朗网络空间和良好网络生态。

第二十二条　禁止利用网络制作、复制、发布、传播含有危害未成年人身心健康内容的信息。

禁止向未成年人发送含有危害或者可能影响未成年人身心健康内容的信息。

第二十三条　禁止制作、复制、发布、传播或者持有有关未成年人的淫秽色情网络信息。

禁止诱骗、强迫未成年人制作、复制、发布、传播可能暴露其个人隐私的文字、图片、音视频，不得诱骗、强迫未成年人观看淫秽色情网络信息。

第二十四条　网络产品和服务中含有可能引发或者诱导未成年人模仿不安全行为、实施违反社会公德行为、产生不良情绪、养成不良嗜好等可能影响未成年人身心健康的信息的，制作、复制、发布、传播该信息的组织和个人应当在信息展示前予以显著提示。

第二十五条　国家网信部门会同国家新闻出版、电影部门和国务院教育、电信、公安、文化和旅游、广播电视等部门，在本条例第二十四条规定基础上确定可能影响未成年人身心健康的信息的具体种类、范围、判断标准和提示办法。

第二十六条　任何组织和个人不得在专门以未成年人为服务对象的网络产品和服务中制作、复制、发布、传播本条例第二十四条规定的可能影响未成年人身心健康的信息。

网络产品和服务提供者不得在首页首屏弹窗热搜等处于产品或者服务醒目位置、易引起用户关注的重点环节呈现本条例第二十四条规定的可能影响未成年人身心健康的信息。

第二十七条　任何组织和个人不得通过网络以文字、图片、音视频等形式，对未成年人实施侮辱、诽谤、威胁或者恶意损害形象等网络欺凌行为。

网络产品和服务提供者应当设置便利未成年人及其监护人保全遭受网络欺凌证据、行使通知权利的功能、渠道。遭受网络欺凌的未成年人及其监护人有权通知网络产品和服务提供者采取删除、屏蔽、断开链接、限制账号功能、关闭账号等必要措施。网络产品和服务提供者接到通知后，应当及时采取必要措施予以制止，防止信息扩散。

第二十八条　任何组织和个人不得利用网络组织、胁迫、引诱、教唆、欺骗、帮助未成年人实施不良行为、严重不良行为或者违法犯罪行为。

第二十九条　以未成年人为服务对象的在线教育网络产品和服务，应当符合不同年龄阶段未成年人身心发展特点和认知能力。

以未成年人为服务对象的在线教育网络产品和服务提供者应当遵守教育行政部门会同有关部门制定的机构设置、人员资质、收费监管等相关标准和制度，按照规定合理设置时段、时长和内容，不得插入网络游戏链接，不得推送广告等与教学无关的信息。

第三十条　网络产品和服务提供者应当加强对用户发布信息的管理，采取有效措施防止违反本条例第二十二条、第二十三条、第二十六条、第二十七条第一款、第二十八条、第二十九条第二款规定的信息的制作、复制、发布、传播，发现违反本条例上述条款规定的信息的，应当立即停止传输相关信息，采取删除、屏蔽、断开链接等处置措施，防止信息扩散，保存有关记录，并向网信、公安等部门报告。

网络产品和服务提供者发现用户发布本条例第二十四条规定的可能影响未成年人身心健康的信息未予显著提示的，应当作出提示或者通知用户予以提示；未作出提示的，不得传输该信息。

第三十一条　新闻媒体应当客观、审慎和适度采访报道涉及未成年人事件，不得通过网络宣扬体罚未成年人、侮辱未成年人人格尊严和未成年人违法犯罪等行为，不得通过网络披露未成年人违法犯罪和欺凌事件当事人的姓名、住所、照片以及其他可能识别出未成年人真实身份的信息。

第三十二条　国家网信、新闻出版部门和国务院有关部门发现违反本条例第二十二条、第二十三条、第二十六条、第二十七条第一款、第二十八条、第二十九条第二款规定的信息的，发现本条例第二十四条规定的信息未予以显著提示的，应当要求网络产品和服务提供者停止传输，依法采取删除、屏蔽、断开链接等处置措施，保存有关记录；对来源于境外的上述信息，应当通知有关机构采取技术措施和其他必要措施阻断传播。

第四章　个人信息保护

第三十三条　网络服务提供者为未成年人提供信息发布、即时通讯等服务，应当在确认提供服务时，要求未成年人或者其监护人提供未成年人真实身份信息。未成年人或者其监护人不提供未成年人真实身份信息的，网络服务提供者不得为未成年人提供相关服务。

网络直播服务提供者不得为未满十六周岁的未成年人提供网络直播发布者账号注册服务；为十六周岁以上的未成年人提供网络直播发布者账号注册服务的，应当对其身份信息进行认证，并经其监护人同意。

网络直播服务提供者应当建立网络直播发布者真实身份信息动态核验机制，对于不符合前款规定的，不得为其提供直播发布服务。

第三十四条　个人信息处理者通过网络处理未成年人个人信息的，应当遵循合法、正当、必要和诚信的原则，公开专门的处理规则，明示处理的目的、方式和范围，依法告知法律、行政法规规定的相关事项。

第三十五条　个人信息处理者基于个人同意处理不满十四周岁未成年人个人信息的，应当取得未成年人的监护人同意。

未成年人个人信息的处理目的、处理方式和处理的个人信息种类发生变更的，个人信息处理者应当依法重新取得同意。

第三十六条　个人信息处理者应当严格遵守必要个人信息范围的有关规定，不得以任何理由强制要求未成年人或者其监护人同意非必要的个人信息处理行为，不得因为未成年人或者其监护人不同意处理其非必要个人信息或者撤回同意，拒绝未成年人使用其基本功能服务。

第三十七条　个人信息处理者处理未成年人敏感个人信息的，应当具有特定的目的和充分的必要性，采取严格保护措施；在事前进行个人信息保护影响评估并对处理情况进行记录；依法告知处理敏感个人信息的必要性以及对个人权益的影响并取得单独同意。

前款规定的个人信息保护影响评估报告和处理情况记录应当至少保存三年。

第三十八条　个人信息处理者原则上不得向他人提供其处理的未成年人个人信息，确有必要向他人提供的，应当事前进行个人信息保护影响评估，依法向未成年人或者其监护人告知接收方的名称或者姓名、联系方式、处理目的、处理方式和个人信息的种类，并取得单独同意。接收方应当在上述处理目的、处理方式和个人信息的种类等范围内处理未成年人个人信息。接收方变更原先的处理目的、处理方式的，应当依法重新取得同意。

第三十九条　未成年人的监护人应当正确履行监护职责，教育引导未成年人增强个人信息保护意识和能力，指导未成年人行使其在个人信息处理活动中的各项权利，保护未成年人个人信息权益。

第四十条　对于未成年人或者其监护人依法提出的查阅、复制、转移、更正、补充或者删除未成年人个人信息的请求，个人信息处理者应当依法及时处理。

第四十一条　发生或者可能发生未成年人个人信息泄露、篡改、丢失的，个人信息处理者应当立即启动个人信息安全事件应急预案，采取补救措施，按照规定及时向网信部门和有关部门报告，并将事件情况以邮件、信函、电话、推送通知等方式告知受影响的未成年人及其监护人，难以逐一告知的，应当采取合理、有效的方式及时发布相关警示信息。

第四十二条　个人信息处理者对其工作人员应当以最小授权为原则，严格设定信息访问权限，控制未成年人个人信息知悉范围。工作人员访问未成年人个人信息的，应当经过相关负责人或者其授权的管理人员审批，记录访问情况，并采取技术措施，避免违法处理未成年人个人信息。

第四十三条　网络服务提供者发现未成年人私密信息或者未成年人通过网络发布的个人信息中涉及私密信息的，应当及时提示，并采取停止传输等必要保护措施，防止信息扩散。

第四十四条　个人信息处理者应当自行或者委托专业机构每年对其处理未成年人个人信息遵守法律、行政法规和国家有关规定的情况进行合规审计。

第四十五条　网信部门和有关部门及其工作人员对在履行职责中知悉的未成年人个人信息应当严格保密，不得泄露或者非法向他人提供。

第五章　网络沉迷防治

第四十六条　对未成年人沉迷网络进行预防和干预，应当遵守法律、行政法规和国家有关规定。严禁任何组织和个人以侵害未成年人身心健康的方式干预未成年人沉迷网络、侵犯未成年人合法权益。

卫生健康、教育、市场监督管理等部门依据各自职责对从事未成年人沉迷网络预防和干预活动的机构实施监督管理。

第四十七条　学校应当加强对教师的指导和培训,提高教师对未成年学生沉迷网络的早期识别和干预能力。对于有沉迷网络倾向的未成年学生,学校应当及时告知其监护人,共同对未成年学生进行教育和引导,帮助其恢复正常的学习生活。

第四十八条　未成年人的监护人应当监督未成年人安全合理使用网络,关注未成年人上网情况以及相关生理状况、心理状况、行为习惯,防范未成年人接触危害或者可能影响其身心健康的网络信息,合理安排未成年人使用网络的时间,预防和干预未成年人沉迷网络。

第四十九条　网络产品和服务提供者应当建立健全防沉迷制度,不得向未成年人提供诱导其沉迷的产品和服务,及时修改可能造成未成年人沉迷的内容、功能或者规则,并定期向社会公布防沉迷工作情况。

第五十条　网络游戏、网络直播、网络音视频、网络社交等网络服务提供者应当针对未成年人使用其服务设置青少年模式,在使用时段、时长、功能和内容等方面按照国家有关规定和标准提供服务,并为监护人履行监护职责提供时间管理、权限管理、消费管理等功能。

第五十一条　网络游戏、网络直播、网络音视频、网络社交等网络服务提供者应当采取措施,合理限制未成年人在使用网络产品和服务中的单次消费数额和单日累计消费数额,不得向未成年人提供与其民事行为能力不符的付费服务。

第五十二条　网络游戏、网络直播、网络音视频、网络社交等网络服务提供者应当采取措施,防范和抵制流量至上等不良价值倾向,不得设置以应援集资、投票打榜、刷量控评等为主题的社区、群组,不得诱导未成年人参与应援集资、投票打榜、刷量控评等网络活动,并预防和制止其用户诱导未成年人实施上述行为。

第五十三条　网络游戏服务提供者应当要求未成年人用户提供真实身

份信息进行注册和登录使用，并通过国家建立的统一未成年人网络游戏电子身份认证系统等必要手段验证其真实身份信息。未成年人用户不提供真实身份信息进行注册和登录使用的，网络游戏服务提供者不得为其提供服务；已经为其提供服务的，应当立即终止服务、注销账号。

第五十四条　网络游戏服务提供者应当建立、完善预防未成年人沉迷网络游戏的游戏规则，避免未成年人接触可能影响其身心健康的游戏内容或者游戏功能。

网络游戏服务提供者应当落实适龄提示标准规范，根据不同年龄阶段未成年人身心发展特点，通过评估游戏产品的类型、内容与功能等要素，对游戏产品进行分类，明确游戏产品所适合的未成年人用户年龄阶段，并在用户下载、注册、登录界面等位置显著提示。

第五十五条　国家新闻出版、网信部门和国务院教育、文化和旅游、卫生健康等部门应当定期开展预防未成年人沉迷网络的宣传教育，监督检查网络产品和服务提供者履行预防未成年人沉迷网络的义务，指导家庭、学校、社会组织互相配合，采取科学、合理的方式对未成年人沉迷网络进行预防和干预。

国家新闻出版部门牵头组织开展未成年人沉迷网络游戏防治工作，会同有关部门制定关于向未成年人提供网络游戏服务的时段、时长、消费上限等管理规定。

第五十六条　卫生健康、教育等部门依据各自职责依托有关医疗卫生机构、高等学校等，开展未成年人沉迷网络所致精神障碍和心理行为问题的基础研究和筛查评估、诊断、预防、干预等应用研究。

第六章　法律责任

第五十七条　地方各级人民政府和县级以上有关部门违反本条例规定，不履行未成年人网络保护职责的，由其上级机关责令改正；拒不改正或者情节严重的，对直接负责的主管人员和其他直接责任人员依法给予处分。

第五十八条　学校、社区、图书馆、文化馆、青少年宫等违反本条例规定，不履行未成年人网络保护职责的，由县级以上教育、民政、文化和旅游等部门依据各自职责责令改正；拒不改正或者情节严重的，对直接负责的主管人员和其他直接责任人员依法给予处分。

第五十九条　未成年人的监护人不履行本条例规定的监护职责或者侵犯未成年人合法权益的，由未成年人居住地的居民委员会、村民委员会、妇女联合会，监护人所在单位，中小学校、幼儿园等有关密切接触未成年人的单位依法予以批评教育、劝诫制止、督促其接受家庭教育指导等。

第六十条　违反本条例第七条规定的，由县级以上网信、新闻出版、教育、电信、公安、民政、文化和旅游、市场监督管理、广播电视等部门依据各自职责责令改正；拒不改正或者情节严重的，处5万元以上50万元以下罚款，对直接负责的主管人员和其他直接责任人员，处1万元以上10万元以下罚款。

第六十一条　违反本条例第十九条第三款、第二十二条、第二十四条、第二十六条规定的，由县级以上网信、新闻出版、电信、公安、民政、文化和旅游、市场监督管理、广播电视等部门依据各自职责责令限期改正，给予警告，没收违法所得，可以并处10万元以下罚款；拒不改正或者情节严重的，责令暂停相关业务、停产停业或者吊销营业执照、吊销相关许可证，违法所得100万元以上的，并处违法所得1倍以上10倍以下的罚款，没有违法所得或者违法所得不足100万元的，并处10万元以上100万元以下罚款。

第六十二条　违反本条例第二十条、第三十四条至第三十八条、第四十条至第四十四条规定的，由县级以上网信等部门依据各自职责责令改正，给予警告，没收违法所得；拒不改正的，并处100万元以下罚款；对直接负责的主管人员和其他直接责任人员处1万元以上10万元以下罚款。

有前款规定的违法行为，情节严重的，由省级以上网信部门和有关部门责令改正，没收违法所得，并处5000万元以下或者上一年度营业额百分之五以下罚款，并可以责令暂停相关业务、停业整顿、通报有关部门依法吊销相关业务许可或者吊销营业执照；对直接负责的主管人员和其他直接责任人员处10万元以上100万元以下罚款，并可以决定禁止其在一定期限内担任相关企业的董事、监事、高级管理人员和未成年人保护负责人。

第六十三条　违反本条例第二十七条、第二十九条第二款、第三十条、

第三十三条、第四十九条至第五十四条规定的,由公安、网信、电信、新闻出版、广播电视、文化和旅游等有关部门依据各自职责责令改正,给予警告,没收违法所得,违法所得 100 万元以上的,并处违法所得 1 倍以上 10 倍以下罚款,没有违法所得的或者违法所得不足 100 万元的,并处 10 万元以上 100 万元以下罚款,对直接负责的主管人员和其他直接责任人员处 1 万元以上 10 万元以下罚款;拒不改正或者情节严重的,并可以责令暂停相关业务、停业整顿、关闭网站、吊销营业执照或者吊销相关许可证。

第六十四条　网络产品和服务提供者违反本条例规定,受到关闭网站、吊销相关业务许可证或者吊销营业执照处罚的,5 年内不得重新申请相关许可,其直接负责的主管人员和其他直接责任人员 5 年内不得从事同类网络产品和服务业务。

第六十五条　违反本条例规定,侵犯未成年人合法权益,给未成年人造成损害的,依法承担民事责任;构成违反治安管理行为的,依法给予治安管理处罚;构成犯罪的,依法追究刑事责任。

第七章　附　则

第六十六条　本条例所称智能终端产品,是指可以接入网络、具有操作系统、能够由用户自行安装应用软件的手机、计算机等网络终端产品。

第六十七条　本条例自　年　月　日起施行。

关于《未成年人网络保护条例（征求意见稿）》的说明

一、立法必要性

近年来,随着互联网的普及应用,特别是移动互联网迅速发展,越来越多的未成年人开始接触和使用互联网。据统计,2020 年我国未成年网民规模已达 1.83 亿，未成年人的互联网普及率达到 94.9%，明显高于同期全国人口 70.4% 的互联网普及率。互联网在拓展未成年人学习、生活空间的同时，也带来了一些问题，如未成年人安全合理使用网络的意识和能力不强、网上违法和不良信息影响未成年人身心健康、未成年人个人信息被滥采滥用、一些未成年人沉迷网络等，亟待通过立法加以解决。

习近平总书记指出，我们要本着对社会负责、对人民负责的态度，依法加强网络空间治理，加强网络内容建设，为广大网民特别是青少年营造一个风清气正的网络空间。党中央、国务院高度重视未成年人网络保护工作，有关文件多次提出要制定未成年人网络保护条例，国务院也多次将制定未成年人网络保护条例列入立法工作计划。

二、起草过程

根据党和国家关于未成年人网络保护和网信事业发展的决策部署，按照有关立法规划计划安排，国家互联网信息办公室会同司法部起草了《未成年人网络保护条例（征求意见稿）》。在此期间，国家互联网信息办公室、司法部先后向社会公开征求意见，多次大范围征求中央有关单位、部分地方政府和有关企业、行业协会和专家的意见，多次召开会议听取有关部门、企业、学校、家长和专家学者的意见；赴地方进行实地调研；根据未成年人保护法、预防未成年人犯罪法、个人信息保护法、家庭教育促进法等相关法律制定修订进展，反复研究完善，形成了目前的征求意见稿。

三、主要内容

征求意见稿共七章六十七条，主要内容包括：

（一）关于加强未成年人网络素养培育

针对一些未成年人网络素养需要提高，科学、文明、安全、合理使用网络能力不强的问题，征求意见稿规定：一是将网络素养教育纳入学校素质教育内容，制定未成年人网络素养测评指标（第十三条）。二是改善未成年人上网条件，通过配备指导教师或者政府购买服务等方式提供优质的网络素养教育课程（第十四条）。三是明确为未成年人提供互联网上网服务设施的有关场所应当履行的未成年人网络保护义务，以及未成年人上网保护软件、专门供未成年人使用的智能终端产品应当具有的功能（第十五条、第十九条）。四是强化学校、监护人的网络素养教育责任，建立健全学生在校上网管理制度，加强监护人对未成年人使用网络行为的引导和监督（第十六条、第十七条）。五是鼓励和支持专门以未成年人为服务对象、适应未成年人身心健康发展规律和特点的网络技术、产品和服务的研发、生产和使用（第十八条）。六是强化重要互联网平台服务提供者在未成年人网络保护中的责任，并设置专门义务（第二十条）。

（二）关于加强网络信息内容规范

针对网上违法和不良信息影响未成年人身心健康、网络欺凌事件屡有发生、不法分子利用网络诱导未成年人违法犯罪等问题，征求意见稿规定：一是鼓励和支持有利于未成年人健康成长的网络信息的制作、复制、发布、传播（第二十一条）。二是加强对信息内容的管理，对含有危害未成年人身心健康内容的信息和可能影响未成年人身心健康的信息作出相应规范，明确网络产品和服务提供者发现相关信息的处置措施和报告义务（第二十二条至第二十四条、第二十六条、第三十条）。三是禁止对未成年人实施网络欺凌行为，保障未成年人及其监护人行使通知权利（第二十七条）。四是禁止利用网络组织、胁迫、引诱、教唆、欺骗和帮助未成年人实施不良行为、严重不良行为或者违法犯罪行为（第二十八条）。五是要求以未成年人为服务对象的在线教育网络产品和服务符合未成年人的身心发展特点和认知能力（第二十九条）。六是明确新闻媒体的未成年人保护义务，要求客观、审慎和适度采访报道涉及未成年人事件（第三十一条）。

（三）关于加强未成年人个人信息保护

针对未成年人个人信息被滥采滥用、保护不充分等问题，征求意见稿明确：一是明确网络服务提供者收集未成年人真实身份信息相关要求（第三十三条)。二是规定个人信息处理者处理未成年人个人信息的基本原则、知情同意、告知规则和提供规则（第三十四条至第三十六条、第三十八条）。三是规定个人信息处理者处理未成年人敏感个人信息需要履行的特殊义务（第三十七条）。四是明确监护人在未成年人个人信息保护中的监护职责（第三十九条）。五是明确个人信息处理者的配合义务、安全事件应急处置要求、未成年人个人信息访问权限限制和个人信息合规审计要求（第四十条至第四十二条、第四十四条）。六是强化对未成年人私密信息的保护。（第四十三条）。

（四）关于加强未成年人网络沉迷防治

针对一些未成年人沉迷于网络游戏、网络直播、网络音视频等网络产品和服务、未成年人非理性网络消费、参与"饭圈"乱象、"网瘾矫治机构"侵害未成年人身心健康等问题，征求意见稿规定：一是严禁以侵害未成年人身心健康的方式干预未成年人网络沉迷（第四十六条）。二是加强学校、监护人对未成年人沉迷网络的预防和干预，提高教师对未成年人沉迷网络的早期识别和干预能力，加强监护人对未成年人安全合理使用网络的监督（第四十七条、第四十八条）。三是明确平台责任义务，要求相关主体建立健全防沉迷制度，合理限制未成年人消费行为，采取措施防范和抵制流量至上等不良价值倾向（第四十九条至第五十二条）。四是完善网络游戏实名制规定，建立预防未成年人沉迷网络游戏的游戏规则，对游戏产品进行分类并予以适龄提示（第五十三条、第五十四条）。五是明确国家有关部门在未成年人网络沉迷防治工作方面的职责（第五十五条、第五十六条）。

此外，征求意见稿还对有关违法行为规定了相应的法律责任（第六章）。

后　记

这本书是在博士论文的基础上完成的。

有很多的遗憾和不足，但是算是为过去的一段研究画下的一个暂时注脚。

"又一次的出发，向着未知的、忐忑的、不安的、茫然的又充满着希望的未来！会有怎样的生活？会有怎样的人生？会怎样度过这未来的三年？"这是我 2013 年 8 月 28 日在成都到北京的火车上写下的日记。

这句话放在今天，仍然符合此时的心境。充满不安，却又有着无数的希望和可能。

30 多年的求学生涯，我的生命轨迹从四川西部的一个小村庄开始起笔，将小镇、县城、地级市、省城和京城连成了一条线。

2009 年硕士毕业，工作半年多以后，我毅然辞职决定考博。因为我发现，我的心中一直有疑问没有解开。这疑问，让我对现状始终不能满足。这疑问起始于 2006 年，彼时，我在家乡小镇有机会接触到很多农村孩子以及他们的父母。在我对这些家长儿童访谈时，他们倾诉了很多他们生活的喜怒哀乐。而其中特别困惑这些家长的一个问题是媒介对孩子的影响。那时的我，竭尽所能想帮助他们解决问题。但是，被他们的困惑所困惑的我，给不了他们解决问题的方案的我，最终还是决定继续求学以求解这些家长和孩子的困惑。

我的考博之路，从 2010 到 2013 年，走了四年。备考时，手机中设置的起床备忘中，标注着"卜卫"老师的名字。这个名字给予我的力量，让我在南方寒冷的冬天毫不留恋被窝的温暖。虽历经艰难才通过初试，但我一点都不后悔我耗费四年的时间，才终于成为卜卫老师的学生。人生何其有

• 后 记 •

幸，才能成为她的学生。她让我看到生命可以如此有活力，如此纯粹。被我们称为"超级女战士"的她，得到所有学生的喜爱、心疼。听她的"传播与社会发展"课程，和她一起去田野调查，参加她的工作坊，听她的讲座，让我的三观都被刷新。这三年，最大的收获是，我知道了自己对世界的无知。跳出自己一直深陷其中的井中，才发现世界需要自己去重新认识。还好，知道这一点还不太晚，我还有精力和时间去努力和拼搏。十年前面对家长抱怨孩子的媒介使用不知所措的我，遇到卜卫老师以后，慢慢地懂得了如何去探索自己发现的问题。我知道自己还需要积淀更多，为此，我也一直在努力，不敢懈怠。她不仅仅教我们做学术，还教我们做人。还记得她曾经说过，最骄傲的就是自己的研究是有用的。我也希望自己能够在儿童媒介素养教育这条路上一直探索下去。我也希望自己做的研究是对孩子们，对家长们，对整个社会有意义的研究。如果本研究能够对解决2006年时我的家乡小镇的父母和孩子提出的困惑有用，那便是本研究最大的意义了。

在论文完成过程中，我失去了生命中对我影响极大的一个长辈，他就是朱利安·泰普林。2007年我在四川大学的编辑出版实务课上结识这个美国老头，从此，结下深刻的缘分。后来，和他一起去了他捐助的雅安天全的友爱小学，也因此结识了友爱小学一帮可爱的老师和孩子。我还在成都时，每次他到中国来，我都会尽量陪他一起去友爱小学。他不愿意打扰学校教学，也尽量在学校方便时候才去。有时候他也会和英语老师合作教学。他自己自制教材，教孩子们发音，教他们唱英语歌。我想，对这些山村的孩子而言，这个外国爷爷在他们心里种下的是一颗梦想的种子。我考博考了四年，屡战屡败，屡败屡战。每一次考完，料想考得不好，都想放弃，但是，每一次又都回心转意。尤其是最后一次真的想放弃的时候，他对我说：晓艳，我年轻的时候，有人对我说，如果你做很多事情，你会变老，你会80岁；如果你什么也不做，你也会变老，你也会80岁。听完这句话，我其实就知道我该怎么做了。他从来不说，你必须怎样做。但是，他会让你知道该去怎么样做。他不仅仅是一个老师，一个长辈，一个朋友，他还是人生导师。他一直关心我所做的儿童媒介素养教育研究，在成都时，整天和我一起讨论我的论文，还专门从美国给我带来有关研究方法的书。平时看到有关文章也会给我发来链接，给我做剪报。我曾经问过他，为什么这么大年纪了，还会到中国来做这么多事情。他摸着胸膛说：the meaning of my life。他说，如果他不来，他会和其他美国老头一样，坐在摇椅上晒着太阳，或者修剪一下花园里的植物，但是，到这里来让他看到很多他很喜欢的人和事，他还可以去帮助很多的孩子。在他身上，我看到理想主义，看到爱，看到真诚。爱他，就是做更好的自己！永远怀念您，泰普林爷爷！请让我郑重感谢，感谢生命中有过您的陪伴，您的出现，是我生命里的荣耀。我希望他在天堂能够看到我顺利毕业，并且在我自己想要做的研究领域一直坚持着。

我从2006年开始对儿童与媒介开始关注，至今已有10多年时间。在这10多年间，我进行了一些研究，也进行了一些行动探索。未来，希望能够继续在这个领域做一些应用性的研究，希望能够把研究扎扎实实地做在祖国的大地上。希望这些研究和行动，能够真正地去解决一些现实问题。

王晓艳

2023年5月于北京房山长阳芭蕾雨·悦都